中國學術思想

研究輯刊

三五編

林慶彰 主編

第 8 冊

魏晉玄學新論
——從王弼到嵇康的典範轉移（下）

謝大寧 著

花木蘭文化事業有限公司

國家圖書館出版品預行編目資料

魏晉玄學新論——從王弼到嵇康的典範轉移（下）／謝大寧
著 -- 初版 -- 新北市：花木蘭文化事業有限公司，2022〔民
111〕
目 2+260 面；19×26 公分
（中國學術思想研究輯刊 三五編；第 8 冊）
ISBN 978-986-518-810-8（精裝）
1.CST：玄學 2.CST：魏晉南北朝哲學
030.8   110022425

ISBN-978-986-518-810-8

9 789865 188108

中國學術思想研究輯刊
三五編　第八冊　　　　　　ISBN：978-986-518-810-8

魏晉玄學新論
——從王弼到嵇康的典範轉移（下）

作　　者　謝大寧
主　　編　林慶彰
總 編 輯　杜潔祥
副總編輯　楊嘉樂
編輯主任　許郁翎
編　　輯　張雅淋、潘玟靜、劉子瑄　美術編輯　陳逸婷
出　　版　花木蘭文化事業有限公司
發 行 人　高小娟
聯絡地址　235 新北市中和區中安街七二號十三樓
　　　　　電話：02-2923-1455／傳真：02-2923-1452
網　　址　http://www.huamulan.tw 信箱 service@huamulans.com
印　　刷　普羅文化出版廣告事業
封面設計　劉開工作室
初　　版　2022 年 3 月
定　　價　三五編 23 冊（精裝）新台幣 62,000 元

魏晉玄學新論
——從王弼到嵇康的典範轉移(下)

謝大寧 著

目

次

專　著

歷史的嵇康與玄學的嵇康
——從玄學史看嵇康思想的兩個側面

序　言

　　我之所以要寫本書，其實有很大成份是為了補過。記得當初我在撰寫博士論文時，關於漢代思想流變的詮釋這部分，我自覺基本邏輯還算穩健，除了人性論這一線索有些牽強外，其它似乎還說得上有點創見。然而一轉入玄學部分，便頗有窒澀而難以自圓其說之感。坦白說，當時我一直摸不清問題何在，因此該文的最後一章實在是有些曲意為說的。這問題幾年來我一直掛在心頭，想謀求解決之道，終於在反覆思量後，逐漸找出了問題癥結點。原來當年我也和所有論者一樣，從未懷疑過一個基本觀點，即王弼乃是玄學的首要思想家，是由於王弼，乃將魏晉思想扭回老莊之教。但是，我漸漸發覺這一命題恐怕並不如此天經地義，而且後人有可能只是上了裴頠、王衍乃至范寧一些似是而非之語的當而已。就史實而言，把祖尚玄虛之罪歸之何王，恐怕未必是公允之論。我之如此說，倒不是想作翻案文章，而是若真由何王來承擔這一轉折點，則整個思想史的詮釋邏輯便將難以為繼了。然而若鬆開此一關鍵，則整個問題便有可能豁然開朗。於是，我乃假承乏「魏晉玄學」一課之便，開始了我的新構思，而本書即是我整套構思的一個相當核心的部分。

　　原來我的博士論文乃是基於兩個問題意識，亦即一則我不相信在思想史中，存在著突變式、反動式的轉折；二來我也不認為「儒道會通」一概念可以作為玄學思想史的基本問題意識。不過，我當時仍然認為後者在哲學史的意義上，還是有其效力的。但如今我卻必須說，假如在思想史上建立不起儒道會通的命題，則哲學史上也同樣無法安立此一命題。何王當然曾「差次老莊以參爻象」，但這個命題究竟能推論得多遠，後來的論者真的仔細考量過了

嗎？坦白說，我總以為許多玄學學者由於罕能兼備歷史和哲學的訓練，以致常弄不清楚一些問題面向的分際，而有了太多想當然耳的推論。實在說來，正是源於這麼多的想當然耳，遂使玄學平添了不少難以釐清的煙幕，然而當一些問題分際混淆，一些概念不斷在社會史、思想史、哲學史乃至哲學等學科層次間滑轉時，誰真能平心靜氣，作一些仔細梳理和還原的工作呢？我於此有深切的警惕，也希望本書的分析，真能使一些概念到達定位，不要再像「無」之一會兒是個本體論的概念，一會兒又成了某種意識型態的主張之類的說法一般，那我就不無微薄的貢獻了。

我之所以要作嵇康之研究，當然很清楚地並不是為了表彰嵇康，而是涵著一個系統的目的。這目的旨在將何王推回漢儒的脈絡中，而將玄學的誕生銜接到漢代小傳統——亦即道教之前身——之上，同時將玄學的真正內容歸屬於嵇康對此一小傳統之改造上，並以為乃是通過這一改造，方使玄學真正回歸到老莊的傳統中，從而我也才得將嵇康視為玄學最核心的人物。當然，以本書的架構和篇幅是還遠不足以充分展示此一目的的，但假如我真能辦到這點，則相信無論是在歷史的面向上，或是在哲學的面向上，都將會有助於讓玄學跨進一個新視野。我以此自期，亦期望能得到學界一個公允的評價。我相信我的工作決不是好為立異，尤其如果能知我幾年來備受問題煎熬之窘況者，當亦會同情我這近似顛覆之作法吧！

平心而論，我始終覺得玄學和我的價值信念、生命氣質俱不相類，和玄學結緣，大概純是巧合吧！但順一問題意識而逐步逼至於此，則又不容我躲閃。如今此一工作雖不盡如人意，但至少還能略贖前愆吧！至於未來如何續成此一系統，則就只能交給時間證明了。這本書同樣是在稚子的嬉鬧中勉力完成的，因此我也要特別感謝內子義麗的辛勞和體諒，並謝謝忠源的打字、惠如的編排，和幸姬、文莉、雅蓉的協助，讓我又完成了這件勞神的遊戲！

丁丑孟冬　謝大寧於嘉義民雄

前　言

　　中國的文人基於「學而優則仕」的傳統，因此無可避免地總和現實政治有著密切的關係。但平心而論，即使如此，這兩千多年來的政教關係，在大多數時候，「政統」和「道統」間，依然有著明確的界分〔註1〕。「君子謀道不謀食，憂道不憂貧」，這樣的想法總是意味著我們決不能輕易地將所有傳統思想，矮化成某些歷史唯物論者所謂的意識型態。「教統」所帶有的批判性和終極關懷，也一直意味著某些傳統文人獨立於現實利益的高潔人格〔註2〕。然而，坦白說，魏晉南北朝時期的政統、道統關係，是比較難以處理的。何以言之呢？這原因無它，一言以蔽之，即由於士族壟斷了整個統治階層。當道統的擁有者，不只是一時成為政治上的既得利益者，而是他根本就掌握了統治權時，這問題的性質當然就有了本質的轉化。

　　關於這個問題，我們了解，士以「士族」的方式走進政治舞臺，本質上就代表了「道統」（或者說「教統」）性質的轉變。因為這時的士不只是以個人作為道的肩負者之身份而存在，也不只是以某些具有道的自覺之人，他們所共同形成的群體而存在，而是以某種宗族組織的型態，同時也掌握一定的

〔註1〕關於道統與政統的分際，余英時先生曾有極精闢的考證，依此考證，余先生云：「知識份子不但代表道，而且相信道比勢更尊。所以根據道的標準來批評政治、社會從此便成為中國知識份子的分內之事。」詳見〈道統與政統之間〉，《史學與傳統》，頁30～70，引文見頁64。（案：本文引書之出版資料，俱請見參考書目，為省篇幅，不另說明）

〔註2〕徐復觀先生的許多著作，即皆旨在表彰此義，尤其像《兩漢思想史》，徐先生以極大的氣力，精闢地考證了在中央集權專制壓力下，知識份子對道統的堅持，這確是一個彌足珍貴的傳統。

經濟自主權之方式而存在。這就社會學而言，它已不單是「知識階層」的問題，此時的「士族」根本已是某種政治單位了〔註3〕。換言之，在這狀況下，我們決不能再將道統和政統視為單純的兩橛，它們之間的關係顯然得有另外的視角才行。

士族這一歷史現象，大約出現在西漢後期〔註4〕。此時期，士初步脫離了游士階段，開始固著於土地之上，「四民」的順序大約也就是在此時固定下來的〔註5〕。由於漢廷獨尊儒術，章句之學成為射利之途的原故，士子得以夤緣而成地方上另一類的豪強。不過，終西漢之世，士族都還不能算是有力量的政治單位，士大抵仍須以隸屬於某一章句博士，才能以知識階層一份子的身分，而取得利益，並蔭及家族〔註6〕。然而在新莽時期，起兵反莽者已有不少是屬於士族的身分，可見此時士族的力量已然大增〔註7〕。此後，東漢政權建立，劉秀所代表的南陽集團，本質上即是士族，而早期劉秀的政策，即是以懷柔之法，採取士族與強宗共治的統治方式，於是宗族集團開始成為統治階層的主體〔註8〕。不過，我們並不能說此時士族已取得統治權，這是因為當時的統治階層仍只局限在帝族和后族這些封閉集團的原故。

隨著時間演變，在東漢察舉和徵辟制度的庇蔭下，士族這一社會單位乃

〔註3〕關於知識階層和士族在社會意義上的對分，可詳參余英時先生〈古代知識階層的興起與發展〉和〈東漢政權之建立與士族大姓之關係〉等文。在先秦乃至西漢武帝之前的知識階層，大抵只是游士的身份，他們除非依附於政權的庇蔭，否則根本是清貧而無社會地位的。余文詳見《中國知識階層史論》，頁1～201。

〔註4〕士族之成為兩漢歷史的重要現象，近人論者多矣。關於士族出現之考證，詳見余英時先生前引之〈東漢政權之建立與士族大姓之關係〉，許倬雲先生〈西漢政權與社會勢力的交互作用〉等文。許文見《求古編》，頁453～482。

〔註5〕陳登原《國史舊聞》第一分冊，頁228～229。

〔註6〕筆者曾在拙作《從災異到玄學》中討論了從石渠奏議到劉歆掀起第一次今古文之爭的現實因緣，此一事實當可作為本文所述現象之證據。詳見拙作，頁128～146。

〔註7〕余英時先生在〈東漢政權之建立與士族大姓之關係〉一文，有極詳盡之考證，在他所列新莽時八十八個起兵集團中，即有五十六個士族或大姓，而以最顯著的十四個集團論，亦有約近半數為士族或有士之附從，可見士族力量之一斑。

〔註8〕關於這點，還是值得參考余英時先生前引文。筆者亦曾注意到東漢的后族，多數出自竇梁鄧三姓，這顯然反映了東漢政權的基本權力結構，乃是劉鄧集團和竇梁集團共治的局面。東漢外戚問題特別嚴重，恐也與此不無關係。詳見前引拙作，頁190～212。

日益固定化〔註 9〕，終於到了東漢末的直接捲入政治鬥爭中。表面上，我們在史料中看到的黨錮諸君，似乎只是一些學界領袖和太學生這一知識階層而已，但由後來的歷史發展明白可以看到，事實上他們在政治上所發展出來的力量，其背後更有著宗族這一社會基礎和近乎獨立的莊園經濟基礎〔註 10〕。當然，這些士族的政治實力是遠弱於外戚和宦官的，因為外戚本就是強宗，漢末時宦官得蓄養子，這又成另一類的強宗〔註 11〕，加上他們擁有武力，所以清流士族於此時介入政治，自然注定了會以悲劇收場。不過，我們恐怕也必須知道，士族於外戚強時批外戚，於宦官強時批宦官，固然在某種意義上仍可視為教統對政統的批判，但其中可能也有不少成份是在為士族這一集團利益作打算的〔註 12〕。

　　上述狀況的徹底改變，大概導因於黃巾之亂。照史實來看，黃巾的政治野心恐怕並不太大，它多半只是一些因東漢政治窳敗後，遭豪強侵漁而失去土地的農民，在官逼民反下為爭回土地所有權而戰〔註 13〕。不過這場亂局直

〔註 9〕對於累世公卿的士族門閥現象，早在王符《潛夫論》、仲長統《昌言》中已有評論，它乃是東漢中葉以後重要的歷史現象。亦請見王仲犖《魏晉南北朝史》，頁 143 所述。

〔註 10〕許倬雲先生〈秦漢知識分子〉云：「論分佈面及掌握土地的總面積而言，知識份子階層無疑是直接地把持土地財富的社會階層。到東漢時，崔寔《四民月令》一書，最能代表這種士與農（地主）結合的情形。《四民月令》號為士農工商四民，實際上工商二字只象徵精耕制農業經濟下產生的市場活動。崔寔正與其他東漢士大夫一樣，以農業經營為主要謀生方式，而以士為其社會身分。」很清楚地指出了此一觀點。這一基礎其實奠定了士族終將在往後的政局中扮演重要角色的先聲。許文見《求古編》，頁 502～503。另請見毛漢光先生《中國中古社會史論》，第三篇〈中古家族之變動〉引 Eberhard 之說所作的討論。

〔註11〕漢自順帝陽嘉四年以降，宦者得蓄養子並襲爵（詳見《三國志‧順帝紀》，頁116），這就塑造了不少由宦官這一脈而出的強宗，如曹騰這一門簡直也有累世公卿，並據州郡的盛況。詳見《三國志‧魏志》武帝紀和曹仁、曹洪等傳所載。

〔註12〕王仲犖先生云：「儘管士夫地主經濟的發展，客觀上對王朝的統一起了一種瓦解的作用，但是士夫主觀上是主張加強專制主義政權力量的。因為只有強有力的專制主義集權的中央政府，才能限制外戚勢力的無限發展，才能使他們本階層前進的路上沒有障礙。」（《魏晉南北朝史》，頁 13）這判斷頗能指出士族批判政治的另一面向。當然，像王符、荀悅等人對士族內部亦有批判，因此也並不能說士族的所有批判皆在為自己的利益著想。

〔註13〕綜合《後漢書》、《通鑑》等所載，我們常可發現各地黃巾軍多缺乏橫向連繫，他們多以打下本地州郡為已足，似乎並沒有想改朝換代的意思，這表示他們並不是基於政治野心而起事。比如張角起事，一直未離鉅鹿，張曼成等亦一直未離宛城，這種固著於土地的特色，十足反映了黃巾軍的農民性格。

接摧毀了東漢政權，也結束了外戚、宦官操縱政局的時代，代之而起的卻是以士族為主體，加上部分地方強宗的割據局面。之所以如此，乃是由於東漢政權的控制力迅速崩潰，而在討伐黃巾的過程中，統軍作戰的多半是士族，這使士族既握有了兵權，又得以總方面之任〔註14〕。另外，也由於連年戰亂，流民大增，這些流民要不是轉徙於溝壑之間，便是投身於士族武裝自保的塢堡，而成了他們的「部曲」、「佃客」〔註15〕。於是這些大小士族，遂開始以更有組織力量的方式躍登政治舞台的核心。

在漢末的兼併過程中，我們知道最重要的三股力量，乃是曹操、袁紹和劉表。其中袁、劉乃是典型的清望士族，而曹操的出身則有些尷尬。操祖騰乃中官出身，所以其家世乃是所謂「乞丐攜養」、「贅閹遺醜」之流〔註16〕。對於此一身份，曹操恐怕是深有遺憾的，從他極力爭取許劭的評議，便可看出他爭取士族認同的用心〔註17〕。不過，也許也正是由於曹操的出身不高，遂使他避開了士族普遍存在的「文化的傲慢」，倒也可能是他終能成功的一大原因。我們看到在剿滅黃巾的過程中，士族將領手段之殘酷，相當鮮明地襯托出了曹操的剿撫並用，甚至撫重於剿的政治手腕，這當然為他累積了雄厚的資本〔註18〕。而推求曹操之所以能以較寬厚的手段對待下階層的教徒農

〔註14〕黃巾初起，統軍者如皇甫嵩、朱儁、盧植等，均係士族出身，甚至如盧植等，更是當世大儒，由此我們可以看到士族力量的崛起。

〔註15〕其實士族之部勒宗族子弟以求武裝自保，早已見諸新莽時期，只是其規模恐怕沒那麼大。東漢末則是又加上了流民，於是兩漢的編戶齊民乃告打亂，人丁可以私屬，而謂之部曲、佃客。詳參王仲犖前引書，頁145～147。

〔註16〕此二語為陳琳為袁紹所撰〈檄州郡文〉之用語，見《三國志・魏志・袁紹傳》，頁232注引《魏氏春秋》。

〔註17〕《魏志・武帝紀》，頁24注引《世語》云：「（橋）玄謂太祖曰：君未有名，可交許子將。太祖乃造子將，子將納焉，由是知名。」又引孫盛《異同雜語》云：「常許子將，我何如人？子將不答。固問之，子將曰：子治世之能臣，亂世之姦雄。太祖大笑。」這些生動的記載，很可以看出曹操的用心。而許劭之評語只論操才，不論其德，衡諸汝南月旦之慣例，其抑揚之間，亦可見矣。

〔註18〕綜合史籍所載，在剿滅黃巾的過程中，殺戮甚慘，如盧植、皇甫嵩在先後擊滅張角的過程中，黃巾軍被擊殺及赴河死者不下十萬；此後的清剿，「州郡所誅，一郡數千人」（《通鑑・靈帝中平元年》）其殘酷可見。但曹操接受青州黃巾的乞降，「受降卒三十餘萬，男女百餘萬口，收其精銳者，號為青州兵」（《魏志・武帝紀》），對照之下，黃巾極少乞降，戰鬥意志亦堅，但居然如此大規模降曹，這當然是有意義的。何義門以操受青州降卒，「魏武之強自此始」，的確是事實。

民，和他的出身恐怕是不無關係的〔註19〕。然而曹操所以能擊敗袁紹和劉表，除了他軍事上的才略之外，畢竟主要仍是靠著士族的歸附；這也就是說若無荀彧的為他爭取士族，則以他之身處四戰之地，南有袁術，西有劉表，北有袁紹，東有呂布，恐怕他是很難撐持得住的。汝潁士族未依袁而附曹，使曹在經濟和兵員上都還能平衡，這實在給了曹操莫大的助益〔註20〕。也由於此，乃奠定了士族和曹家共治的局面，這也構成了曹魏政治的一條主軸，曹魏的興和衰都直接和它相關。

　　在此必須特別澄清的是，曹魏政權的共治局面和東漢政權的共治局面有一項本質的差異。東漢政權基本上是南陽劉鄧集團和天水竇梁集團的共治，這是以極少數強宗為核心的組合；但和曹家共治的士族則並不是此一狀況，它的集體性是較強的，而且這批人早在黨錮之前，便已大略形成了政治社會學上的某種利益共同體，因此這狀況是遠為複雜的。如果我們用比較簡單的方式說，即是：曹魏政權在政治上大抵表現為汝潁集團和譙沛集團的並立〔註21〕，而在社會意義上，則它恰好也代表了士族和寒門的矛盾〔註22〕。因此之故，這兩者之間的矛盾乃不僅止於上層政權的爭奪，還涉及了更廣的社會經濟面。就某種意義言，曹魏由官方所大規模推動的屯田制，除了有軍事意義外，恐怕更有平抑士族莊園經濟的政治考量在內；我們由後來西晉之改

〔註19〕《魏志・司馬芝傳》所載「無澗神」一案，是值得注意的。傳云：「特進曹洪乳母當，與臨汾公主侍者共事無澗神，繫獄。卞太后遣黃門詣府傳令，芝不通，輒敕洛陽獄考竟而上疏曰：諸應死罪者皆當先表須報，前制書禁絕淫祀，以正風俗，今當等所犯妖刑，辭語始定。……」（頁 385～386）關於這段材料，姑且不論司馬芝何以要先斬後奏，至少我們可以看到曹氏門內即有淫祀的情形，而且照這記載，乳母、侍者云者，還很有可能是代主受過，若真是如此，問題就更明顯了。陳寅恪先生嘗考無澗神即指阿鼻地獄（《金明館叢稿二編》，《陳寅恪先生文集》冊二，頁 82），因此他推斷佛教地獄說已在當時流行，此一推斷可信度如何固不得而知，但張魯行鬼道，這也是當時道教一大支脈，無澗神會不會和鬼道有關呢？這雖屬推測之詞，但多少顯示曹家對待這些信仰，是有些內外不一的，因此他不像簪纓世家之敵視教徒。

〔註20〕王仲犖歸納曹操成功的原因有五，一是屯田成功，二是建軍成功，三是籠絡世族，四是挾天子以令諸侯，五是指揮的才略（見王氏前引書，頁38）。其中三、四兩點是極重要且密切相關的。從東漢後期，汝潁即是名士的薈萃地，汝潁士族之附曹，使他在抗衡袁紹的合法性上，更增添了優勢。

〔註21〕此處筆者主要採取了萬繩楠先生的說法，參見《魏晉南北朝史論稿》，頁 78～83。

〔註22〕這是陳寅恪先生著名的判斷，參見〈書世說新語文學類鍾會撰四本論始畢條後〉一文，文見《金明館叢稿初編》，頁 41～47。

屯田為占田，以此而讓士族擇肥而噬，便可看出端倪了〔註23〕。

　　通過如上歷史的簡述，我們可以了解到，士族到了曹魏時期，終於全面地進入政權的內部，它不再只是以官僚的姿態，而是以分享政權的姿態進入政權，它開始實質享有了資源的分配權。這時，士族乃既是道統的化身，又是政統的分享者；在這狀況下，道統的批判性毫無疑問地會大大地減低，甚而質變成了鞏固既得利益的意識型態。因此之故，原則上筆者並不反對大陸學者以意識型態的角度來處理魏晉玄學的許多內容，然而這也並不表示我們可以用「泛意識型態」的方式，來理解玄學的所有命題，畢竟我們也不能低估道統的內在自生力。當然，筆者如此說，毋寧會捲入一些方法論層次的預設，但在筆者看來，全面抹殺自由意志在歷史中的作用，無論如何，總是不可思議的一件事〔註24〕。從某種意義看，「詩窮而後工」多少代表了在隔絕現實利益後，創作的自由反而較易顯示出來，而這自由當然一直都是存在著的；同樣地，道統的自生力亦可作如是觀。

　　基於如上的原故，我們在詮釋玄學時，乃極容易墮入某種兩難的困局，此即我們到底應如何估量某一玄學命題它的真理性和意識型態性呢？筆者以為，此一問題看來決不可能有廉價的答案；我不認為有任何一個命題可作單一性質的處理，我們既不能無批判地認為玄學命題皆是某種真理性的「內容命題」〔註25〕，也不能只是一味地將之矮化為某一階級的意識型態〔註26〕。可能的情形恐怕是如此：即每個玄學命題都須單獨處理。而且這處理也會是複雜的，亦即它不太可能被一刀切，說某一命題的某一層面乃是真理的表述，而另一層面則反之；事實的情況恐怕會比這狀況麻煩得多。因此，筆者乃以為我們有必要以個案的方式，來處理玄學的每一命題，而這也正是本文的方法論前提。

〔註23〕關於此一問題，可參見唐長孺先生〈西晉田制試釋〉的討論，文見《魏晉南北朝史論叢》，頁 37～58。

〔註24〕筆者原則上同 B. Schwartz 的看法，我們的確不應全盤抹殺自由意志對歷史的作用。詳見〈關於中國思想史的若干初步考察〉，文見《中國思想與制度論集》，頁 1～20。

〔註25〕以玄學命題為內容命題，這基本上是牟宗三先生的說法，詳見《才性與玄理》第七章〈魏晉名理正名〉。

〔註26〕大陸的玄學論者，大抵有此傾向，尤其是史學家論玄學更是如此，如萬繩楠、唐長孺等先生皆是。不過近年來，如余敦康、王葆玹等先生的某些說法，也有了一些彈性，並不再如此僵化。

　　筆者本文所想處理的是嵇康。嵇康無疑是玄學中的關鍵人物之一，也是繼何晏、夏侯玄之後，最受當時推動的翩翩佳公子，更是在當時清談中最富思想創發力的一位。然而，這是否意味著我們只應以「名士」的個人身分，來看他在玄學中的地位呢？在今天筆者所知見的所有關於嵇康的論著莫不皆是如此；即使許多人也都注意到了陳寅恪先生的說法，但嵇康屬魏黨的事實，似乎也未讓論者警覺到必須以更複雜的角度來看他〔註 27〕。嵇康無疑是寒門子弟出身，因宗室故而成新崛起的貴族，以當時寒門、士族鬥爭之政治本質，我們如何能僅以單純的名士身分來看待嵇康呢？這就上述的方法論基礎看，顯然是不可思議的。

　　當然，如果只以政治或某一階級利益的衛護者這一角度來看嵇康，又顯然看輕了他。嵇康崛起於歷史舞臺，乃在高平陵政變之後。就歷史實況而言，司馬家在解決了曹爽之後，非常迅速地鞏固了政權，此後殺夏侯玄、平王凌父子、毋丘儉、諸葛誕，看起來也都是輕而易舉，淮南三叛從未真正威脅到司馬家。換言之，曹家的勢力儘管有反撲的動作，但其力道是極其微弱的。在這狀況下，我們實在很難相信隱居在山陽的嵇康真有要起兵以助毋丘儉之舉〔註 28〕，不過，嵇康對司馬家批判的力道卻無疑是極其強烈的，像這樣在「名士少有全者」之下，猶能不假辭色地指責當權階級，還能不能說他是為了什麼階級利益呢？這答案當然是很清楚的。王戎說嵇康「三十年未嘗見其喜慍之色」，但嵇康對鍾會的態度又極其明顯，他自己也說「剛腸疾惡」，這看來似乎有些矛盾。然而筆者以為這適足以顯示出他的強烈批判精神，此一精神基本上是不允許以任何階級利益說來牢籠它的。

　　再者，如《文心雕龍》所云：「正始明道，詩雜仙心」，這雜以仙心之風氣，對嵇康而言，恐怕還有著另一重意義，那就是涉及到他家世信仰的問題。照嵇喜所寫的〈嵇康傳〉和嵇康自己的說法，我們雖不能確知叔夜是否和天師道、五斗米道有關，但他顯然是自小便接受了仙道信仰，因此這一信仰對嵇康而言，決不只是出於對「典午陰鷙」的「憤激之懷」而已。在此，我們當然還沒有必要去檢討道教的性質及其社會意義，而只須注意一個簡單的

〔註 27〕陳寅恪先生的說法，參見〈書世說新語文學類鍾會撰四本論始畢條後〉一文，文見《金明館叢稿初編》，頁 41～47。
〔註 28〕《魏志・王粲傳》，頁 544 注引《世語》言康欲起兵助儉，然《晉書》康本傳，頁 941 則以為此乃鍾會譖康之語。

事實，即嵇康顯然只將「養生延命」當成了純粹的真理命題。這一簡單的事實無疑構成了嵇康思想的主要部分，而它也決不是可以用簡單的階級利益說來範限的。

按照如上的說法，乃顯示出了理解嵇康思想這一工作的複雜性。我們如何可能謹慎地詮釋出這複雜的樣貌呢？以下，筆者打算依「歷史的嵇康」和「玄學的嵇康」這兩個概念為基本脈絡，希望能藉此如實地還原出嵇康思想的一些異質但又統一的面貌，這兩個概念在立名上是否妥當，容或可以斟酌，然筆者亦須指出，將嵇康的思想作如此之切割，純只是基於描述上的需要。嵇康的思想無疑仍是一個有機的統一體，只是筆者以為這個統一體中，其實涵蘊著恐怕連嵇康都不自覺的張力，這個張力直接地反映在嵇康最基本的命題——越名教而任自然——之上，它以這命題之歧義性的形式而存在。而筆者之所以選擇「歷史的嵇康」和「玄學的嵇康」來作為描述的基礎，正是為了相應地勾勒出由前述歧義性所衍生出的重要義涵。這是必須預為說明的。

在前言的最後，筆者亦想預先指出：筆者此文其實尚懷抱著另一更根本的企圖，此即我根本想徹底放棄湯用彤先生的玄學詮釋典範。湯先生對玄學的貢獻自然是無可取代的，是他讓玄學獨立成為一個學科，這大概是學術界公認的事實。然而湯先生對玄學的基本判斷——即以王弼的本體論典範對比於漢儒的宇宙論典範——無論在哲學史或是思想史上恐怕都是經不起更細緻之考察的〔註29〕。筆者常感到懷疑的是，何以湯先生的詮釋典範迄今仍具有籠罩性的地位，這當然是另一個有趣的問題。至於本文的背後，筆者則根本是企圖嘗試以「歷史的嵇康」，來聯繫上玄學的歷史面向；而以「玄學的嵇康」來區隔出玄學在哲學意義上的兩個明顯段落，並且將玄學的核心由王弼轉移到嵇康身上。當然，就本文的題旨而言，可能很難完全達成這一意圖，至多僅能視之為筆者新構想的發凡起例，不過無論如何，本文都不只是意圖對嵇康思想進行個案研究而已，脫離了筆者背後的意圖，都將喪失本文的生命力，此所以筆者必須在此預作聲明之故。

〔註29〕今天在哲學史上挑戰湯用彤先生之典範的，主要是牟宗三先生的說法，在思想史上，則程元敏先生〈季漢荊州經學〉一文，已大致打破了湯先生之說最重要的考證基礎。程文見《漢學研究》第四卷第一期、第五卷第一期。此一問題後文尚有詳述，此處茲不備論。

　　總之，余敦康先生嘗謂：名教與自然之爭乃魏晉玄學的第一命題〔註30〕。這判斷筆者原則上是同意的。但唯其如此，我們恐怕便須重新估量王弼、嵇康在玄學中的重要性，因為若將這一爭論之主眼系聯在王弼之學的身上的話，必將無以展開這一爭論的各個面向。此義至為重要，但顯然仍須更多義理論證來撐持；但願本文能作為構思玄學新詮釋典範之初步嘗試！顛覆一個典範總是艱難的，也是危險的；但如果對典範的質疑總象徵著一個新學術世代之降生的話，則筆者的確認為玄學是到了這個時刻了。我以此期許自己，也希望下面的陳述能無負此初衷！

〔註30〕余敦康先生是否曾在那篇文章裡如此說，筆者並不清楚，但一九九四年在無
　　　　錫舉行的「兩岸談玄」會上，余先生一直強調此一觀點，並以之作為會議主
　　　　題。又余先生在他的《何晏王弼玄學新探》一書中，亦以為自然與名教的關
　　　　係問題，才是王弼的真正主題。（參見該書，頁390）

第一章 「歷史的嵇康」與自然、名教之爭的第一面向

　　嵇康在〈釋私論〉中說：「越名教而任自然」〔註1〕，其中「名教」一詞所指是確定的，但「自然」究竟何所指呢？歷來論者似乎眾口一詞地以為此詞即老莊「無為自然」之義，然而它真如此想當然耳嗎？在筆者看來，實際狀況恐怕要複雜得多。因此本章首先得從「自然」這概念在嵇康思想中的歧義性說起，然後筆者擬從這概念之現實牽聯，順一條思想史的進路，來解讀嵇康思想中「歷史的嵇康」這一面向。

第一節　嵇康思想中「自然」一概念的歧義性

　　關於「自然」概念的確指，當然還是得由〈釋私論〉說起。如果從嚴格的論證觀點而言，嵇康此文恐怕是很成問題的，這是因為他在此文中的幾個主要概念，其界義常有滑轉故。在嵇康此文中，他原想給君子、小人之別作出重新的界定，所謂「言君子，則以無措為主，以通物為美，言小人，則以匿情為非，以違道為闕」〔註2〕是也。但何謂「無措」呢？嵇康的第一個詮釋乃是「心不存於矜尚，情不繫於所欲」〔註3〕。這「不存、不繫」即是所謂的

〔註1〕以下凡引及嵇康之文獻，俱根據戴明揚先生之《嵇康集校注》（下簡稱《校注》），除非必要，將只註明頁碼，以便翻檢，不另作討論。至於一些底本明顯的錯誤，已經校改者，本文在引用時亦將直接依據校改後的文字，為免辭費，亦不另作說明。
〔註2〕《校注》，頁234。
〔註3〕《校注》，頁234。

「虛心」，也就是心無執著之義，這意思原也坦然明白，故嵇康特別引述了「及吾無身，吾又何患」而說「無以生為貴者，是賢於貴生也」〔註4〕，由這段引文，我們也可確知嵇康的確能把握無執無為之義，而由此也可以聯繫到他所謂的「自然」義之一個面向，因為他正是由無措而說「任自然」、「任心」。

　　然而，如果說無執無為乃是君子之所以為君子的標準，則小人便似乎不應只以「匿情」來界定，但嵇康不只以此來說小人，而且進一步乃以「顯情」來詮釋無措，這顯然出現了滑轉。當他說：「傲然忘賢，而賢與度會；忽然任心，而心與善遇；儻然無措，而事與是俱」〔註5〕時，大抵還是承無執無為義而說；當然人亦可以質疑，何以任心即能心與善遇？這樣的說法無疑不太可能有道德哲學上的意義。這且不言。此處更值得我們注意的，則是嵇康突然說「顯情無措，不論於是而後為也」〔註6〕。「不論於是而後為」說的是不執著於任何固定的價值標準，這和顯不顯情有什麼必然的關係呢？如果說匿情之人通常源於某種執著（但這話並不能倒過來說），這猶有可說，然而它並不能推論到不執著之人必會顯情，這是因為這兩個命題間並不等同於邏輯上最簡單的一組矛盾對當關係，不執著和執著這兩個概念不是一組「對偶」（Duality），不執著乃指對執著的超越之故。此所以筆者乃說嵇康於此有了滑轉。然則這滑轉對嵇康所說的自然義，會發生那些影響呢？

　　嵇康順上述的滑轉，乃提出了「公私」這組概念，以作為進一步區分君子、小人的標準。公即顯情，私即匿情。依其意，人很少是純善或純惡、上智或下愚者，絕大多數的人皆是「中人之性」，亦即人皆可善可惡，因此拿行善、行惡來區別君子、小人是沒意義的，倒是以公私判來得好些。因此他說「公私者，成敗之途，而吉凶之門」〔註7〕。但世間之人總是「以不措為拙，措為工，唯懼隱之不微，唯患匿之不密」，是以「能成其私之體，而喪其自然之質也」〔註8〕。這說法十分值得注意：如果說匿情以成其私，即是喪其自然之質，則此處所說的自然究竟何所指呢？很顯然地，既然自然之質的得喪，只以情之或顯或匿來規定，則自然也者，便不可能是指對執著相之超越，換

〔註4〕《校注》，頁234。
〔註5〕《校注》，頁235。
〔註6〕《校注》，頁235。
〔註7〕《校注》，頁236。
〔註8〕《校注》，頁240。

言之，這自然便不可能再是心上的問題了，而成了才性、質性、情性這一意義下所指的自然（Nature）了，此乃因為顯並不是對匿這一境界的超越之故也。這也就是說，如果把無措理解成顯情的話，則「越名教而任自然」和「越名任心」這兩句話便將很難再劃上等號，於是「自然」一詞在此文中乃顯然發生了歧義，這恐怕是嵇康完全不曾自覺到的一個結果。他完全沒想到體亮心達、心無所矜、情無所繫的意思和「垂坦蕩以永日」這顯情無匿的意思，根本不是同質的，於是當然就由無措義的滑轉，進而導致了自然義的滑轉。

也正是由於此一滑轉，而造成了〈釋私論〉最後一段的繳繞。在這段中，嵇康論第五倫的有非而無私，一方面把是非和公私彷彿又分成了兩組概念，也就是他彷彿看到了無措和顯情的不同，因此他說：「私以不言為名，公以盡言為稱，善以無名〔吝〕為體，非以有措為負」，又云：「言無措者，不齊於必盡也；言多吝者，不具於不言」〔註9〕；但另一方面，他似乎又不能明確講出無措和顯情的差別所在，甚至又把有措和匿情、非和私等同了起來，而云「所顯是非，不可謂有措」，這當然是徒增詞語上的麻煩。其實筆者以為，嵇康這最後一段對是非公私的區分是很有意義的。如果我們知道不執著（無措）是對執著的超越，它和「顯匿」的對偶關係不同，那麼我們便可以很容易將〈釋私論〉的層次感區隔出來，讓它的義理脈絡明確化，從而也就能夠區分出嵇康使用「自然」一詞的歧義所在。如其所云：「無措之所以有是，以志無所尚，心無所欲，達乎大道之情，動乎自然，則無道以至非也」〔註10〕，這裡「自然」一詞便顯然不是「自然之質」之義。能如此區分，對理解嵇康思想而言，當然是重要的第一步。

其實上述的歧義現象，對嵇康的其它篇章而言，乃是一個普遍現象。綜括而言，嵇康使用「自然」一詞，略有四義，一是工夫論上的境界義，上說之無執無為義即屬之，〈述志詩〉之一云：「沖靜得自然，榮華安足為」〔註11〕，〈答難養生論〉云：「順天和以自然，以道德為師友，玩陰陽之變化，得長生之永久，任自然以託身，並天地而不朽」〔註12〕，〈家誡〉云：「以無心守之，安而體之，若自然也」〔註13〕，這些地方的自然一詞，大抵皆是此義。二是由上說

〔註 9〕 《校注》，頁 242～243。
〔註10〕 《校注》，頁 243。
〔註11〕 《校注》，頁 37。
〔註12〕 《校注》，頁 191。
〔註13〕 《校注》，頁 316。

無執無為之境界義所反照回去,而說之天地之太朴無為的境界。此如〈答釋難宅無吉凶攝生論〉所云「古人合德天地,動應自然」〔註14〕。以上這二義大體是相關的,它們也符合於老莊之古義。在《莊子》中,自然一詞約有二義,如〈天運〉所謂「夫至樂者,先應之以人事,順之以天理,行之以五德,應之以自然」、「奏之以無怠之聲,調之以自然之命」,大抵如前述嵇康所用之第一義。另外如〈德充符〉所謂「言人之不以好惡內傷其身,常因自然而不益生也」,〈應帝王〉所謂「遊心於淡,合氣於漠,順物自然,而無容私」等〔註15〕,則如嵇康所用之第二義。而《老子》之自然義,也全同於第二義,如「希言自然」(廿三章)、「道法自然」(廿五章)、「莫之命而常自然」(五十一章)、「以輔萬物之自然」(六十四章)等等皆是。

然而嵇康的第三義便有了蹊蹺了。第三義大抵相當於今天所謂自然科學所說之大自然。如〈聲無哀樂論〉云:「音聲有自然之和,而無係於人情」〔註16〕、「時至而氣動,律應而灰移,皆自然相待,不假人以為用也」〔註17〕皆是此義。表面上看,此義和前述第二義似乎只是一義之轉,實則完全不然。蓋第二義的要旨乃在它是無執工夫之反照,也就是說此義所說之天地自然,其重點乃在天地之無為上。但第三義所說之天地自然,恰好是著眼在天地之有所為上;兩相對比之下,則第三義之自然在第二義言,恐怕正好是所謂的「他然」。也正是在此義上,乃使自然義有了和「氣化論」相接筍的機會,這是必須特別注意的義理脈絡。然後,嵇康的第四義──性命自然義,也有了落腳處。此如〈養生論〉中謂神仙乃「特受異氣,稟之自然」〔註18〕,〈答難養生論〉云「桀跖之徒皆得自然」〔註19〕,和〈難宅無吉凶攝生論〉和〈答釋難宅無吉凶攝生論〉中反覆提及的性命自然等皆是。

上述的後二義,無疑是越出了老莊之自然義的,它的義理脈絡其實和氣化論下的「才性論」可以有比較多的交涉。原則上說,嵇康對上說的四義,經常是混用而不加簡別的,這除了我們已看過的〈釋私論〉之外,在〈養生論〉和〈聲無哀樂論〉等等嵇康最重要的作品中,莫不皆然。同時,他也經常即以

〔註14〕《校注》,頁 295。
〔註15〕以上數條見《莊子集釋》,頁 502、507、221、294。
〔註16〕《校注》,頁 208。
〔註17〕《校注》,頁 212。
〔註18〕《校注》,頁 144。
〔註19〕《校注》,頁 188。

這混用的自然義來攻擊名教，如〈釋私論〉便是極其顯著的例子。於是這遂為所謂的自然名教之爭增添了不少煙幕。如果說嵇康的自然義原則上有兩個不同的面向，那麼這不同面向下的自然、名教之爭，可能具有相同的意義嗎？這當然是不可能的。因此之故，筆者乃有必要依「自然」這概念的兩種歧義，來分別描述自然、名教之爭的兩個面向，並由此取得詮釋嵇康思想的基點。筆者以為，如此的處理方式，恐怕才是理解嵇康的不二法門。

以下，筆者即擬先由自然義和才性論這一面的牽涉論起，從而得以依之來勾勒「歷史的嵇康」。

第二節　魏晉才性論的現實意義

要解決前述這個面向的問題，首先我們有必要認識才性論在那樣一個時代裡，有著什麼樣的牽聯。

談中國哲學的人，當然很容易把才性論的問題，放到人性論的脈絡中去，今天很多論者也的確是循這個脈絡在看的〔註20〕。然而，筆者首先必須以破題的方式說，在魏晉整個時代裡，才性論原則上根本不是一個學術性的命題；儘管它和董仲舒、劉向、揚雄、王充的人性論的確脫不了干係，但如果循這脈絡來看魏晉的才性論，恐怕根本就不具有任何意義。因為它在那樣的時代裡，徹頭徹尾地只是一個政治性的命題；如果把握不住這點，恐怕便根本看不到問題的全盤面貌。

作如此大膽的判斷，當然必須有證明。於此，筆者以為我們有必要從陳寅恪先生的一個敏銳的判斷說起。陳寅恪先生在〈論陶淵明之思想與清談之關係〉一文中曾謂：

> 當魏末西晉時代即清談之前期，其清談乃當日政治上之實際問題，
> 與其時士大夫之出處進退至有關係，蓋藉此以表示本人態度及辯護
> 自身立場者，非若東晉一朝即清談後期，清談只為口中或紙上之玄
> 言，已失去政治上之實際性質，僅作名士身分之裝飾品者也〔註21〕。

此一意見只為原則性之陳述，他對清談之分期如何姑且不論，但這樣的判斷不能說不是獨具隻眼。此後，他復在〈書世說新語文學類鍾會撰四本論始畢

〔註20〕參見何啟民先生《竹林七賢研究》，頁 86～95。
〔註21〕《金明館叢稿初編》，頁 180。

條後〉一文中，詳細論述了前述判斷，而所引的主要證據，即是「才性四本」的問題。並謂四本之論主，依其旨意「以考其人在當時政治上之行動，則孰是曹魏之黨，孰是司馬晉之黨，無不一一明顯」〔註22〕。陳先生此一論據至為充分，殆可視為定論，惟他並未進一步申論所以致此的更細部因由。當然，如果順陳先生所引的材料，我們可以很直接感受到它可能和曹魏的選舉制度有關，但其關聯的脈絡究竟如何，畢竟不明。關於此義，唐長孺先生在〈魏晉才性論的政治意義〉一文則有了更清晰的勾勒，他說：

> 才性論所研究的問題為才與性的涵義以及操行與才能的關係。所以能成為當日論題重心者是因為與實際的選舉制度有關，特別是與曹操的「唯才是舉」政策有關，所以魏、晉間的才性論不是空談，而是從實際政治出發又歸宿於實際政治的命題，其目的是為了鞏固新興的政權。〔註23〕

唯唐先生的論述，亦未能明確指出才性論這一「校練名理、綜覈名實」的清談活動，之所以會有紛紜錯雜現象之因由。對於此一問題，筆者以為我們不得不由九品中正這一制度的建構說起〔註24〕。

關於九品中正這一制度面的問題，近人的研究頗多，雖然由於材料所限，對於其實際運作情形仍然有不少疑義，但原則上沒有人懷疑它乃是東漢徵辟制度、鄉舉里選，以及漢末清議的制度化，同時也正是憑藉它而促成了門閥的形成和鞏固〔註25〕。在此，筆者並不擬以制度史的討論方式，來重述此一制度，而只想依題旨的需要，提出幾個重點來略加申論。筆者所關切的是下述兩件事，其一是九品中正之建立與曹魏政權之內在矛盾的關係，其二是這一內在矛盾究竟如何反映在這一制度底運作上？筆者希望藉這兩點的解明，得以充分證明才性論的確只是一個政治命題而已。

〔註22〕《金明館叢稿初編》，頁45。

〔註23〕《魏晉南北朝史論叢》，頁310。

〔註24〕如萬繩楠先生即明確說：「才性四本論，與選舉問題緊密相連」，見《魏晉南北朝史論稿》，頁86。

〔註25〕關於九品中正，遠者可參見趙翼《廿二史劄記》，近人之作如較早期之許世瑛先生的〈九品中正之研究〉（《清華周刊》第卅六卷第九～十期，頁204～215）等，近些年較有名者則有唐長孺先生〈九品中正制度試釋〉（《魏晉南北朝史論叢》，頁85～126），毛漢光先生《兩晉南北朝士族政治之研究》，日本學者則可以宮崎市定《九品官人法之研究》（《京都大學東洋史研究叢刊》之一）為代表。

　　如筆者在前言中即已指出的，曹魏政權中存在著一項基本的矛盾，亦即士族與寒門的衝突。不過筆者亦須澄清此一矛盾在內涵上的變化。就一般的理解，士族與寒門的矛盾似乎只是指門第上的「士庶天隔」，但實際上這一內涵是經過長期演變的。高門士族在形成之初，乃是源於地方大族和章句經學的結合，而後由於他們對地方吏治的近乎壟斷地位，遂浸成朋黨之勢，關於這點，我們在王符《潛夫論》和崔寔《政論》等中，都可找到明確的證據〔註26〕。然而這樣的士族原則上還並沒有太強的門第觀念，他們朋黨的互相標榜，依憑的乃是名教這一文化價值概念，亦即范曄所謂「刻情修容，依倚道藝，以就其聲價」是也〔註27〕。因此，即使出身微賤，只要能認同此一文化價值，並取得經學或士族團體上的一定地位者，也還是有從卑微上升為高門的機會，像鄭玄、郭泰、庾乘等皆是；而太學正是提供這一身份轉換的場所〔註28〕。因此當時士族和其它出身間的矛盾點，相當程度地反映在文化價值上，他們以此貶視刀鋸之餘的宦官，以及因宦者得以畜養子而夤緣以進的寒門子弟，這些人即是陳寅恪先生所謂的閹宦集團。這是最初期的情況。

　　有趣的是，此一早期的士族與寒門之爭，常衍生為另一形式的衝突——亦即經學與文學的衝突，這點可能是歷來論者皆不曾注意到的。其實此一衝突有相當的遠源，筆者在拙作《從災異到玄學》一文中，曾注意到今古文之爭的另一面向，即東漢中期以前之古文家也通常都身兼辭賦家，而今文家則否〔註29〕。這一極整齊的現象代表了從西漢後期，經學壟斷了仕途之後，文學成為其它非章句之徒爭取出身的唯一途徑。不過古文家通過文學廁身仕途之後，還是轉以經學家的身份出現，只是他是以爭取古文經之獨立地位的方式

〔註26〕如《潛夫論·務本》云：「今多務交游以結黨助，偷世竊名，以取濟渡，夸末之徒，從而尚之，此逼貞士之節而衒世俗之心者也」（見頁11～12），《意林》引崔寔《政論》云：「同類翕集而蟻附，計士顛蹶而脅從，黨成於下，君孤於上」（《全後漢文》卷四十六，葉十一）。

〔註27〕見《後漢書》，卷一一二〈方術傳〉論，頁972。

〔註28〕最有名的例子乃是庾乘，依《後漢書》卷六十八，頁798本傳所載，他本只是「少給事縣廷為門士」，因為郭泰提拔，而得入太學，「為諸生傭」，後竟以此而成學，遂漸躋士族之列，寖假而至東晉，竟成與王謝齊名之高門。

〔註29〕筆者嘗依嚴可均《全後漢文》所輯，凡和、安以前有賦頌流傳者，清一色俱為古文家，或與古文家交往密切者，今文家則完全不曾有此類作品。這些辭賦家包括桓譚、馮衍、梁竦、班彪、班固、杜篤、王充、賈逵、黃香、傅毅、崔駰、李尤、張衡、王逸等人。這一現象其實早自劉向、歆父子和揚雄等即已明白顯現。詳見拙作《從災異到玄學》第二章第二節、第三章第一節。

呈現而已〔註 30〕。東漢中期以後，隨著章句之學沒落，今古文之分乃漸泯，而後遂有原來經學集團中人反而轉以文學家的姿態出現，像蔡邕即是最具代表性的例子。但即使是蔡邕，他亦有文學乃是小道的看法〔註 31〕，換言之，他們本身雖已對文學採取了較開放的態度，可是也仍然並不許可文學作為另一種出身工具。但我們如果注意到靈帝時所曾特開的一次鴻都文學之選，便會發現這是另一次的經學文學之爭，而其背後所代表的恐怕正是士族閥閱與閹宦集團的衝突〔註 32〕。閹宦集團可能正是希望通過文學另開一條利祿之門，好以此來和士族對抗。當然，後來鴻都文學顯然在士族的強力抵制下，沒能成為定制，但如果我們注意到包括曹氏父子，乃至建安時期一些出身寒門單家之子弟，多以文學貴顯，甚至曹丕要將文章的地位提升到經學一致，而後來魏黨之嫡系也多為文學侍從之臣，便可看出一些端倪了〔註 33〕。筆者之所以要簡單勾勒此一現象，乃是為了更清楚突顯早期士族與寒門矛盾的某一呈現形式，而這一形式對後來才性論的爭辯自然也產生了一定的影響。

士族寒門這一初期的矛盾狀況，大約隨著黃巾和宦官之幾乎同時被擊滅，而有了第一次的質變。由於此時漢王朝的崩潰和士族割據之局的形成，因此士族當然已不是一群地方官和悠遊於太學以結朋黨的人，而是一群直接介入政權爭奪戰的人了。我們也許可以如此想像一下，假如當初袁曹之爭，最後是袁氏得天下的話，則中央政權勢必將由士族所獨享；我們雖無從推斷這將導致何種局面，但至少可以預言寒門除非通過士族的認可，否則必將無緣晉身仕途，不過這也必然象徵漢末的階級矛盾將在一個時期內趨於單純

〔註 30〕第一個例子是由劉歆所掀起的爭立古文事件。關於此一事件，請參見上引拙作，頁 137～139 的討論。此後，東漢初乃更蔚為風氣，其過程亦請詳見拙作第三章第一節。
〔註 31〕《後漢書》卷六十下蔡邕本傳，頁 708 載其所上封事云：「書畫辭賦，才之小者，匡國理政，未有其能。」
〔註 32〕《後漢書‧靈帝紀》光和元年曾載此事，但此一恩科旋即遭到士族的強烈攻擊，如前引蔡邕本傳，頁 709 即云：「士君子皆恥與為列」，陽球之奏章亦云：「松覽等皆出於微蔑，斗筲小人，依憑世戚，附託權豪，俛首承睫，徼進明時。或獻賦一篇，或鳥篆盈簡，而位升郎中，形圖丹青……是以有識掩口，天下嗟嘆。……今太學東觀足以宣明聖化，願罷鴻都之選，以消天下之謗。」這段話十足暴露當時社會階層的衝突。球言見其本傳，頁 893。
〔註 33〕團聚在曹氏昆仲周圍之近臣，多係文學之臣，如建安七子之為五官將文學、和吳質、丁氏兄弟皆是。其中建安七子之出身階層較多元，其他人則幾乎都是寒門出身，說詳後文。

化。然而歷史卻以詭異的形式延續了士族和寒門的矛盾，亦即在曹魏政權內由這兩個對立的階級，進行著既聯合又鬥爭的政權爭奪戰。而由於這一鬥爭原則上已進入到體制內，也就是它已成為一場封閉式的上層權力分配鬥爭。基於高層權力鬥爭的本質，當然就容易使集團成某種閉鎖式的發展，這也就是一般論者所謂，士族閥閱集團由東漢之較開放形式而逐漸固定化的可能原因所在〔註34〕。另外一方面，所謂寒門的性質，也由於曹操的成功轉型，而擺脫了閹宦集團這一符咒，成為也兼具某種文化特質的集團。如前所述，曹家嫡系除了本鄉譙沛人士外，也汲引了眾多文士（曹操陣營中，異質性的組合較多，另一支脈，即是張魯）。其中前者多係武將，後者則是幕賓。當然，就這些文士言，其實還構不成一個集團，他們多半還只是以個人身分，憑恃文才來加入曹氏陣營的，但因托庇於曹氏，也終於漸成羽翼，而成一集團了。其中最有名的當然要屬建安七子了，不過這七子乃至如《魏志》卷二十一所載諸人，其出身亦頗有不同，如王粲、應瑒、楊修等明白是士族，但像徐幹、丁儀兄弟、吳質等則顯然不同〔註35〕，這當然必須分開處理，然而它至少說明了由文士一途，的確提供了單家子進入統治階層的晉身之階。於是，它們便形成了新階段士族寒門矛盾的面貌。

此一矛盾在魏武之時尚是潛隱的，初時由於曹操亟待荀彧幫他召募人才，此後，他又依恃崔琰、毛玠這些人以廣招徠，而這些士族出身之人，當然儘可能引介士族，這遂使曹魏政權結構有向士族偏傾的危險。如此偏傾的狀況固然導源於士族掌握地方這一客觀事實，但恐怕也和魏武本人主觀上認同士族的價值標準有關。所謂「軍中倉卒，權立九品」〔註36〕，表示魏武已直接支持依清議方式來甄拔人才，這當然就進一步授予了士族甄拔士族的合法性，

〔註34〕此一發展恐怕和九品中正制中，「家世簿閥」所占的份量成正比，漢時的鄉舉里選，在體制上並無明文須考量被舉者之家世，但從中正制一開始，家世便成中正定評之參考要件，而且其重要性也與日俱增。

〔註35〕徐幹《中論》序云：「靈帝之末年也，國典墮廢，冠族子弟結黨權鬥，交援求名，競尚爵號。君病俗迷昏，遂閉戶自守，不與之群」，可見徐幹和當時士族之距離。丁氏兄弟之父丁沖，依《魏志》卷十九〈陳思王傳〉注所載，乃是曹操同鄉舊識，以此夤緣而貴。吳質依《魏志》，卷廿一〈王粲傳〉，頁 546 注所載，云：「質為單家，少游遨貴戚間，蓋不與鄉里相沉浮，故雖已出官，本國猶不與之士名。」

〔註36〕此語見《宋書》，卷九十四〈恩倖傳〉序，頁 1110，沈約云：「漢末喪亂，魏武始基，軍中倉促，權立九品」。

這也就是說曹操自己也應對用人權柄的下移負一些責任。但他畢竟尚足以操控全局,因此在建安年間,他連下了幾道抑浮華和求才之令,其目的顯然在平抑士族在選舉用人上不成比例的優勢〔註37〕。不過我們雖然不知道這些命令實際的效果如何,但從魏武時典選舉的諸人皆無好下場〔註38〕,和後來的魏黨的孤弱,可以看出來士族和寒門的矛盾恐怕是相當深重的。

　　此後,曹丕繼位,陳群立九品中正之制,這其實也只是把魏武之選舉方式整齊化與制度化而已。我們由曹丕、曹叡之抑浮華〔註39〕,可見前述之矛盾仍是在的。尤其是魏諷之亂,這一亂事史書的記載甚隱祕,今已不得其詳,但若從其連引諸人多為士族來看,它恐怕和士族陰謀政變是脫不開關係的〔註40〕。然而基於平衡起見,若魏黨嫡系有成朋黨之勢,也一樣是不能寬貸的,曹叡之斥免鄧颺、諸葛誕等,應可作如是觀〔註41〕。總之,魏文、魏明兩帝期間,士族寒門的矛盾是不曾緩和的,雖然它也似乎不曾太明顯地浮上檯面;靠著政權仍在曹家之手,這兩個階級之間還可以維持表面的和諧,而且魏武三代基本上也還能守住強力仲裁者的角色,因此既有的矛盾還不至於惡化。但是齊王芳即位後,可能因為他不再具有強力仲裁的能力,共同輔政的曹爽乃有了危機感,因此乃借助暗中貶抑司馬懿,而升高了階級矛盾,魏黨與士族的衝突乃告表面化。

　　就與本文題旨相關的事件而言,正始初恐怕曾有一場對中正制度的論戰,可惜的是詳情今已不得而知。就有限的史料來看,九品中正在設立之始,只在郡設中正。中正一職對士族無疑是有利的,此所以曹爽一上台,便要其

〔註37〕關於魏武的求才三令,如所週知,曾遭到顧亭林《日知錄》的強烈批評。但從比較同情的角度看,求才三令確有平抑士族之考慮在。參見唐長孺先生在〈魏晉才性論的政治意義〉一文的討論,文見《魏晉南北朝史論叢》,頁304～305。

〔註38〕如荀彧、崔琰被迫自殺,毛玠則被黜廢,事詳諸人本傳。彧之死,事似略有蹊蹺,本傳僅說其以憂死,但注則指其乃自殺,但至少可證他和曹操間實有嚴重矛盾。

〔註39〕曹丕之抑浮華,如《意林》引《典論》之批評桓靈時「位成乎私門,名定乎橫巷」,「長愛惡,興朋黨」等可見(《全三國文》卷三,頁八)。曹叡則曾於太和四年下詔「其浮華不務道本者皆罷退之」,文見《魏志·明帝紀》,頁131。

〔註40〕魏諷一案所連及而可考者,如鍾繇、劉偉、王粲之二子、張繡之子、宋衷之子等,皆為士族出身。

〔註41〕此事詳見《魏志》鄧颺、李勝、諸葛誕等各人本傳,〈董昭傳〉繫此事於太和六年,也就是在明帝下詔抑浮華之後兩年,見《魏志》,頁422～423。

嫡系何晏來典選舉。但何以《通典》和《御覽》都同時記載司馬懿於此時竟要廢郡中正，改置州中正呢？〔註42〕這不等於自廢武功嗎？不過如果我們把可考僅存的另兩條資料合在一起看，也許就可以約略了解此中曲折了。司馬懿曾就中正事詢問夏侯玄，筆者以為此一詢問當即反映了前述問題的政策討論過程〔註43〕。在夏侯玄的答書中，其要點有二，一是中正的設置造成「天爵之外通而機權之門多」，二是希望中正不要成為品次的決定者，將薦舉人才之權交予地方官，而「中正但考行倫輩」即可〔註44〕。筆者不知道此議是作於設州中正之前，還是之後〔註45〕，但魏黨想廢中正之權的用心是躍然紙上的。此外曹爽弟羲也參與了此議，他說：

> 伏見明論欲除九品，而置（案：此處疑漏州字）中正以檢虛實。一
> 州闊遠，略不相識，訪不得知，會復轉訪本郡先達者，此為訪中正
> 而實決於郡人。〔註46〕

綜合這兩條文獻來看，則比較合邏輯的解釋，大概是曹爽之黨想架空郡中正，於是司馬懿乃以改置州中正作為妥協，可是曹羲也直指宣王此議之換湯不換藥。如果此一推斷是正確的話，我們便可看出中正制和士族寒門矛盾之密切關聯。而就史料來看，我們完全不知道當時是否真照宣王之議施行，但至少到高平陵之變後的第二年，即嘉平二年，史料顯示，不但郡中正未廢，而且也增設了州中正（州都），這當然是很有意思的演變〔註47〕。

以上筆者以簡略而曲折的方式，交待了九品中正制和曹魏政權內部矛盾

〔註42〕《通典》卷卅二，注引干寶《晉紀》云：「晉宣帝除九品，置大中正」（見校點本，頁892），此事《太平御覽》卷二六五引作「可除九制，州置大中正」（見頁1372）。

〔註43〕《魏志》，卷九〈夏侯玄傳〉，頁315，集解引潘眉云：「魏陳群始立九品之制，郡置中正，評次人才之高下，各為筆目。司馬宣王除九品，置大中正，太初此論當在是時發也。」

〔註44〕夏侯玄此文見其本傳，《魏志》，頁315～316。

〔註45〕玄書有云：「自州郡中正品度官才以來，有年載矣，緬緬紛紛，未聞整齊」，似乎已設了州中正，但新設之州中正決不能說「有年載矣」，因此我頗疑州字為衍文，或者只是因新設州中正，而連同郡中正一起說，但後說亦有不通處，因司馬懿之議乃是廢郡中正而置州中正，則連言之說亦有不可通處，因此筆者仍傾向州字乃是衍文，夏侯玄此議乃是相應司馬宣王之議而起的政策辯論。

〔註46〕見《太平御覽》卷二六五，頁1372。

〔註47〕關於此一問題之考證，詳見唐長孺先生〈九品中正制度試釋〉之討論，《魏晉南北朝史論叢》，頁102。

的關係，這一關係提供了我們理解才性論之現實牽聯的歷史基礎。然則我們要問的是此一牽聯究竟是如何發生的呢？對於這個問題，我們當然得進入到九品中正制運作的內部情形。綜合許多史料來看，大約從陳群始立此制，便已確立中正所掌理的三件事，一是提出被舉者之家世，二是提出被舉者之行能，亦即所謂的「狀」，三是提出被舉者之定品〔註48〕。簡括而言，即每個人的任官資料包括品、狀、簿閥等三項。其中簿閥一項照《通典》的說法，乃是記載「父祖官名」〔註49〕，這當然對士族是有利的。至於品狀的內容，資料則有些紛歧，唐長孺先生謂狀乃是舉主「對於所舉人道德才能的具體敘述」，而品則是對狀和簿閥的綜合考評〔註50〕。但筆者以為這說法是有問題的，唐先生引及《魏志・常林傳》注所引《魏略・清介吉茂傳》，該傳云：「（王）嘉為中正，嘉敘茂雖在上第而狀甚下」，唐先生以為這顯示了「狀只考慮才略，品卻須參攷家世資歷，因此二者可能不一致」〔註51〕，然而在〈吉茂傳〉上引文之下，其實還有一句話，「云德優能少」〔註52〕，假如說德優能少這四字考語只是狀上之語的話，那麼能說「狀甚下」嗎？因此我頗疑心「德優能少」乃是中正評品之總評語，而狀則僅指其才能的敘述而已，而在品中則必須敘及被舉者之德行，這也就是說狀和德行是無關的。如果我們注意到從王充說性分三品，這品字即和性行相連；還有清議之所評，照《世說》等文獻之記載，一方面也多重被評者之德行，另一方面其形式也多係幾個字之短語，而稱此評語為「品鑒」。綜合這品字之字源根據，似乎都比較能支持筆者的推斷。另外，《晉書・劉毅傳》所載的那篇著名的請廢中正疏中也說：「以品取人，或非才能之所長；以狀取人，則為本品之所限。若狀得其實，猶品狀相妨。」〔註53〕這更是客觀而積極的證據。劉毅以品狀對舉，可見評品時常刻意抑低才能的份量，但狀則是以才能為主。依陳群之制，中正評品在二品以上者，可以直接派任官品為五品以上之官〔註54〕，依此來看，劉毅說：「以狀取人，則為本品之所限」，顯然是指只具好才幹的往往品次不高，因此空有才能，卻

〔註48〕詳細考證請見上注引文，頁106～109。
〔註49〕見《通典》卷十四，校點本，頁328。
〔註50〕唐長孺先生〈九品中正制度試釋〉，《魏晉南北朝史論叢》，頁107、108。
〔註51〕唐長孺先生〈九品中正制度試釋〉，《魏晉南北朝史論叢》，頁108。
〔註52〕《魏志・常林傳》，頁584，注引《魏略》。
〔註53〕《晉書・劉毅傳》，頁881。
〔註54〕關於評品和官品的關係，詳見毛漢光先生《兩晉南北朝士族政治之研究》，頁78～86。

會為品所限，至多只能由六、七品官做起，這自然會形成品狀相妨。劉毅此語雖未能直接說出品之內容，但這說法卻足以支持吉茂因德優能少，而致「在上第而狀甚下」的結果，因此它至少證實了筆者的部分推斷。

　　至於品是否要參考被舉者之家世呢？筆者以為這至少在表面上是不明顯的，因為我們在史料上絕對看不到有人會公開而正面地承認這點，而事實上在九品官人法推行之初，簿閥似乎也的確未構成絕對性的條件〔註55〕，照歷史演變來看，家世之超越一切，其實是在司馬家完全控制一切之後才漸漸明顯的。不過，筆者以為家世這一因素實際上乃是以一種隱微的方式，從一開始就直接介入了中正評品的最核心考量，這中間的微妙處，恐怕就出在「品」乃是才與德的綜合考評上。只要品是如此決定的，那麼家世問題便已直接蘊涵在其中了。何以言之呢？這道理很簡單，因為當時的人所謂的德行是什麼呢？很顯然的，無非就是服膺名教而已。那麼誰比較能服膺名教呢？當然是出身於士族者無疑。於是中正評品時，表面上根本就不必賦予家世以正式地位，但家世一定會在他作才德之綜合考量時，成為重要的憑據，而且他還可以振振有辭地說是在考量其德行。因此，筆者以為我們只需把重點擺在「品狀─德才」這一組關係上即可，家世則視作一項隱性之因素可也。

　　根據這一原則性的理解，我們便可以注意到《魏志‧盧毓傳》的一段史料。明帝時，盧毓為吏部尚書，明帝曾詔曰：「選舉莫取有名，名如畫地作餅，不可啖也」，毓則答云：

> 名不足以致異人，而可以得常士。常士畏教慕善，然後有名，非所當疾也。愚臣既不足以識異人，又主者正以循名案常為職，但當有以驗其後。故古者敷奏以言，明試以功。今考績之法廢，而以毀譽相進退，故真偽渾雜，虛實相蒙。〔註56〕

此事雖因明帝斥免諸葛誕等而引發，但亦未嘗沒有暗喻士族之意在，在明帝之重點，顯然是希望吏部選舉應多參考才能，不要徒恃有名，而盧毓則明確拒絕了曹叡。依盧毓之說，「主者之循名案常」顯是指中正之評品須依名教清議之風評而定，「常士畏教慕善，然後有名」，更是明指有名之條件乃以畏教

〔註55〕毛漢光先生曾有一精闢之統計，證實在正始以前，也就是在曹魏全盛期時，士族在統治階層中的人數比例並不特別突出，但正始之後，則士族之比例便陡升，詳見《中國中古社會史論》，頁31～51。
〔註56〕《魏志‧盧毓傳》，頁578。

慕善之德行而定，而吏部之詮選只是尊重中正之評品而已。他所謂的「不足以識異人」當然只是句託辭，重點則無疑是在維繫名教於九品官人法之地位，若能如此，自然也就間接保障了士族的利益〔註57〕。因此，綜括這段對話，很明顯地表現出了在中正選舉制度裡，士族傾向於在評品時以德為重，這也就等於是抑低了狀的作用。於是我們也就不會奇怪盧毓會有「先舉性行而後言才」的說法了。

而我們必須注意到盧毓將「性行」和「才」對舉的說法，這無疑直接地涉及了當時才性論的命題，而這命題引起爭論的關鍵點，乃是在才性之先後輕重上。很明顯地，這先後輕重的問題直接連繫到了中正評品時，對品狀之處理方式的不同看法；而由前述說明可知，品狀的輕重則又直接關係到士族和寒門的矛盾。於是，我們當然可以說此時之才性論事實上真的只是一個政治命題，因此我們並沒有必要把它納回到先秦兩漢人性論的老傳統中去看。

然而話雖如此，我們亦仍可如是問，縱然魏晉才性論本質上只是個政治命題，但若將當時環繞在才性問題上的爭辯孤立來看，也就是說姑且把一切政治牽聯切斷，單看這一爭辯的各命題自身，則所謂的「才性四本」，其同、異、離、合四概念，是否真能成四個範疇呢？如果說這四個概念真能穩得住的話，則我們當然還是得承認它具有政治意義以外的其它意義。然而這些概念穩得住嗎？關於這點，筆者以為我們有必要從「才性四本」內容之解明上說起。

第三節　才性四本平議

《世說・文學篇》劉注所說鍾會撰才性四本論一事，這是人所共知的〔註58〕。此論大約到齊梁時，依然是清談中所謂的「言家口實」，但後來就亡佚而不可考了〔註59〕。以清談的通例來看，此論必有一段相當精采的往復辯論，但整個論證的過程，除了在歐陽建〈言盡意論〉中一句話，知道傅嘏、鍾

〔註57〕萬繩楠先生云：「先舉性行而后言才的進一步發展，就必然是根據門第世系擢用官吏。」（《魏晉南北朝史論稿》，頁85）
〔註58〕以下凡引《世說》文字，原則上俱本於余嘉錫先生《世說新語箋疏》（以下簡稱《箋疏》），為便翻檢，仍皆註明頁碼，如非必要，亦不另作說明。此段鍾會撰四本論文字見頁195。
〔註59〕《南齊書・王僧虔傳》載僧虔〈誡子書〉云：「才性四本、聲無哀樂，皆言家口實。」見頁285～286。

會曾引言不盡意論以立論外,其它已完全不得而知〔註60〕。不過如果我們費心收羅一下史傳、類書,則由其它邊際材料,未始不能勾勒出一些原則性的面貌。就此一命題之重建而言,唐長孺和田文棠二先生的貢獻,自然是功不可沒的〔註61〕;本節所論主要便是奠基於二先生的基礎之上。

關於此一問題,唐長孺先生有一原則性的說法云:

> 大概論同異者在於才性二名辭的解釋。主同者以本質釋性,以本質之表現在外者為才,這也就是較傳統的說法;主異者以操行釋性,以才能釋才,也就是王充的說法;其論合與離者首先承認性指操行,才指才能,然後討論二者的關係。〔註62〕

然後他並以此標準,而以為袁準〈才性論〉所持「性言其質,才名其用」的觀點〔註63〕,乃即所謂才性同之立場。唐先生這判斷到底有沒有根據呢?

要決定上述判斷的準確性,唯一的辦法只有訴之於傅嘏、李豐、王廣和鍾會自己的說法了。不幸的是鍾王之說已完全無可考,我們只能從傅李二人的片言隻語來嘗試作一些勾勒。《魏志·傅嘏傳》載嘏議劉劭考課法云:

> 昔先王之擇才,必本行於州閭,講道於庠序,行具而謂之賢,道修則謂之能,鄉老獻賢能於王,王拜受之,舉其賢者出使長之,科其能者入使治之,此先王收才之義也。方今九州之民,爰及京城,未有六鄉之舉;其選才之職,專任吏部。案品狀則實才未必當,任簿伐則德行未為敘,如此則殿最之課,未盡人才。〔註64〕

這段話雖不是直接論才性,但若蘭石之論真有一貫性,則於此議論中多少已看到一項原則,即他直接將才等同於賢能,而賢能則是所謂的「行具、道修」這些性行上的事,換言之,道德性行與才能是一而非二。因而所謂的品才擇賢,只有憑藉州閭庠序的日常考察。為此之故,他乃主張恢復東漢鄉舉里選

〔註60〕《全晉文》卷一〇九,頁一載歐陽建〈言盡意論〉云:「世之論者以為言不盡意……若夫蔣公之論眸子、鍾傅之言才性,莫不引此為談證。」
〔註61〕參見唐長孺〈魏晉才性論的政治意義〉(《魏晉南北朝史論叢》,頁298~310),田文棠《魏晉三大思潮論稿》,頁87~103。此外王葆玹先生在《玄學通論》中,亦從他的「正始改制」論出發,而有了一些新鮮的推想,這些推想固然不無所見,但他連類材料的方式,有不少是出自主觀的臆斷,因此參考性是比較低的。見該頁594~615。
〔註62〕見唐先生前引文,頁300。
〔註63〕袁準之說見《全晉文》卷五十四,頁二,下文會有較詳細之引用。
〔註64〕《魏志》卷廿一,頁558。

之舊，而放棄由中正評品，吏部擇才，然後事後考課的作法。順此語脈，則他所謂「品狀則實才未必當，任簿伐則德行未為敘」之實才和德行實係同義辭，如果這就表示了「才性同」之義的話，那麼很顯然的，此處之才性就不是什麼「性言其質，才名其用」之說了，它是把才收回去內涵於性，而成「德即是才」的說法。於是所謂的品才，即是品其德，而品一個人之德，除了須憑日常之考覈外，還須有另一類品鑒之聰明，因此傅嘏也說：「神而明之，存乎其人」也；這大概也就是歐陽建說嘏引言不盡意為談證的原故吧！由此我們乃可大略確定才性同的論點。

以此來看，則劉劭《人物志》的基本觀點，和傅嘏實為同一路數〔註65〕。如其〈九徵〉一開頭即云：「人物之本，出乎情性」，繼而它將情性之形質區分為中和之質，以及因陰陽五行之別而有之各種質性，這些質性固可外顯為種種儀容聲色，但孔才並不從這外顯的一面而論才，而是將才收在質性上說，如其所云：

> 其為人也，質素平淡，中叡外朗，筋勁植固，聲清色懌，儀正容直，
> 則九徵皆至，則純粹之德也。九徵有違，則偏雜之材也。三度不同，
> 其德異稱。故偏至之材，以材自名。兼材之人，以德為目。兼德之
> 人，更為美號。是故兼德而至，謂之中庸，中庸也者，聖人之目也。
> 具體而微，謂之德行，德行也者，大雅之稱也。一至謂之偏材，偏
> 材小雅之質也。一徵謂之依似，依似亂德之類也。一至一違謂之間
> 雜，間雜無恆之人也。無恆依似，皆風人末流，末流之質，不可勝
> 論，是以略而不概也。〔註66〕

這段話其實很可以作為才性同這一論點之總綱，才並不是在質性之外的另一個概念〔註67〕，而只是質性在不能平衡而有所偏蔽之下而說的概念，故云：「偏至之材，以材自名」。而若質性均衡，便必然是個有德者，而配得聖人之目、大雅之稱，故云：「兼材之人，以德為目」也。而特別值得注意的，則是他特別排斥所謂的依似無恆之人，如果我們對照曹操的求才三令，則很顯然的，求才令中所求之才，正是孔才所謂的依似無恆之人，而他們都只是不可

〔註65〕 在田文棠先生的前引文中，把劉劭的論點歸屬在才性合的論點中，而把阮武、
　　　　杜恕歸屬在傅嘏一類，此一分析恐怕不很恰當，說詳下。

〔註66〕 《人物志‧九徵》，頁4～5。

〔註67〕 如《人物志‧材能》亦云：「能出於材，材不同量」（頁18），可見劉劭亦以材
　　　　同於質。

勝論、不列入品鑒的風人末流。這樣的論點中，無疑是含著肅殺氣的；如果接受這樣的論點，當然就會崇德而抑才，這就自然抑低了狀的地位，而同意品須以德為主了。

這且不信。我們尚須注意到劉劭另外的一些觀點。如其〈材理〉篇云：

> 夫建事立業，莫不須理而定，及其論難，鮮能定之，夫何故哉？蓋理多品而人異也。夫理多品則難通，人材異則情詭，情詭難通則理失而事違也。……四理不同，其於才也，須明而章。明待質而行。
>
> 是故質與理合，合而有明，明足見理，理足成家。〔註68〕

這是說才仍是一種質，由於質性之壅隔，從而造成理之難通。照這說法，世間之品官任才，當然是為了讓理順事立，因此要積極去品察質性，以求「質與理合」。這樣的觀點，很容易讓我們聯想到，它乃是在為中正制度建立一套理論根據。而且他在〈體別〉篇中亦云：

> 夫學所以成材也，恕所以推情也。偏材之性，不可移轉矣。雖教之以學，材成而隨之以失；雖訓之以恕，推情而各從其心。信者逆信，詐者逆詐。故學不入道，恕不周物，此偏材之益失也。〔註69〕

這樣直接地否決學的作用，無疑會把才性論推向一個極端。劉劭此一看法有沒有其它意義姑且不論，至少在現實上，它會起到一種作用，那就是會極度地誇張了才性品鑒的效果。如果這就代表了主張才性同者之立場的話，當然會引起對依清議或中正以品人持懷疑態度者之反彈。

至於才性異的觀點，今天明確可考的，只有一條相當間接的證據。《魏志・盧毓傳》中有一段話云：

> 毓於人及選舉，先舉性行而後言才。黃門李豐嘗以問毓。毓曰：才所以為善也，故大才成大善，小才成小善，今稱之有才而不能為善，是才不中器也。豐等服其言。〔註70〕

李豐是才性異之論主，我們當然很難相信他會如此輕易地就服了盧毓。此番問答，李豐當也有一番陳述，此陳述雖不可考，但也許我們可以倒轉盧毓的論點來看。照盧毓的看法，他對才性的理解，顯然和傅嘏不同，因為才在此並不是指某種質性，而是指某種能力，但盧毓對才的規定是很狹隘的，他所

〔註68〕《人物志・材理》，頁11～12。
〔註69〕《人物志・體別》，頁8。
〔註70〕《魏志》卷廿二，頁578。

以為的才，只是助成善的能力，也就是助成內在性行表現於外之能力。這樣的觀點看來是比較接近袁準「性言其實，才名其用」的，也許這就接近於「才性合」的觀點吧！因為他們正共同強調性行和能力相輔相成的作用。盧毓這樣的看法，其實是符合於常識，也符合於古典用法的。才與性這二義的離合，皆有古典之依據〔註71〕，但從漢以下，才性二字大體是分屬兩個範疇的。甚至直到今天，在我們日常的語彙中，品性和才能也還是不同類的概念。但就這兩個概念間的關係言，我們今天也有兩類思考，早期我們常以 IQ 這個概念表示一個人的才能天份，由於 IQ 只表示一個人語言、數理邏輯和空間概念的綜合商數，這通常只關乎知性能力，因此它和品性之間的相關性是極小的。不過我們今天也經常注意到所謂的 EQ，這是另外一類能力量表，它表示一個人在社會生活中控制其情意的能力，這樣的能力和品性自然就會有正相關了。如果我們也方便借用一下的話，則前者也許就可以稱為才性異，而後者則為才性合了。然而這是依我們今天的概念來看，古人當然不懂得 IQ 和 EQ，然則他們又是如何想像品性和才能之間的關係呢？

我們也許可以如此推測，李豐的主張應該是說性行只能決定一個人道德的表現，而才能則可決定一個人事功的表現。而這是完全不相干的兩類表現，因此乃可以說是「才性異」。這樣的推測也不是全無依據。《魏志・徐宣傳》載桓範薦徐宣之語云：

> 帝王用人，度世授才，爭奪之時，以策略為先；分定之後，以忠義
> 為首。〔註72〕

這說法其實直接本於魏武求才令所謂的「治平尚德行」和「有事尚功能」，可見這樣的思考模式是有其普遍性的。把事功和德行一刀切，恐怕就是主張才性異之基本論點。而我們也可以進一步如此推論，事功之才往往必須試了才知道，它很難由鄉閭之品鑒中看出來，於是作此主張者，很可能會特別強調狀在中正評品時的重要性，以此而和主張才性同者相抗衡。不過可惜的是，這後一推測筆者並沒能找到直接的史料為證，因此只能備一假說而已。

有關才性合的觀點，則已大略述之如上。原則上筆者以為盧毓、袁準等人的主張皆近於此路。表面上看，這路觀點似乎真如唐長孺先生所說，乃

〔註71〕才與性同的古典依據，如《孟子・告子上》所謂「若夫為不善，非才之罪也」，才即指性言，至於才性分指二義，則大抵是漢儒的用法，茲不備引。
〔註72〕《魏志》卷廿二，頁574。

是建立在才性異之主張——即切分品性和才能——這一前提上，但事實上他們恐怕並不能同時接受將事功和德行一刀切的作法。照前引盧毓的說法，他只承認才是用來為善的。我們也可據此進一步說，事功本身並不能離開德行而有獨立意義。從價值判斷上來說，這看法也不是沒有道理，若離開德行而空言建立事功，這事功尚有何意義呢？這大概也就是盧毓要說：「今稱之有才而不能為善，是才不中器」的原故了。但盧毓的說法也有一個很有意思的地方，當他說：「有才而不能為善」即是「才不中器」時，他顯然是把「為善」理解為將品性中之德行的內容表現出來。換言之，這是一種把德行歸之於先天質性的說法，依此說法，所有德行之表現皆只是先天性行之表現，因此重點只在性行，而不在才。像這樣把道德先天化，聖賢皆是性成命定的說法，當然是奇怪且不合理的，但我們且不說這一面，還是把重點擺回到對此一觀點的說明上。對於這點，其實袁準的〈才性論〉也有類似說法，他說：

> 曲直者，木之性也。曲者中鉤，直者中繩，輪楠之材也。賢不肖者，
> 人之性也。賢者為師，不肖者為資，師資之材也。

他即以此而說性言其質，才名其用。但木性有曲直和木之中鉤中繩，其實原不是一回事，因為前者是純才質的，後者則是人文性的。賢不肖的情形亦同。今袁準顯然也混漫了這一分際，而將由才所顯示的賢不肖，全部歸回了材質之性，而成為了性的內容，這等於否決了賢不肖的人文性，而沒有了人文性，才能的意義就不大了，因此它很自然地就會抑低了才的重要性，而又重新歸返到才性同的基本觀點中去了。像這樣的觀點，當然會在選舉時重性行而輕才的，盧毓的先舉性行而後言才，正是貫徹了才性合的論點。

　　四本論最後一個說法乃是「才性離」，這本是王廣的主張，但此一論點比諸前三說，更要難以重建，因為它真幾乎是連蛛絲馬跡亦不可得。必須說明的是，由前述的討論可知，這幾個命題之間並不存在著邏輯背反的問題，我們不可以將才性同異視為一組矛盾命題，才性合也不單單是對才性同異之綜合而已。因此，我們也有理由相信，不可以簡單地將才性離合視為一組背反；畢竟，以邏輯背反的方式來理解傳統命題，恐怕並不見得符合古人的思維方式。基於此一考量，我們當然更難以憑推斷的方式來重建其內容。然而，筆者以為我們有理由假定嵇康的〈明膽論〉事實上反映了才性離的部分論點。關於這點，筆者打算在下一節中再行詳述，而有鑒於其它材料皆不足

徵，因此此處茲暫時保留對此一命題的重建，而僅針對前三個命題經前述重建後之內容作一平議。

綜合而言，如果我們撇開這些命題的現實牽聯，單以其命題內容而論，則才性同者乃意謂才只是人格質性之另一名稱，人格質性是一組綜合概念，它是由一組開放式、互不相涉的先天德性品質所組成，而在現實中只偏取表現某一質性者，名之曰偏才，如是才當然也只是指某種質性言。才性異者則不從質性上論才，而取其一般之才能義，並以事功和德行的對舉來顯示才能與性行的不同作用。至於才性合者則以質性與才能構成為某種體用式的關係，而先天人格中善的質性之表現乃成為一切德行事功之基礎，才只就呼應於這質性之表現言，離開與質性之呼應關係，則才亦不成其為才。

根據這樣的綜述，則我們可以簡略地將這三命題的關係作如是的勾勒：我們可以將才性同的說法視為一組最基本的命題，它構成一組純粹材質主義、自然主義的人性論命題。我們當然知道，這樣的思路和兩漢儒者的思路是完全一脈相承的〔註73〕，但亦有其變本加厲處，此即將世間各種德行事業，俱視為是此材質之性行底直接表現，如《人物志・材理》之所說〔註74〕，類此說法，即使主張「用氣為性，性成命定」之王充，亦不曾說到過，這是必須注意的。而主張才性異者似乎並未質疑此一基本命題，只是提出才性同這一命題中所忽略的「才能」這一概念，認為亦應給才能以一個獨立地位，因為唯有才能才真能有事功，所謂「有事尚功能」是也。才性異這一命題看來是直接受到主張才性合者之攻擊的，他們的論點是說離開了質性之善便無所謂事功，這就摧破了才性異之觀點，而又歸回到才性同之立場。我們也可以如此說，主張才性合者只是在才性同之命題中加入了「才能」這一概念而已，但這一添加也完全顯示不出它的獨立意義。

在作了如上的勾勒之後，則我們可以進一步來問，魏晉人環繞著這一問題所作的爭辯，除了反映出現實的政治牽聯外，還有沒有其它獨立的意義？這「同異離合」等範疇究竟穩不穩得住？如前所述，四本論背後的一套才性論，乃是純材質主義的，如是則其所謂性行之善，實只能是如牟宗三先生所

〔註73〕兩漢儒者之人性論乃從材質主義、自然主義出發，這大抵已為共識，詳見牟宗三先生《才性與玄理》，第一章〈王充的性命論〉，頁1～42。
〔註74〕《人物志・材理》，頁21云：「質性平淡，思心玄微，能通自然，道理之家也……」之類，所有道理、事理、義理、情理之現實表現，俱須依質而行，所謂「明待質而行」是也。

謂的「善的傾向」，而非善的當身〔註75〕，但四本論的所有論者似乎皆未察覺
到此一差別，以致普遍地混漫了這一分際。在這狀況下，才性異的論點的確
是穩不住的，在純材質主義下去區分性行和才能，其實根本就沒有本質上的
意義，在如此思路下所說的才能，只能是純粹量概念上某一質性之多少之謂，
量的多少是中性義的，如此一來，它自然逃不開才性合者之攻擊。這也就是
說「異」這一範疇根本就是穩不住的，它若想穩住，便有必要從根本上脫開
材質主義的籠罩，如宋明儒者之區分義理之性與氣質之性，這才有希望去建
立才的獨立於性（義理之性）之地位。

至於才性同和才性合，如前所述，這是兩個同質性很高的命題。其實由
這類命題所衍生出來的對人格質性之分類，如《人物志》之所說，亦確可獨
立為一套人格美學〔註76〕，由此而開出另一個學問領域。然而就當時參與此
一爭辯的人而言，他們的意圖其實完全不在美學欣趣上，如劉劭在《人物志》
序中所說：

　　夫聖賢之所美，莫美乎聰明。聰明之所貴，莫貴乎知人。知人誠智，

　　則眾材得其序，而庶績之業興矣。

這說明了整個才性論之出發點的確只是政治性，而非美學性的。此一傾向
當然是東漢清議和人倫鑒識之遺風。但也因為如此，這一材質主義的才性
論，便面臨了一個根本的問題，此即前面已指出的對「善的傾向」和「善的
當身」之混淆，這一混淆固然在現實上強化了中正評品的理論基礎，然而它
也使得此一命題失去了理性上的一切獨立意義，這點恐怕是我們必須深刻
體認的。

就上述的討論來看，平心而論，有關四本論的爭辯，其實是買櫝還珠的。
就他們的討論言，無論主張同、異或合，均只是個人政治立場之表示，而並
沒有其它正面意義，所謂或同或異之範疇，也無一能穩得住，這當然是有些
可笑的白費精神。不過我們也說，如果循人格美學之路來看才性論，則它很
可有另一片天地，這大概也就是四本論之終歸消歇，但《世說》式之人格美
的鑒賞卻一直膾炙人口的原故吧！黑格爾說凡存在皆合理，恐怕未必盡然，
但若說凡合理者終會存在，這恐怕正可作一例證呢！

〔註75〕參見牟先生前引書，頁8～9。
〔註76〕關於《人物志》所展現的人格美學之面向，請參見牟先生前引書，頁44～66，
　　　　拙作〈儒隱與道隱〉，《國立中正大學學報》第三卷第一期，頁121～147。

第四節　才性論下的嵇康及其基於此一觀點對名教 所作之攻擊

　　我們有一條間接的證據，可以證明嵇康可能涉入過才性論的爭辯。上節曾提及《世說·文學》的一條資料云：

　　鍾會撰四本論始畢，甚欲使嵇公一見，置懷中，既定，畏其難，懷
　　不敢出，於戶外遙擲，便回急走。

這段材料證明在四本論上，嵇康很可能是鍾會極重要的論敵，或至少鍾會知道嵇康在此問題之立場上，是與他相左的。而且士季撰成此文時，王廣、李豐可能俱已罹難，也就是他的論敵俱已無從反駁，這時叔夜恐怕是唯一夠份量來和他論難的了，所以鍾會才會有此一反應。這條材料甚重要，既然才性論的現實牽聯如此之深，嵇康又可能直接涉入此一論戰，那麼我們當然不能忽略才性論在嵇康思想中所扮演的角色，也就是說我們若要勾勒「歷史的嵇康」，便不能不從「才性論下的嵇康」說起。

　　今天在《嵇康集》中並沒有直接論才性的文字，嵇康可能也從未回應鍾會的挑戰，但在其文集中有篇特別的文章，也就是〈明膽論〉，可以確定是關於才性問題的討論，如其云：「夫元氣陶鑠，眾生稟焉，賦受有多少，故才性有昏明。唯至人特鍾純美，兼周外內，無不畢備；降此以往，蓋闕如也。或明於見物，或勇於決斷；人情貪廉，各有所止，譬諸草木，區以別矣。兼之者博於物，偏受者守其分。」〔註77〕是明、膽之論乃由才性之「偏受者守其分」上立說，這當然是一個明確的內證。現在的問題是，嵇康在此文中所表現的才性論立場為何？這問題對於嵇康思想的評估，無疑具有相當之重要性。

　　此文嵇康之論敵乃是呂安，也就是和他一同隱居山陽，最後並一起送命的人，這是很有意思的。如果我們考量到才性論立場的政治牽聯，則此文對了解竹林七賢間的關係，當亦有其重要的參考性。照此文今存的面目來看，其問題的淵源並不清楚，我們並不知道他們何以要辯論這個問題，這和嵇康的其它文章是很不一樣的。此文一開頭只先籠統地綜述了呂安的主張，即「有膽不可無明，有明便有膽」，但其意旨是不明的。底下嵇康即提出「明膽殊用，不能相生」之立場來反駁。關於這一立場，嵇康的論證是這樣的：

　　明膽異氣，不能相生。明以見物，膽以決斷。專明無膽，則雖見不

────────────

〔註77〕《校注》，頁249。

斷；專膽無明，則違理失機。〔註78〕

這話字面意思很簡單，能燭理之才智和勇決之膽氣乃是兩回事，徒有才智而乏膽氣或徒有膽氣而無才智，皆不足以成事。嵇康以為這道理乃是淺顯易明的，事實當然也是如此，只是光從字面看，還是令人難以明白說這道理做什麼，不過從呂安下一段的難語中卻透露出了一些訊息。

呂安對嵇康上述論證的反駁是這樣的：他引賈誼為例，當賈誼在陳治安策時，因其智能燭理，故膽亦因之而壯，遂「行之無疑」；而當他作鵬鳥賦時，因智有所短，故行有所忌。因此他說：「一人之膽，豈有盈縮乎？蓋見與不見，故行之有困否也」〔註79〕，這也就是說一個人的膽氣是一定的，但當他智有所燭照時，其一定之膽氣才有顯發處；如是我們乃能明白他所謂「有明便有膽」之確義。底下，他復云：

> 若愚弊之倫為能，自託幽昧之中，棄身陷阱之間，如盜跖竄身於虎吻，穿窬先首於溝瀆，而暴虎憑河，愚敢之類，則能有之。是以余謂明無膽無，膽能偏守。〔註80〕

這裡「明無膽無，膽能偏守」一語似乎有些矛盾，但順其語脈而觀，則此語事實上應是分指兩段話，「明無膽無」乃是呼應上面「有明便有膽」而說，而「膽能偏守」則指愚蔽之倫雖無燭理之明，但亦能有直接的膽氣之撲著，只是他顯然以為這種撲著是沒什麼意義的。不過，這也表示了明和膽乃是不同層次的概念。以上是字面的說明，但若說它透露出了一些訊息，這訊息是什麼呢？

現在，如果我們來作一代換，把「明」換成「才」，把「膽」換成「性」，則問題不就立刻豁然開朗了嗎？何以言之？我們試看，如果真作此一代換（案：依此文的脈絡，作此一代換是很順適的），則呂安的說法不正就是「性言其質，才名其用」這一「才性合」論點的翻版和加詳嗎？如果這之間的關係是如此顯然，則我們豈不是由此文中看到了一個重大的訊息？然則我們可問，此文會不會是四本論論戰之延續呢？如果呂安在此一論戰的立場接近於才性同的話（案：一般人總以為安和康俱是反司馬氏者，若真如此，而我們前文又說，主才性同者乃是意識型態上親士族者，如是豈不是有些矛盾嗎？

〔註78〕《校注》，頁249。
〔註79〕《校注》，頁250～251。
〔註80〕《校注》，頁252。

關於此一問題，第三章中將有較詳細的討論，此處茲不備論），則嵇康的立場又是如何呢？

在此文下一段嵇康的再申論裡，他首先澄清了一點，意思是他同意人皆有明也有膽，他前文「專明無膽」、「專膽無明」的意思，並不是說有人只有明而無膽，或只有膽而無明，而只是說明和膽一定要相配合。這一立場和呂安當然沒有歧異。但在這個立場上，他進一步反駁了呂安的論點。其文云：

> 明既以見物，膽能行之耳。明所不見，膽當何斷？進退相扶，何謂盈縮？就如此言，賈生陳策，明所見也；忌鵬作賦，闇所惑也。爾為明徹於前，而闇惑於後，明有盈縮也；苟明有進退，膽亦何為不可偏乎？〔註81〕

這是針對呂安所謂膽無盈縮的說法所提出的意見，依嵇康的看法，他只是一路貫徹明膽必須相互配合的說法，明膽恆須是相輔相成的關係，而不是呂安所謂的體用式的關係。換言之，嵇呂的分歧點看來是很小的，亦即呂安主張明膽乃是一用一體，而嵇康則主張是互為體用。

這樣一個看似很小的歧異，如果我們進一步以「才性」來代換的話，則其分歧所代表的意義可能就立刻會放大。何以言之呢？如果說呂安之才性論的立場恰是才性合的觀點的話，則我們馬上會看到嵇康的立場恰站在反對面，由於嵇康也明顯同意了才性之間確有關係，也就是說他接受了才性合論者的前提，因此他顯然不是才性異論者。而嵇康在同一前提下，又主張才性是互為體用、相輔相成的，也就是才有獨立於性之外的意義，我們從所謂「二氣不同，明不生膽」、「五才存體，各有所生，明以陽曜，膽以陰凝」、「雖相須以合德，要自異氣也」〔註82〕，便可顯見。這樣的觀點如果我們假設它近乎「才性離」的立場，應該是雖不中亦不遠的吧！若果如此，則嵇康此一看似奇怪而沒什麼意義的文章，其重要性當然立刻就擴大了，因為我們由此而推斷出了嵇康在才性論爭辯中的立場。依如此之立場，他顯然主張才性必須被分別評估，這也就相當程度地證實了前述所謂嵇康和鍾會在才性論立場上相左的假設。

以上筆者詳細討論了由〈明膽論〉中所透露出的訊息，這一訊息對嵇康思想所代表的意義，筆者以為可以分由兩個向度來評估。其一，純就〈明膽

〔註81〕《校注》，頁253～254。
〔註82〕以上三段話見《校注》，分別頁253、254、255。

論〉所涉及的才性論命題來看，嵇康所主張之「才性離」的立場，原則上和才性合之立場共享了同一前提，這就表示他並未脫開純材料主義、自然主義的立場，而如我們在前節中已提及的，在這一立場下去區別才能與性行，其實並沒有本質的意義。嵇康一則並未能脫開材質主義的籠罩，而轉從超越面的意義來理解性，再則他也未能認識到材質主義之才性論，至多僅能有美學欣趣上的人格品鑒義。這就使得嵇康才性離的主張成為一個根本穩不住的論點；因此，在此文的論辯中，至多僅能表現出他在智性上的一些穎悟，而缺乏理性上的積極意義，就此而言，如果我們說「才性論下的嵇康」乃是嵇康思想中的一個負面成素，當是不為過的。

其二，儘管嵇康的才性論立場並無理性上的積極意義，但有鑒於才性論的政治牽聯，我們也可以合理地推斷，嵇康的〈明膽論〉在某一意義上，也代表著他對名教所發動的攻擊。關於這一推斷，〈明膽論〉的內容當然不足以提供證明，但另一篇文獻則可以相當程度地支持此一論點，這篇文獻即是〈難自然好學論〉。因此，底下我們即有必要進入嵇康和張叔遼的這番論難。

叔遼和嵇康交好，但他無疑是士族出身〔註83〕，其所著〈自然好學論〉也無疑是篇為士族意識型態張目的作品〔註84〕，其所謂自然好學，其實即是自然好名教也。在叔遼這篇文章中，他首先從一個純自然主義的論點說起，如云：「喜怒哀樂愛惡欲懼，人情之有也。得意則喜，見犯則怒，……凡此八者，不教而能，若論所云，即自然也」〔註85〕，這所謂的自然，當然即只是指天生自然而言。底下他即以一些例子說明，如人之食，初始乃茹毛飲血，但一旦曉得熟食之滋味，便會自然好尚，而趨向於人文世界的種種施設。如此，他乃進一步推論云：

> 民生也直，聚而勿教，肆心觸意，八情必發，喜必欲與，怒必欲罰，
> 無爪牙以奪其威，無爵賞以稱其惠，愛無以奉，惡不能去。〔註86〕

這裡的「與、罰、爪牙、爵賞」均是人文世界的施設，但叔遼以為它們莫不源於人情自然。因此，他要綜括說：「事以未來，而情以本應。即使六藝紛華，

〔註83〕依《魏志·邴原傳》云：「大鴻臚張泰……以清賢稱」，注引荀綽《冀州記》，張泰即叔遼之父，「字伯陽，有名於魏」（見《魏志》，頁359），以此可知，叔遼乃系出名門也。
〔註84〕此文見《嵇康集》附錄，《校注》，頁256～259。
〔註85〕此文見《嵇康集》附錄，《校注》，頁256～257。
〔註86〕此文見《嵇康集》附錄，《校注》，頁257。

名利雜詭,計而後學,亦無損於有自然之好也」〔註87〕,換言之,人情自有一種社會性的傾向,正是此一傾向造成了名教之種種規範。由此看來,張叔遼所持的乃是一種素樸的人文主義觀點,其論點雖單純,卻也在情在理。

嵇康的〈難自然好學論〉也同樣從純自然主義的論點說起,但他卻有一個恰好對反的推論,以反駁任何由自然主義出發,而跨向人文主義的說法。他說:

> 夫民之性,好安而惡危,好逸而惡勞,故不擾則其願得,不逼則其志從。洪荒之世,大朴未虧,君無文於上,民無競於下,物全理順,莫不自得。飽則安寢,饑則求食,怡然鼓腹,不知為至德之世也。若此,則安知仁義之端,禮律之文?及至人不存,大道陵遲,乃始作文墨,以傳其意;區別群物,使有類族;造立仁義,以嬰其心;制其名分,以檢其外;勤學講文,以神其教。故六經紛錯,百家繁熾,開榮利之塗,故奔騖而不覺。〔註88〕

這顯然是將一切人文施設視為是對自然主義的背叛,因此他乃以為叔遼由人文主義立場所說的自然,其實乃是抑引之他然,所謂「六經以抑引為主,人性以從欲為歡,抑引則違其願,從欲則得自然」〔註89〕也。於是他主張要想回到純自然主義的自然,就絕對不能經由「抑引之六經、範情之禮律」這些名教的手段。

繼而,嵇康復論說,他可以同意人皆好美食乃是必然之理,但他不認為可由此類比推論到人皆自然好學。這是因為人之所以好學,純是因為以利祿誘之所致;如果今不以名教之利祿以牢籠之,則「向之不學,未必為長夜,六經未必為太陽也」。所以他乃推論說:「若遇上古無文之治,可不學而獲安,不勤而得志,則何求於六經,何欲於仁義哉?」〔註90〕然而嵇康此一推論的問題是很顯然的,因為人之所以欲安、欲得志,及其所以能得安、得其志,基本上皆是人文世界中的事,但他卻想以純自然主義的方式來解決人文世界的問題,這已經不是可不可欲的問題,而根本是可不可能的問題。換言之,嵇康原想憑藉此一推論,作為攻擊名教,並建立其純粹自然主義的觀點,但這

〔註87〕此文見《嵇康集》附錄,《校注》,頁259。
〔註88〕此文見《嵇康集》附錄,《校注》,頁259~260。
〔註89〕《校注》,頁261。
〔註90〕上兩段話分見《校注》,頁263、264。

根本是不可能的事。原則上說，張叔遼的素樸人文主義有沒有問題，是另外一回事，但嵇康的徹底自然主義之論點，卻絕對不足以對治人文主義，這是毫無疑問的。

不過，筆者更關切的則是另一個問題，亦即嵇康此一徹底的自然主義究竟來自何處？一般我們總易以為，它乃來自於莊子，而《莊子》中的許多語句亦確易予人如此聯想。但我們前已指出，事實並非如此。邏輯地說，莊子說自然，它非但不必和人文主義成為對反，而且它本身就是人文性的，因此它並不能成為自然主義的來源。在筆者看來，嵇康此一立場其實直接來自於漢儒的氣化宇宙論，最直接的證據則如其〈太師箴〉所說：

> 浩浩太素，陽曜陰凝；二儀陶化，人倫肇興。厥初冥昧，不慮不營；
> 欲以物開，患以事成，犯機觸害，智不救生；宗長歸仁，自然之情。
> 故君道自然，必託賢明，茫茫在昔，罔或不寧。〔註91〕

這段話明確將人倫之始歸諸於氣化論，於是君道自然也只是氣化之自然，由此他乃直接推衍出了純粹之自然主義立場。而我們必須注意他在〈明膽論〉中所說，他顯然也將才性歸之於「元氣陶鑠，眾生稟焉」。換言之，他直接將其才性論和自然主義的立場同歸本於氣化論，這也就是說在嵇康看來，其才性論的立場和純粹自然主義的立場，乃具有基本的同質性。如果說嵇康認為名教之徒的人文主義精神，基本上並不能貫徹氣化論的主張，而唯有徹底的自然主義才足以貫徹氣化論的主張，因此他要依據自然主義來反名教的話〔註92〕，則他會依據其才性論之主張以攻擊名教，這當然也是很可以理解的事，於是我們乃提供了一個間接的證據，以證明嵇康的才性論是用來攻擊名教的。

然而，誠如筆者已然指出的，嵇康的才性論觀點和純粹自然主義的主張，其實都是沒有什麼意義的，他只是據此以作為攻擊名教的依據，於是我們當然可以說這些命題皆只是意識型態性的。由此，我們也可以概括出嵇康所意指的自然名教之爭的「第一個面向」——這是一個歷史的、社會政治的面向。坦白說，筆者並不以為此一面向具有什麼正面的意義，而滾在此一面

〔註91〕《校注》，頁 309～310。
〔註92〕如〈太師箴〉云：「唯賢是授，何必親戚」（見頁 314），此語顯然針對士族閥閱之壟斷言，〈太師箴〉順自然主義之觀點而作此主張，當可證明嵇康正是順此觀點以反名教。

向中的嵇康，也只是通過它而展現了一些不妥協的政治立場而已。我即名此義下的嵇康為「歷史的嵇康」，這一義的嵇康其實不一定是討喜的，也不一定是有價值的，試問維護曹魏政權的利益，就真的比維護司馬家的利益來得更高貴嗎？名教中人自不乏陰險虛妄之徒，但此乃人病而不一定是法病，若嵇康並不能真提出一個價值，以與名教本身所具有之一定的真理性相頡頏，則單憑「歷史的嵇康」是完全不足以奠定其地位的。然則嵇康之所以為嵇康，必不只是徒恃其一身傲骨而已，他亦必有其真成就在焉。於是，我們乃須進至第二章，以描繪另一義的嵇康。

第二章 「玄學的嵇康」與自然名教之爭的第二面向

　　在上一章中，我們描繪了自然、名教之爭的第一個面向，也就是它的歷史、社會政治的面向。我們說這一面向乃是意識型態性的，嵇康在這一面向的立場，只是忠實地反映了他作為魏黨一員的意識型態而已。但我們亦須了解，這一意識型態之爭並不始於嵇康，只是在嵇康之前，大抵只以才性論的型態而呈現，但嵇康卻進一步將它規範成為「自然」與「名教」的爭持。在上章最後，筆者大致敘述了這一符號轉換的過程，也就是他通過氣化論的承接，而將才性論這一意識型態的論題，轉換成了純粹自然主義的表述模式。然而，這裡也就引出了另外一些問題。首先，嵇康這樣的轉換和何晏、王弼的關係如何呢？我們一般都認為「自然」這概念在魏晉出現，乃是由於何王的原故，這當然是事實，但何王所說的自然和嵇康所說真是一致的嗎？其次，嵇康思想中一些比較正面的陳述，也確須歸屬給這組命題；如果說自然名教之爭的第一面向並無積極意義，則嵇康必定是從另外的來源來嘗試賦予這組命題以其它意義，然則這另外的來源是什麼呢？我們又應如何評估其意義呢？本章即擬由此意義的探討，來嘗試勾勒「玄學的嵇康」，及自然名教之爭的另一個面向——一個非意識型態的，以自然作為真理判準來決定名教的面向。為此，本章必須由何王和嵇康問題意識的比較，與嵇康的家世信仰這兩個問題說起。

第一節　何晏、王弼的問題意識與哲學進路

　　當何王祖尚玄虛、清談誤國的共識形成後，歷來雖翻案文章不斷，但以

何王為玄學之首的判斷則幾乎不曾動搖過。在某個意義上，這個判斷亦確有不容置疑處，因為像《老子》之被納入經學式的注疏體系，確以何王為始作俑者，這一轉變對玄學的獨立，當然具有關鍵的影響力；其它如正始清談，在整個清談史上，亦具有代表性。但以何王為代表的所謂「正始玄學」，其性質真和後來的竹林玄學、元康玄學相一致嗎？照今天流行的玄學講法，是認為一致的，這主要是今天的玄學學者一般都認為何王在歷史面上通過調和儒道，因而造成了道家的復興；另外在哲學上，何王也掃落了漢代流行的氣化宇宙論，而改以另一套哲學模型，這套哲學模型也就支配了竹林玄學以降的玄學思想家。當然，如果這兩個面向都是事實的話，我們自然有全面性的理由確認何王為玄學之首的地位，但它們真是事實嗎？

之所以會形成上面兩個面向的描述，主要乃是淵源於湯用彤先生〔註 1〕。湯先生通過對荊州新經學的歷史考證，坐實了道家在漢末經學界中復甦的契機，並以為這一契機卒為王弼所把握〔註 2〕。另外他也將何王和漢儒的哲學，作成一種「本體論」與「宇宙論」的對蹠，而這套以無為本體的哲學即是道家哲學的精髓〔註 3〕。湯先生這說法的影響力自然是極大的，尤其是有關荊州學風的考證，幾乎已成了今天玄學界一致的斷案〔註 4〕。其次，儘管今天不少人並不滿意於湯先生所作之本體論與宇宙論的對蹠，但多數論點也只是在

〔註 1〕 湯用彤先生的《魏晉玄學論稿》至今為止，在玄學研究中無疑仍有典範地位。儘管自古以來，即已將玄學視為道家之支脈，但湯先生則公認是一位能系統性詮釋玄學和道家關係的人。與之同時的如賀昌群《魏晉清談思想初論》，容肇祖《魏晉的自然主義》等，在系統上皆顯然不及湯氏。

〔註 2〕 此說其實最先由蒙文通所引發，而湯先生則進一步完成此一論證。蒙說參見《經學抉原》，頁 40～41，湯說則見前引書〈王弼之周易論語新義〉、〈魏晉思想的發展〉等文。

〔註 3〕 說見湯氏前引書〈言意之辨〉、〈王弼大衍義略釋〉等篇。不過平心而論，湯先生此說在哲學論證上是薄弱的，尤其他更過度誇張了言意之辨這一方法論問題的影響力，以致隨意地將之引入形上問題的討論中，這當然是嚴重的缺陷。

〔註 4〕 如余英時先生即以此說為定論，參見〈漢晉之際士之新自覺與新思潮〉，《中國知識階層史論》，頁 282。持類似觀點者，可參見湯先生同時之賀昌群前引書，頁 8，他如錢穆先生〈魏晉玄學三宗〉（《莊老通辨》，頁 319～320），牟宗三先生前引書，頁 84～87，唐長孺先生〈讀抱朴子推論南北學風的異同〉（前引書，頁 364），何啟民先生《魏晉思想與談風》，頁 32～38，林麗真女士《王弼》，頁 17～24，王韶先生〈荊州學派對於三國學術之關係〉，魯錦寰先生〈漢末荊州學派與三國政治〉，王葆玹先生《正始玄學》，頁 17～22，《玄學通論》，頁 77～83。

對此一分別進行一些小幅度的修正而已，原則上仍是遵循湯先生的區分。這其中，唯有牟宗三先生及後來整個新儒家學者，大抵以批判的觀點，認為道家哲學並不是一套本體論的哲學，而是一套「境界型態的形上學」，因此何王和漢儒的對蹠，其實乃是氣化宇宙論與境界型態形上學的區隔〔註5〕。當然，如果從道家哲學的角度看，牟先生對湯先生的批判恐怕是不容置疑的，但反過來說，牟先生其實也全盤接受了湯先生對玄學的原則判斷，只是在哲學意義上，牟先生是以先秦道家來規範玄學，而湯先生卻有以玄學返而規範先秦道家之嫌而已。

然而上述的判斷有沒有問題呢？我們可不可以再仔細考慮一下，漢末以來在儒者群體中是不是真有一個道家復興運動在萌芽呢？如果這判斷根本並不存在的話，會發生什麼問題呢？筆者以為，今天整個玄學解釋似乎對荊州新學風這一判斷的依賴太深了，可是非常不幸的，依據程元敏先生一項精闢的考證，卻幾乎推翻了湯用彤、余英時等先生的所有對荊州學風之遐想，這也就是說，我們並沒有任何理由去想像曾由荊州帶起過什麼新的經學學風〔註6〕。如此一來，我們便也無從去想像在經學界中曾存在過一個道家復興運動，然則我們又如何憑空地將會通儒道這一問題意識交予何王呢？如果這裡出了問題，則立刻會出現的影響就是：首先我們將很難再如此輕易地把何王的正始玄學和自然、名教之爭掛鉤；其次則是如果我們還要假定何王之學是對先秦道家哲學的復興，那麼我們便似乎得承認何王將會是世界思想史中唯一的異數，因為我們將必須假定何王是在沒有任何依傍的狀況下，孤明獨發地接續上了一個失傳已數百年的思想傳統，但這是可能的嗎〔註7〕？

對於上述的第一個影響，它勢必直接地挑戰任何想將正始玄學意識型態化的努力。這是因為今天類似的努力，多半是用一種簡單的聯繫，即何王是屬於魏黨，因此他們乃引道家以對抗以儒家為意識型態的士族名門〔註8〕。當

〔註5〕關於境界型態形上學之說，參見牟宗三先生前引書，頁141～143。
〔註6〕參見程元敏先生〈季漢荊州經學〉一文，牟潤孫先生《論魏晉以來之崇尚談辯及其影響》一文亦有類似說法。
〔註7〕若真是如此，則必將使思想史陷入某種斷裂的圖像中。當然，像 M. Foucault 在論思想史時，是有類似的看法。B. Smart 在「Michel Foucault」一書中，曾綜述 Foucault 之觀點云：「思想史是在揭露在連續性之下，有關獨立主體、不連續性、轉移以及交替底假設之斷定」（詳參該書，頁37～41），但這樣的觀點是建立在主體對各種宰制之批判上的，然而何王的情形是如此嗎？
〔註8〕比如唐長孺先生〈魏晉玄學之形成及其發展〉即持這種意識型態論，文見

然，要建立此一命題，其實也是頗不容易的。我們的確看到了不少幽深曲折的說法，這其中尤以王葆玹先生的說法最為奇特，也極盡了深文周納的能事。他說：

> 過去人們常說正始期間的主要政治事件是曹氏集團與司馬氏集團的黨爭，這說法顯然不利於解釋玄學的緣起。人們很難相信一種盛行十年並波及數百年的思想運動，僅僅是為了對付一個思想曖昧的政治集團才開創的。實際上也難於理解，正始玄學的貴無論和形上學怎麼會是鏟除異己，爭權奪勢的思想武器。再說，司馬氏集團在政變之前一直處於潛伏狀態，曹氏集團的失敗從一定程度上說可歸因於對政敵實力及危險性估計不足。既然估計不足，怎麼又會為了對付它而去從事規模龐大的學術創新？有鑒於此，顯然應把注意力轉向至今罕受重視的改制事件上。〔註9〕

這段話中他首先批駁了正始玄學乃是階級鬥爭論的說法，此一批駁自然是可取的，但他話鋒一轉，卻要把正始玄學視為是為曹魏政權建立意識型態的努力，這就等於將整個曹魏政權之當權者皆視為新道家，這不是有些唐突嗎？為此，他當然也有不少考證〔註10〕，嚴格說，他的一些考證大抵是不具說服力的。這且不言。其實我們只要說事實上在漢末魏初找不到道家復興運動的痕跡，則經學界中儒道衝突矛盾的命題便不存在，於是正始玄學中有關道家的成素，便很難從儒道矛盾與會通的角度去解讀。於此，任何想把何王的某些概念硬要牽聯到名教上去的作法，也就同樣會是多餘的。從而，正始玄學的現實意義，也就很難再從意識型態的面向來理解。在上章中，我們看到有關才性論的爭辯，確有很明顯的現實針對性，因此如果我們說才性論具有意識型態性，這是很容易理解的；我們也證明弓嵇康是通過才性論的轉接，才讓「自然／名教」的命題具有了意識型態性，但我們何曾看過何王將他們的玄學說法和才性論相掛鉤呢？

根據上述，我們乃初步撥除了何王之學和意識型態問題的聯繫，如此一來，正始玄學自然就單純化了一些。但我們顯然仍必須問，何王真是孤明獨發地純粹為了復興道家哲學嗎？坦白說，我們當然不會天真地以為如此，那

《魏晉南北朝史論叢》，頁 311～350。
〔註9〕 王葆玹《正始玄學》，頁 33～34。
〔註10〕 王葆玹《正始玄學》，頁 35～106。又見氏著《玄學通論》，頁 87～155。

麼他們究竟為了什麼而要創造正始玄學？於此，筆者以為湯用彤先生對荊州
學的遐想固然沒有根據，但他注意到荊州學，卻依然還是有大貢獻的，何以
言之呢？

荊州學風就整體而言，其重要性固然被嚴重地高估了，但宋衷的曾注
《太玄》和《老子》卻很可以引人有另一番聯想〔註 11〕。這聯想倒不是直接
關聯到宋衷，其實宋衷這兩個注本不只已佚，也似乎從未發生影響，但它卻
讓人敏感地注意到揚雄。揚雄的《太玄經》顯然是一部刻意模擬《易經》的作
品，而他所以建立太玄的主要思想憑藉之一卻是來自老子，如《太玄·玄
攡》云：

> 玄者，幽攡萬類而不見形者也。資陶虛無而生乎規，關神明而定摹，
>
> 通同古今以開類，攡措陰陽而發氣。〔註 12〕

把玄歸本於虛無而生，這思想的來源是很明確的，因此直接繼承揚雄的桓譚，
便明白說：「老子其心玄遠而與道合」〔註 13〕。由此可見，以老子介入整個易
學思想的建構，其淵源早已形成。只是揚雄並不是以詮釋的方式來將老子引
入易經，而是以曲折的方式，通過太玄而引入。這一引入並不能被解釋為揚
雄有意地要調和儒道，所謂的家派之爭和揚雄的思想是無涉的〔註 14〕。在形
式上，揚雄只是想以類似緯書的擬經方式來模擬聖人，如其以太玄擬易，以
《法言》擬《論語》者是〔註 15〕；而在思想內容上，他基本上仍完全依憑在
漢儒氣化宇宙論的氛圍中，如太玄基本結構上仍是淵源於京房卦氣說即是確
證〔註 16〕。只是他有意想修改氣化論的結構，也是事實。

〔註11〕 《隋書·經籍志》曾著錄宋衷之《太玄經注》，陸德明《老子音義》則曾引及
宋衷之《老子注》，此二書俱已佚，《太玄經注》尚有不少佚文散在司馬光《太
玄經集注》和慧琳《一切經音義》中。

〔註12〕 鄭萬耕《太玄校釋》，頁 260～261。

〔註13〕 揚雄此一思想無疑直接來自嚴君平的《道德真經指歸》，故它和老子的關係自
然是密切的。桓譚此語見《全後漢文》卷十五頁八「王公子問楊子雲」條。

〔註14〕 揚雄《法言·君子》云：「諸子者，以其知異於孔子者也，孟子異乎不異。……
吾於孫卿與，見同門而異戶也。惟聖人為不異。」可見揚雄是輕視諸子的，
因此家派調和的意識，對揚雄言恐怕是不存在的。

〔註15〕 《法言·問神》云：「或曰：經可損益歟？曰：易始八卦，而文王六十四，其
益可知也。詩書禮春秋，或因或作，而成於仲尼，其益可知也。故夫道非天
然，應時而造者，損益可知也。」揚雄顯然以為《太玄》等乃是應時而造的
新經典。

〔註16〕 參見司馬光《太玄經集注》中〈說玄〉一文，文見《太玄校釋》，頁 425～427。

關於揚雄之想修改氣化論的結構，主要乃是基於他對災異論無限上綱的不滿。原來從董仲舒以降，漢儒即逐漸將氣化宇宙論推向一個極端，而成為某種類神學的系統。其中天命意志是此一系統的核心，它在氣化的行程中，直接和人間的自然、人文秩序相關聯，並成為主宰性的力量，於是人文世界中的一切運作均須歸本於天命，這便是「災異論」思想的主要結構。揚雄基本上並未質疑天命意志這一核心命題，但他卻懷疑將天命和人事作如此緊密關聯的說法。他認為如此一來，勢將使人們只想去占測天命，而忘記了聖人「本人事以言天道」的立場，因此他乃有意地想壓低災異現象的地位，而抬高人的地位，如他所謂：

> 或曰：聖人事異乎？曰：聖人德之為事，異亞之。故常修德者，本也。見異而修德者，末也。本末不修而存者，未之有也。〔註17〕

> 或問聖人占天乎？曰：占天地。若此則史也何異？曰：史以天占人，聖人以人占天。〔註18〕

這一立場自然甚為明白。而尤須注意的是，他之所以要將老子引入，為的正是要以老子來作為他修改氣化論的最基本論據，如他所說：

> 或問天。曰：吾與天與，見無為之為矣。或問彫刻眾形者，匪天與？曰：以其不彫刻也。如物刻而彫之，焉得力而給諸？老子之言道德，吾有取焉耳；及搥提仁義，絕滅禮學，吾無取焉耳。〔註19〕

他這一說法和太玄是一致的，然則揚雄之引入老子，其企圖豈不甚為明白了嗎？這也就是說從揚雄開始，老子已實質地介入了氣化論的建構之中，當然，此時的老子並不是以道家的身份而存在，它已完全被內化到漢儒的思想中去了。

我們必須了解的是，揚雄此一立場絕非孤證，事實上他在東漢的同調並不在少數，桓譚、王充、張衡等都是顯著的例子〔註20〕。其中張衡大抵是繼承揚雄太玄而無踰越，如其〈玄圖〉一文云：「玄者無形之類，自然之根，作

〔註17〕《法言‧孝至》。

〔註18〕《法言‧五百》。

〔註19〕《法言‧問道》。

〔註20〕在桓譚的《新論》中，揚雄幾乎是他唯一的典範，他甚至要「以太玄次五輕」（《全後漢文》卷十五，頁8），揚雄這一特殊地位也是王充和張衡等所承認的，參見《論衡》〈超奇〉、〈齊世〉、〈自紀〉等篇，和張衡〈與崔瑗書〉（《全後漢文》卷五十四，頁7～8）等。

于太始，莫之與先。包含道德，構掩乾坤，橐籥元氣，稟受無原」〔註 21〕，這裡對玄的表述無疑是本於太玄的。另外他在〈靈憲〉中亦有一段話更清楚地交待了此意：

> 太素之前，幽清玄靜，寂寞冥默，不可為象。厥中惟虛，厥外惟無，如是者永久焉，斯謂溟涬，蓋乃道之根也。道根既建，自無生有，太素始萌；萌而未兆，并氣同色，渾沌不分。故道志之言云：有物渾成，先天地生，其氣體固未可得而形，其遲速固未可得而紀也。如是者又永久焉，斯謂龐鴻，蓋乃道之幹也。道幹既育，萬物成體，于是元氣剖判，剛柔始分，清濁異位……人之精者作聖，實始紀綱而經緯之。〔註 22〕

這是典型的自然氣化論，而非災異論的立場，此立場張衡也將之歸源於老子，殆可顯見。

至於王充，則更是將揚雄此一立場推至另一極端的代表性人物，他為了強調「自然無為，天之道也」〔註 23〕，甚至有進而否認天命意志的傾向，至少他也以為天道和人事的關係並不是什麼天支配人的型態。如他所謂：

> 難曰：人道有為故行，天道無為何行？曰：天之行也，施氣自然也。施氣則物自生，非故施氣以生物也。不動氣不施，氣不施物不生，與人行異。日月五星之行皆施氣焉。〔註 24〕

> 天動不欲以生物而物自生，此則自然也，施氣不欲為物而物自為，此則無為也。謂天自然無為者何？氣也。〔註 25〕

這其實乃是最極端的自然唯氣論，王充即以此而對災異論抱持了最決絕的立場。不過我們也必須了解，他所有的說法皆只是為了強調「天與人同道，欲知天，以人事」這一態度〔註 26〕，由此態度，他乃又回到了揚雄的典型立場之上。

〔註 21〕《全後漢文》卷五十五，頁 4。
〔註 22〕《全後漢文》卷五十五，頁 4。
〔註 23〕《論衡·初稟》，頁 27。
〔註 24〕《論衡·說日》，頁 111。
〔註 25〕《論衡·自然》，頁 177。
〔註 26〕如《論衡·明雩》，頁 151 云：「災變大抵有二，有政治之災，有無妄之變，政治之災須耐求之，求之雖不耐得，而惠愍惻隱之恩，不得已之意也。……雩祭者之用心，慈父孝子之用意也。無妄之災，百民不知，必歸於主，為政治者，慰民之望，故亦必雩。」可以為證。

於此，我們當然得問，揚雄及其同調對後世真有影響嗎？關於這個問題，筆者曾在拙文《從災異到玄學》中，有過詳盡的考證。筆者以為，揚雄的立場通過今古文之爭的演變，不但一直在擴大其影響，而且它甚至漸漸成為了漢末的主流思想〔註27〕。我們雖不知宋衷是否真能紹述此一思想，但他的注太玄和注老，很可能也只是反映這一現象而已。如果筆者此一考證還不離譜的話，則我們可不可以進一步來想，何王之學只是這一思潮的具體化呢？以下，筆者所想證明的，正是在於：何王之學的問題意識乃直接紹承揚雄，而且他們把這一路思想直接和經學結合了起來，讓它直接成為了經典詮釋的內容，而不像揚雄以降，均只以個人議論的姿態在經典之外徘徊而已。如果此一假設能成立的話，自然意味著我們必須以揚雄的思想型態，而不是以先秦道家的思想型態來規範何王。然則，眼前的問題即在筆者上述的假設是否能成立上了。

關於上述假設，這整套邏輯的關鍵銜接點，筆者以為完全決定在荀粲的言不盡意論上〔註28〕。這套邏輯是這樣的：由言不盡意論中，我們可以明確找到它和揚雄思想的銜接點；而也即在此論中，開啟了曹魏初期另一型態的新易學，管輅和何王恰好代表這一新易學的兩派，但以何王這派才真正是足以繼承揚雄的。這套邏輯當然需要足夠的證據來支持，因此底下筆者必須論證幾件事，其一，如何證明荀粲的問題來自於揚雄這一系思想？其二，如何證明曹魏的新易學乃由荀粲的問題而展開？其三，如何證明何王的思想是和揚雄相一致，而不是和先秦道家相一致？這幾件事看來都有些棘手，以下即請逐一論之。

首先，關於荀粲和揚雄思想的關係這一問題，我們當然得先看一下〈言不盡意〉論的說法：

> 粲諸兄並以儒術論議，而粲獨好言道。常以為子貢稱夫子之言性與天道不可得而聞，然則六籍雖存，固聖人之糠秕。……蓋理之微者，非物之象所舉也。今稱立象以盡意，此非通於意外者也。繫辭焉以盡言，此非言乎繫表者也。斯則象外之意，繫表之言，固蘊而不出矣。〔註29〕

〔註27〕參見拙文，頁235～274。

〔註28〕從日人青木正兒〈清談〉一文開始，便有不少人賦予荀粲之說以許多遐想，以為荀粲才是玄學之源。筆者自然反對此說，但願意從另一角度來解讀荀粲在玄學中之地位。

〔註29〕見《魏志》卷十，〈荀彧傳〉注引何劭〈荀粲傳〉，頁334。

這段話中，最值得注意的是「夫子之言性與天道不可得而聞」這句話。表面上看，這只是引述了一句古典而已，但如果進一層看，這句話的引述在當時通常表示了一個特殊的思想觀點。筆者嘗遍察今存的東漢典籍，發現曾引述到此語的，清一色皆是揚雄一系的學者〔註30〕，而衡諸漢代災異論流行的環境，便可以知道這絕不是偶然的巧合，因為這句經證恰好是抵禦災異論天道觀的絕佳武器也。如今荀粲作此引述，對本質上仍未完全擺脫災異論氛圍的魏初環境，當然仍有一定的思想意義，這是可以以理推知的。再者，粲和其兄的論議不同，一是以「儒術」論議，一則好言道，從這個對比中，我們固無法看出荀粲論的是什麼道，但若從另一條資料——即荀顗之難鍾會易無互體——來看〔註31〕，則大略仍可猜測到一些眉目。由於荀顗正是荀粲之兄，而他主張的乃是漢儒一貫的互體說，也就是說他是主張通過易之取象以明人事的，這也恰合於漢儒所謂的儒術。以此而言，則粲之好論道，應當即是超越於取象之意，以明易道之所指，而這一作法，衡諸兩漢易學之傳統，確近於揚雄一系的作法。因此，綜合上述兩點來看，我們雖無法進一步得知荀粲實質的論點，但若說他的問題意識是繼承於揚雄則應該是不算離譜的判斷吧！只是看來荀粲只能繼承揚雄的思想方向，他也許想要將此一方向引入易學，可是他僅能消極地提供一個方法論原則，而並不能真提供一套完整的系統詮釋。

其次，關於曹魏時期的易學，主要當然還是繼承著漢易的傳統，尤其是荀爽的權威〔註32〕。然而，當時也確實在醞釀著一些新的易學走向，而且事實上真正能聳動當時視聽，並成清談主軸的，也幾乎都只關乎這些新走向，傳統漢易彷彿一下就退潮了。這些新走向主要即是以管輅和何王為代表的兩派。於此，筆者要指出的是，這兩派的易學新論點，基本上皆淵源於「言不盡意」這一新方法論原則。關於這點，大概不會有人質疑荀粲和王弼的關係。至於管輅，在其〈別傳〉中有一段話云：

> 夫物不精不為神，數不妙不為術，故精者神之所合，妙者智之所遇；
> 合之幾微，可以性通，難以言論……孔子曰：書不盡言，言之細也；

〔註30〕參見拙作《從災異到玄學》，頁186～187。
〔註31〕見《魏志》卷十，裴注引《晉陽秋》，頁334。
〔註32〕荀悅《漢紀》卷廿五，頁248云：「（荀爽）著易傳，據爻象，承應陰陽變化之義，以十篇之文解說經意，由是兗豫之言易者咸傳荀氏學。」這雖是漢末的狀況，魏初也還是如此，於是荀氏一門如荀顗、荀融等也皆以易名家。

言不盡意，意之微也，斯皆神妙之謂也……陰陽之數，通於萬類，

鳥獸猶化，況於人乎！夫得數者妙，得神者靈。〔註33〕

從這段話中，毫無疑問地可以看到，管輅的確受到了言不盡意論的影響。然而雖說如此，他似乎並不願意追隨荀粲的問題意識而下，他的立場反而像是要調和漢易和荀粲，如其云：「苟非性與天道，何由背爻象而任胸心者乎」即是〔註34〕。其實管輅這話是有些微妙的，其字面的直接意思，乃是說既然性與天道不可得聞，也就是說我不是聖人，因此何敢「任胸心」以妄意天道，因此只能尊重爻象。這話反過來也就等於是指責了那些任胸心而不重爻象以窺天道者，而這些人是那些人呢？如依〈輅別傳〉所載，則何晏顯然是逃不掉的，這點當然很有意思。這且不言。我們要看的是，管輅一方面又要尊重爻象，另一方面又得顧全言不盡意這一原則，這如何能使他免於夾逼狀態呢？對於這點，管輅的辦法乃是求之於風角、占候之類的術數以補取象之不足，也就是言象固不足以盡意，但只要能「得數者妙」，這便有了足以把握卦意的方法，所謂「夫入神者，當步天元，推陰陽、探玄虛、極幽明，然後覽道無窮」是也〔註35〕。王葆玹先生即將這一方法名之曰「微言妙象盡意說」〔註36〕。然而坦白說，管輅這方法真能免於陷入夾逼狀態嗎？在筆者看來，所謂的術數其實也只是更廣義的象而已，換言之，管輅也只是以另一方式重新墮回漢易而已。因此，他雖受到荀粲的影響，但嚴格說並不是一路的。

再來則是何晏。晏無疑是贊成言不盡意論的。在〈管輅別傳〉中有一條材料云：

輅為何晏所請，果共論易九事，九事皆明。晏曰：君論陰陽，此世無雙。時鄧颺與晏共坐，颺言君見謂善易，而語初不及易中辭義，何故也？輅尋聲答之曰：夫善易者不論易也。晏含笑而讚之，可謂要言不煩也。〔註37〕

這段話中，何晏表達了兩個意思，我們從他輕重抑揚之間，大略也可以感受到，他雖也推重管輅，卻未必贊同輅之論點；但在「善易者不論易」這點上，何晏顯然是有深獲我心之感的。因此我們可以相信，平叔是贊同荀粲這一方

〔註33〕見《魏志》卷廿九，輅本傳注引其別傳，頁699。

〔註34〕見《魏志》卷廿九，輅本傳注引其別傳，頁694。

〔註35〕見《魏志》卷廿九，輅本傳注引其別傳，頁697。

〔註36〕參見王葆玹《正始玄學》，頁330～333。

〔註37〕見《魏志》卷廿九，輅本傳注引其別傳，頁698。

法論之革新的。

　　然而我們也必須進一步問，管、何、王皆贊同荀粲的新方法，而管輅事實上和荀粲的問題意識是不相應的，那麼何王如何呢？關於這個問題，我們首先還是得注意到管輅的一句話。〈輅別傳〉中管輅曾批評何晏說：「欲差次老莊而參爻象，愛微辯而興浮藻」〔註 38〕，其中「差次老莊」一語之意茲暫不論，至少從這段話中可以明確看到何晏之引入老莊，是為了解決易學的問題，這至少在形式上確立了荀粲和何晏相關的思考，都是環繞在易學這一核心問題上的。然而我們也不得不問「差次老莊」一語究竟何指呢？這句話是不是如我們一般所想的，乃是所謂「援老入易」之類，以老莊來解易的意思呢？還是如揚雄一系思想，只是借老莊的概念以重構氣化論呢？這問題對如何詮釋何王之學，自然有關鍵性的影響。然則其實情如何呢？

　　為了避免落入循環論證之嫌，因此上述問題似乎不宜直接就何王本身文獻的詮釋上找證據，但我們可有足夠的旁證嗎？筆者以為有一條材料十分值得注意。張湛在《列子注》中曾引及何晏的〈無名論〉〔註 39〕，在這一段文獻中，何晏引述了夏侯玄的一個說法云：「天地以自然運，聖人以自然用。自然者，道也。道本無名，故老氏曰彊為之名。」我們不知道這是不是就是泰初〈本玄論〉的部分內容〔註 40〕，但可以確定的是，何晏是同意這說法的。而夏侯玄這段話中的「自然」一詞究竟何指呢？由於這段文字過於簡略，故不得而知，但他在〈辨樂論〉中則有一個說法謂：

> 阮生云：律呂協則陰陽和，音聲適則萬物類，天下無樂而欲陰陽調
> 和，災害不生，亦以難矣。此言律呂音聲非徒化治人物，可以調和
> 陰陽，蕩除災害也。夫天地定位，剛柔相摩，盈虛有時。堯遭九年
> 之水，憂民阻饑；湯遭七年之旱，欲遷其社；豈律呂不和，音聲不
> 通哉？此乃天然之數，非人道所協也。〔註 41〕

這段話中阮籍之言顯然猶是漢儒災異論立場下的禮樂論，而夏侯玄則明顯區

〔註 38〕見《魏志》卷廿九，輅本傳注引其別傳，頁 697。
〔註 39〕參見楊伯峻《列子集釋》，卷四〈仲尼篇〉，頁 75。
〔註 40〕〈本玄論〉之名，在《魏志》卷九，夏侯玄本傳注，頁 320 引《魏氏春秋》，作〈本無〉，《世說·文學》注引《晉諸公贊》則作〈道德論〉（見《箋疏》，頁 202），而《文心·論說》則作〈本玄〉，今依王葆玹先生之考訂，作〈本玄論〉。參見《玄學通論》，頁 269～277。
〔註 41〕《太平御覽》卷十六引，頁 211。

隔了天道和人道兩個層面，天道是自然的，也就是純依天然之數的。這思想和前述「天地以自然運」的說法無疑有其一致性，因此我們當然可以說夏侯玄的「自然者道也」之自然，仍是廣義氣化論意義下的自然。這也就是說如果何晏確是同意夏侯玄對自然的說法，則非常顯然的，他也只是藉老莊「自然」的概念，在重構氣化論而已，這當然只是揚雄一系的老路子，也完全呼應了荀粲的問題，而其實是和先秦道家無涉也。何晏的狀況是如此，王弼又是如何呢？我們從《世說》的兩則記載，便可以了解何王之理解雖有高下之分，卻無基本之歧異也〔註42〕。大概當時循上路向以求建立新易學者，實頗不乏人，如裴徽〔註43〕、鍾會〔註44〕等恐怕也都是，王弼特其中最秀異之人耳。

當然，上述的證明大抵只是歷史性的考證居多，而假如這些證明都有其一定的可信度，則它應也足以承當文獻詮釋的考驗，因此，底下筆者即想直接取何王的文獻來分別和先秦道家、揚雄一系的思想相比對，來進一步檢證前說。

就何晏而言，他所留下來的相關文獻非常有限，大概也只有張湛引的兩條和《晉王·王衍傳》裡的一點記載，其中比較重要的是〈道論〉（王衍傳所引略同），此論云：

> 有之為有，恃無以生；事而為事，由無以成。夫道之而無語，名之而無名，視之而無形，聽之而無聲，則道之全焉。故能昭音嚮（響）而出氣物，包形神而章光景；玄以之黑，素以之白，矩以之方，規以之員。員方得形而此無形，白黑得名而此無名也。〔註45〕

這段話就字面上看，和上引夏侯玄之說是頗類似的。關於這能生有之無，他也以無形、無名說之，此義亦見於〈無名論〉，如其云：

> 夫道者，惟無所有者也。自天地已來皆有所有矣，然猶謂之道者，

〔註42〕這兩則記載皆見《世說·文學》，何晏自知王弼之老子注遠勝於己，遂不復注，而以自己所注為〈道德論〉（見《箋疏》，頁198、201），黃宗羲〈易學象數論序〉云：「論者謂其（王弼）以老莊解易，今讀其注，簡易而無浮義，夫豈籠絡玄旨？」（《南雷文定》三集卷一）這其實是頗近事實的說法。

〔註43〕《魏志·管輅傳》，頁697注引〈輅別傳〉云：「冀州裴使君才理清明，能釋玄虛，每論易及老莊之道，未嘗不注精於嚴瞿之徒也。」

〔註44〕《魏志》卷廿八鍾會本傳云：「會嘗論易無互體」，其論雖無可考，但他反對由互體以求象，則其易學方向當亦可以概見。

〔註45〕楊伯峻《列子集釋》卷一〈天瑞〉，頁6～7。

以其能復用無所有也。故雖處有名之域，而沒其無名之象。〔註46〕

上引這兩段，其意旨很顯然是全等的，簡單說，道即是能生有之無形、無名之無，而這無即處於有之域中，但「沒其無名之象」，這最後一句話是特別值得注意的，如果這無只是沒其無名之象，而非真無，則它是否即成一倨本體論之概念呢？關於這點，由於何晏的說法和王弼《老子注》的首章幾乎如出一轍，因此筆者打算在下文再作討論，茲先按下不表。至於〈無名論〉的另一意思則是：

> 若夫聖人，名無名，譽無譽，謂無名為道，無譽為大。則夫無名者，可以言有名矣；無譽者，可以言有譽矣。然與夫可譽可名者豈同用哉？此比於無所有，故皆有所有矣。而於有所有之中，當與無所有相從，而與夫有所有者不同。

這意思的確應當即如王葆玹先生所說，乃是〈德論〉之核心內容〔註47〕。晏之意簡單說，道即是無所有，聖人比之於道，固仍是有，但聖人卻能於有中而恆與無相從，因此他和一般之有是不同的。依此意，很顯然和王弼之「聖人體無」的意思是完全一致的。王弼體無義亦綜括於《老子注》首章，因此有關何晏與先秦道家及揚雄之對比，筆者擬完全併入王弼的討論中。以下即請專論王弼。

歷來有關王弼的論者夥矣，王弼的著作份量亦巨，本文既非專論王弼，則應如何處理他呢？所好者，筆者前曾有一蕪文，即在專論王弼之哲學進路〔註48〕，今茲略將拙文綜括如下，或可免辭費也。在拙文中，筆者純從哲學上詳論了通過先秦道家哲學，也就是從偏就「作用的保存」這一工夫論角度以說一套境界型態形上學的方式，來論說王弼哲學，其實對王弼哲學的詮釋是不利的，這原因乃在於它將無法「正視於王弼對一些儒家式實踐法則所賦予的建構性功能」，從而導致王弼的老學和易學脫鉤的結果。筆者在該文中明白指出，之所以會形成上述不適切解釋模式的原因，乃是由於不曾注意到王弼在《周易略例・明象》一文中提出「得意忘象」之原則時，對「忘象」一詞所出現的歧義，因而顛倒了忘象和得意間的關係。然而：

〔註46〕參見楊伯峻《列子集釋》，卷四〈仲尼篇〉，頁75。
〔註47〕參見《正始玄學》，頁132。
〔註48〕見拙作〈王弼哲學進路的再檢討〉，本文原發表於第三屆魏晉南北朝文學與學術思想學術研討會，為便查考，茲收錄於本書附錄。

如果我們注意到王弼前述的文字，便會很容易發現到他所說的忘
象，是作為得意的一種方式或手段，而所謂的意，則顯然是指每一
卦的「卦意」，這所謂的卦意，當然應是指每一卦的時位，以及相應
於此一時位概念的智慧而言，而王弼從未只以一個「無」字來概括
這一切。〔註49〕

於此，筆者指出了「忘象」不能突出於「得意」之外，以為一個獨立的實踐法
則，因此我們也無法將忘象等同於莊子之「坐忘」〔註50〕。若非然者，必將
使「得意」這概念在王弼易學中的關鍵性完全落空。以此，筆者以為原則上
王弼所謂的忘象以得意，其實乃是類同於邵康節「觀物」的概念〔註51〕，亦
即它並不是在強調坐忘袪執這一種精神上聖證的工夫，而是只以一種「冷汰
於物」的方式，以某種隔離現實牽纏的態度，來相應於時位以把握最適切的
處事原則，也就是說忘象這一工夫本身並不特指一個價值，它只是一種純工
具性的工夫而已。

筆者依上述論證，大抵是比較哲學性地說明了並不適合用先秦道家的思
想來籠罩王弼，因為它至少是和王弼的易學不搭調的。由此，筆者乃進一步
提出了一個假說，亦即如果我們並不分離式地處理王弼的易學和老學的話，
則我們就也沒有理由說王弼的老學乃是對先秦道家的復興，因此筆者通過另
一方式，讓王弼和揚雄一系的思想形成了聯繫。關於此一假說，筆者在拙文
中曾進行了一些初步的論證，當然該文的論證是相當粗疏的，如果真要進行
嚴格的論證，至少必須先通過王弼的所有原始文獻。不過限於本文的體例，
筆者事實上也不可能真的辦到這點，為了折衷起見，筆者乃擬在前述拙文論
證的基礎上，選取一段最重要的文獻——即王弼《老子注》首章中「無名天地
之始」以迄「常有欲以觀其徼」這一小段——來作一較精細的處理。之所以只
選擇這一段的積極理由，乃是因為它大致已可反映出王弼之學的基本原則，且
足以籠括上述何晏的一些文獻之故。筆者的處理方式，乃是通過牟宗三先生對

〔註49〕詳見前引拙文，本書附錄，頁250。
〔註50〕戴璉璋先生〈王弼易學中的玄思〉云：「王弼所謂忘，應該是本於莊子坐忘的
說法。」(《中國文哲研究集刊》創刊號，頁222)
〔註51〕關於邵雍的觀物之說，筆者在拙作《儒家圓教底再詮釋》中曾云：「(邵雍)
觀之工夫，乃在於深入運會之幽微，而深入之道，在於一種至誠專一，不為
一切主觀牽纏的冷汰萬物式的純客觀態度，因此他言『以物觀物』，言『誠』，
其實重點乃在『心如止水之定』，在於不為情所擾，所謂『以物觀物，性也；
以我觀物，情也。性公而明，情偏而暗』是也。」參見拙作，頁3～4。

這一小段的疏解以為對比〔註52〕，來檢討這段文獻的恰當理解模式。

在「無名天地之始，有名萬物之母」下，王弼注云：

> 凡有皆始於無。故未形無名之時，則為萬物之始。及其有形有名之
> 時，則長之、育之、亭之、毒之，為其母也。言道以無形無名始成
> 萬物，（萬物）以始以成而不知其所以（然），玄之又玄也。〔註53〕

這段文獻純字面地分析，王弼之意甚明，即道乃是無，此無是無形無名的，
而無會生有，有即萬物，但萬物於長育亭毒中，無形無名之道仍是以玄之又
玄的方式內涵於其中的，只是萬物皆不知其所以然而已。但如此說亦有一些
麻煩，其問題乃出在「及其有形有名之時」這句話上，它彷彿是說道亦有「有
形有名」一面的性質，因此牟先生的疏解即以為王弼雖由無名、有名斷句，
但實際上則和從無、有斷句並無不同，其意乃在「提練無與有為兩個獨立概
念，而結果無、有、物為三層」〔註54〕，有並不即下屬於物，這遂形成道之
「有無雙重性」。然而這樣一來，弼注之下文便有問題，因為下文似乎並不能
顯示出有與物之分別。為此，牟先生乃以為弼注原文應有所增添，即在「道
以無形無名始萬物」之下加上「以有形有名成萬物」這麼一句話，從而乃能
使「無形無名與有形有名俱指道說」〔註55〕。

牟先生這樣的解法，實際上導出了一個後果，亦即他將王弼和老子的原
文作成了統一的解釋，它們皆以無有的二重性來代表形上的世界，而與物所
代表的形下世界成為對蹠。筆者同意，牟先生此一疏解的確頗足以創造性地
展示出老子的義理結構，然而它真適合用來說王弼嗎？筆者以為牟先生對王
弼注中「及其有形有名之時」這句話實有誤讀，他很可能將「其」字誤當成了
所有格的代名詞，可是王弼明明是將「及其」二字連讀，如此一來，注文中這
幾句話乃成了另一個意思，它是說當萬物是有形有名之時，那無形無名之道
仍是內在於萬物之中，以長育之、亭毒之，而為萬物之母。這意思其實也完
全表現於〈老子指略〉的第一段中，在這段裡，王弼完全只提到道的無性，如
其云：「夫物之所以生，功之所以成，必生乎無形，由乎無名，無形無名者，
萬物之宗也」，這只是無與物之二分而已。然後王弼復提到「四象不形，則大

〔註52〕參見牟宗三先生前引書，頁130～135。
〔註53〕關於王弼注文，本文俱依據樓宇烈先生之《老子周易王弼注校釋》，下文茲不
　　　　另作說明。
〔註54〕牟先生前引書，頁130。
〔註55〕牟先生前引書，頁131。

象無以暢，五音不聲，則大音無以至。四象形而物無所主焉，則大象暢矣；五音聲而心無所適焉，則大音至矣」〔註56〕，其中象、大音自然是指「道」而言，它與四象、五音這些物形成對蹠，同時正是在物無所主的狀況下，也就是說在不知物以何為主之下，道乃內在於其中了；這顯然即是在描述無形無名之道與物的直接關係，而其中根本就看不到道的「有」性。如果我們真承認〈指略〉是王弼的作品的話，則筆者以為並不適合以有無二重性來解王弼，換言之，牟先生之想以老子來範圍王弼的作法，未必是恰當的。然則，當我們認為王弼的思想中只保留了道的無性，有則下屬於物，成為無與物二分的結構時，究竟會發生什麼影響呢？

關於這個影響，我們必須先看到王弼對「故常無欲以觀其妙，常有欲以觀其徼」的解釋。他說：

> 妙者，微之極也。萬物始於微而後成，始於無而後生。故常無欲空虛，可以觀其始物之妙。
>
> 徼，歸終也。凡有之為利，必以無為用。欲之所本，適道而後濟。
>
> 故常有欲，可以觀其終物之徼也。

前一段的字面大抵沒問題，它是說無形無名之道生成萬物，而亦因道之無形無名，故唯無欲空虛乃足以窺見此道之無性。但後一段如何說呢？尤其是「終」字應該怎麼講？對於這意思，牟先生是如此說的：他將「利」解為「有限之定用」，而「用」則為「無限之妙用」，於是「凡有之為利，必以無為用」一語，乃順其無有物三層之格局，而理解為「道之無性」乃是成就「道之有性」之落實而為有限之定用的根據。從而，他乃將「欲」理解為「欲向」，此欲向即聯繫於道之有性，此有性有一終成性，它即指向於定用；而欲向之有仍必本於無，故云：「欲之所本，適道而後濟」也。因此，依牟先生的解法，「常有欲，可以觀其終物之徼」〔註57〕一語，乃是說吾人必須常有一欲向，然後始能體會出由道之有性而來的終成性。

綜觀牟先生這樣的疏解方式，我們大略已可看出他的企圖，亦即他可在本體與工夫間作成一種聯繫：如果說道有「有無雙重性」，則工夫也有無欲和有欲這兩種相應的工夫，通過無欲足以把握道之無性，通過有欲則足以把握道的有性。於是綜合無欲與有欲，乃成為把握道的本質工夫。然後他復進一

〔註56〕上兩段文俱見樓宇烈《老子周易王弼注校釋》，頁195。
〔註57〕參見牟先生前引書，頁134～135。

步說，這無欲與有欲本質上乃是一種主觀上的聖證工夫，唯其是聖證的工夫，它乃必然指向於某種意義性的精神境界，基於此，則所謂道的有性與無性，也自必呼應於此一精神境界，因此牟先生乃肯定地指出，王弼和先秦道家一致地表現出一種「境界型態的形上學」〔註58〕。

　　牟先生上述的論證，自然是十分縝密的。然而如我們已然指出的，王弼事實上並不曾表示過道具有「有性」，那麼它會不會使牟先生對王弼的全盤判斷皆告落空呢？如他自己所說的「若只是常無欲，則道之為無，即為抽象之無。抽象之無，則無掛空而不具體」〔註59〕，這不就問題嚴重了嗎？筆者以為，牟先生的確為了牽就無有物三層說，而導致了整個疏解太過緊煞，其實真有必要如此嗎？在筆者看來，「凡有之為利，必以無為用」這一句，事實上並沒有那麼曲折。如果「有」只是指「物」而言，則這句話實只是〈指略〉所謂的「天生五物，無物為用」的同義語而已。它乃是說物之所以能為我們所用，也就是說物之所以為物，是因為無形無名之道內涵於其中的原故。照上下文來看，這句話是類比著上面「萬物以始以成而不知其所以然」而來的，亦即從萬物以始以成的角度看，物既已成矣，道自然即落在具體之物事上，此即所謂「終物之徵」也。因此徵和終並沒有牟先生所想的那麼嚴重，它只是說道並不離於具體的存在而已。於是我們可以綜合而說，王弼這兩段注解，原則上乃是表示道生成萬物而即內在於萬物，但由於它是無形無名的，因此我們唯有通過無欲來從原則上把握道之生物，並通過有欲來把握那已內在於萬物之道。以此而言，無欲和有欲當然還是工夫義的，但它們顯然並不是指兩類工夫而言，因為它們所要把握的道是同一個的原故。然則在此一思路中之無欲、有欲和道之實義又應如何說呢？

　　既然按王弼的觀點，形而上的無形無名之道，必須和無欲、有欲的工夫形成為某種配稱的關係，則我們可以考慮幾種可能的詮釋方向，其可能性究竟如何？首先，我們當然還是得排除王弼之道乃是任何一種實有型態形上學之可能，這原因很簡單，蓋無欲、有欲之工夫無論是什麼意思，它都不太可能含著認知性的原故〔註60〕。其次，由於道的「有性」不可說，則牟先生由

〔註58〕就詮釋言，牟先生對王弼的理解，似乎是有預設框架的。他在許多重要的語句上，並未將王弼注視為是一獨立的文本，而是根據他對老子的理解來順通王弼注，這裡實在不免有依老子以詮釋王弼之嫌。

〔註59〕牟先生前引書，頁135。

〔註60〕參見拙作〈王弼哲學進路的再檢討〉，本書附錄，頁239～240。

某種聖證工夫所說的境界型態之形上學亦不可說，這是因為若非然者，則道之無必將落入牟先生所已明白指出的某種「抽象之無」之故。然則如此一來，寧非等於封殺了將王弼的觀點往形上學系統詮釋的絕大多數可能嗎？那麼我們還有什麼可考慮的方向？

筆者以為正是由於這個原故，我們乃必須鄭重考慮王弼思想和揚雄的關係。如前所述，揚雄思想的重點乃在嘗試將神格化的氣化論，修改為另一意義的自然氣化論，為此他乃將作為氣化創生核心之「玄」，推出去成為無形無名，不可得聞的存在，而後他則強調本人事以明天道，欲把握無形無名之玄，唯有從人事之立場著眼。這樣的一套思想自然不是一套嚴格的形上學，但它和王弼前述觀點的近似性不是很顯然的嗎？如果我們將揚雄之玄換成王弼所說的無、道，將揚雄之「以人占天」具體化而為「無欲、有欲」以觀道始物之妙、終物之徼，則王弼豈非正是另一位活脫的揚雄嗎？當然，思想形式的近似性，只能是一個消極的理由，其更積極的理由則只是一點，既然王弼所說的無形無名之道，並不適合用任何形式的形上學、本體論來說，但它卻又同時是萬物生成之源，則這個道之無當然只能往氣化論的角度去想，亦即它乃是氣化意義下的萬物創生之源。基於此一意義，再加上王弼一再強調它是無形無名的，也就是說它是非神格化的，這就很自然地會聯繫到揚雄所說的「玄」之上。這也就是說，筆者於文獻上通過與牟先生疏解之對比，確認了王弼思想確實並不適合用先秦道家的思想來規範，依筆者如上批判性詮釋的結果，王弼思想的確是應管歸揚雄一系的。

根據如上這一義理型態的歸屬，我們才能進一步確認王弼所謂「無欲、有欲」這一工夫的實義。何以言之呢？如果說那無形無名的道乃是氣化意義下的萬物創生之源，而無欲、有欲又正是觀此道的工夫，則王弼所謂的無欲、有欲，其意義必定是很特別的，它一則不應從欲之劣──即欲望──上去想，二則它也不應從聖證的工夫上去想，因為這些想法和氣化意義的創生之源有何相關呢？於是，若想進一步解明其義，我們乃必須回到揚雄建構太玄這一體系的原初問題意識。前文我們曾提及，揚雄之所以建構太玄，乃是為的要修改神格化的氣化論，但他並不是反對天命意志說，也不反對天命和人事有聯繫，他所唯一反對的只是將人事問題的解決完全歸屬於天命之占測而己，為此他乃提出了「聖人以人占天」的說法，希望由對人事的解明而完成為對天命的解明。當然，從嚴格的角度看，揚雄只是提出了這麼一個籠統

的原則，至於更具體的實踐原則，他不但不曾提供，而且他整個太玄的結構也多少是和他自己的原則有些矛盾的。這且不言。至少揚雄的問題意識指向著一點，即玄這一氣化意義的創生之原，它的天命意志乃是散在人事之中的。揚雄這一問題意識，無疑也正是王弼「卦以存時，爻以示變」的思路〔註61〕，時是由天命而來的，而它即存於人事的情偽之變中。於是我們乃能通過對卦爻時變的把握，進而觀照到天命的奧祕。唯有把握住這個意思，然後我們才能想像居然可以讓無欲、有欲的工夫和氣化意義下的萬物之原發生關係。當然，這也在另一意義下，說明了王弼的老子學乃是必須附隨在他的易學之下的。

依照上述了解，則我們馬上可以作下的判斷，乃是無欲這個工夫即等於「忘象」之工夫，亦即它是一種工具意義上冷汰於物的姿態。因為唯其如此，始能準確相應於時變而掌握住由天命所透露的智慧，進而窺見天命之奧祕也。這事實上也就是王弼說「聖人體無」的意旨所在。至於有欲也同樣作為一個體道工夫，它自然不能離開上述的無欲來理解。王弼說：「欲之所本，適道而後濟」，欲既是通往道而止，無欲亦是通往道的，則無欲、有欲便不應是一組背反，那麼這有欲應如何理解呢？如果無欲是指一種冷汰於物的姿態，則我們可以如此想，以一種冷汰之心應物，會不會導致某種和世間的抽象與隔離呢？而這種抽象與隔離真是必要的嗎？然則我們可不可以進一步想一種隔離而不隔離、冷汰而不冷汰的姿態？筆者以為這後一種想法，恐怕正是王弼將有欲理解為一種工夫的想法，也就是對比於忘象而說一種忘而不忘的工夫；當然我們也可以再讓無欲和有欲這兩種工夫來回倒，而說忘而不忘，不忘而忘也。何以知之？其實我們只要注意王弼的「聖人有情」義，即可顯見上述的理解並不是沒有根據的〔註62〕。

以上，筆者大致通過對王弼〈老子注〉首章部分句子的重新疏解，再度確認了王弼思想和揚雄的淵源。當然，在這一確認過程中，我們也的確發現王弼是將揚雄一系的思想作了高度的發展，不過，這完全不影響我們對王弼

〔註61〕參見王弼《周易略例》，〈明爻通變〉、〈明卦適變通爻〉等篇，見樓宇烈《校釋》，頁 597～609。

〔註62〕王弼說「聖人有情」之義，包括兩組意思，一是「茂於人者神明也——體沖和以通無」，一是「同於人者五情也——有哀樂以應物」（參見《魏志·鍾會傳》，頁 681 注引何劭〈王弼傳〉），這不恰好正是此處所說「無欲、有欲」這一組工夫嗎？

之學的問題意識和哲學進路的判斷。根據這樣的討論，我們再回頭看到前引何晏的說法，便可以注意到，他一樣主張道是無形無名的，是「無所有者」，有則下屬於物，所謂「自天地以來皆有所有矣」是也。可見他也一樣採取有無二層論的立場。同時，他復云：「有之為有，恃無以生」，「然猶謂之道者，以其能復用無所有」，可見他也主張道能生有而且內在於有。這些說法無煩辭費，便可顯見它和王弼的雷同處。因此，我們乃可如是斷定，何王之學的問題意識和哲學進路，完全是繼承揚雄一系而下的，只是他們更能將這一漢代非主流的思路，進一步和經典結合，並提供一套完整解釋而已。換言之，通過如上各角度的證明，我們都必須肯定的說，以何王為代表的正始玄學，其內容其實只是漢代學術的延續，儘管王弼在延續中也開創了新典範，但由於他們的問題意識仍是在原來的學術傳統中，因此，筆者以為何王最多只能說是別開生面，卻實在不能說是開了一個新時代的。

然則這也就回到了本節開頭的問題，即正始玄學和竹林以下的玄學是一致的嗎？關於這問題，我們必須進至下節的討論。

第二節　嵇康的家世信仰與其問題意識

一般討論玄學的學者，無論其分期主張為何，總是將玄學視為是一個有別於漢代學術的完整單位。然而依照上節所述，何王之學雖亦不見得同意作為漢代主流思想的神格化之氣化論，但他們基本上仍只是延續著漢儒的基本命題，所不同者，他們自有另一套模式以把握天命之道而已。如此一來，說玄學是有別於漢代學術的單位，當然就有些問題了。這時，我們是否還要將玄學視為是一完整單位呢？如果它還是一完整單位，則玄學的整體都只是漢儒命題的延續嗎？這似乎更有違於一般的常識。如果它不再是一個完整單位，則玄學的新質素是何時、如何出現的呢？關於這個問題，由於一般皆公認正始和竹林代表玄學的兩個雖接續但又有明確區隔的時期，而竹林玄學又無疑是以嵇康為核心，因此我們乃有必要先對比一下嵇康和何王的問題意識，來看看他們的異同。當然這一對比對於理解嵇康思想自亦具有關鍵性。

從表面上看，何王和嵇康之間似乎是有同有異的。嵇康不可能不知道何王，但他卻從未提過何王，我們也找不到任何他們曾有往來的證據，在嵇康集中也完全沒有引述過何王的任何論點（即使是暗暗稱引），這以何晏之傾動

天下來看，的確有些不尋常。以嵇康之無懼當道，即使毋丘儉兵變被殺，他都還敢寫〈管蔡論〉為之辯誣，我們當然很難假設他是為了政治因素而不敢提何王，更何況王弼也不可能觸犯什麼政治禁忌，但可以會有此現象呢？尤其如果他們的思想有其一致性的話，這現象當然更是匪夷所思的。再者，嵇康之論易似乎仍依漢儒矩矱〔註63〕，這和我們說何王是在嘗試構造一套新易學，又似乎是不太搭調的。但是，一如前述，他們似乎又同樣支持自然氣化論。然則我們應如何判斷他們的異同呢？

上述這些表面理由，固然指出了一些事實，不過還不足以構成真正判斷的依據。嵇康是不曾反漢易，也不曾提及何王，但未必就不能與何王思路相呼應，這就如何王亦不曾提及揚雄、王充一般；同樣的，嵇康和何王雖共同主張自然氣化論，但它在各人的義理系統中所扮演的效果也可以是各異的。因此我們有必要更深入嵇康問題意識的內部。然而發覺其問題意識的線索何在呢？在上一章中，我們看到了嵇康思想中屬於意識型態的一面，這當然構成了其問題意識的一個部分。但我們也曉得它恐怕只是嵇康思想中比較次要而負面的側面，而我們在嵇康集中，隨處可見的關於養生延年、遊仙高蹈的說法，則顯然是其思想中一項主要特色，這思想是從那裡來的呢？許多論者都很明確指出了道教所扮演的角色，但一般人常以為這是因為嵇康受了現實刺激而產生的思想轉向，如曾春海先生即云：

> 至於他（嵇康）羨慕神仙及篤信採食導養延年益壽的養生說，明顯的是受了道教的影響。……至於他崇信道家、道教養生說的時代背景，與他的歷史際遇有關。因為他經歷過正始以來，兩大集團基於權力鬥爭所興發的一波波殘酷殺戮，使苦短的人生，復因人為的外力干擾，使得寶貴的生命更顯倉促和有限，嵇康對人為的亂源及惡勢力，無力於扭轉。在隱忍和無奈於現實不合理的處境下，他對身外之物看得很淡泊。〔註64〕

筆者以為，這樣的講法顯然是誇大了一些歷史事件對思想家基本思想的影響力。我們且不說高平陵事件的殺戮未必有魏諷事件慘，即使它確有影響，也

〔註63〕嵇康〈答釋難宅無吉凶攝生論〉云：「乾坤有六子，支幹有剛柔，統以陰陽，錯以五行，故吉凶可得，而時日是其所由，故古人順之。」（《校注》，頁296）依此說，則嵇康所理解的易學，顯然仍是漢儒的老說法，而和王弼之觀點無關。
〔註64〕曾春海先生《嵇康》，頁10。

只能說對思想家某一思想成素具有強化與突顯作用而已。在筆者看來，注意到道教對嵇康思想的影響，當然是很重要的，但我們尤其必須注意到的更是道教乃是其家世信仰這一狀況，而不是繞到現實事件上去找一些外緣理由。

嵇喜在〈嵇康傳〉中曾云嵇家乃「家世儒學」，看來這只是嵇喜為自家粧點門面的話。侯外廬的考證說他家出身寒素，應該是可信的〔註65〕。嵇喜又謂康「學不師授」，康亦自云「不涉經學」，更是證明他和儒學沒有多大關係〔註66〕。因此，對嵇康之成學過程，比較值得注意的乃是下述幾條材料：

> 長而好老莊之業，恬靜無欲，性好服食，常採御上藥。〔註67〕

> 爰及冠帶，馮寵自放，抗心希古，任其所尚。託好老莊，賤物貴身，志在守樸，養素全真。〔註68〕

> 昔蒙父兄祚，少得離負荷，因疏遂成懶，寢跡北山阿，但願養性命，終己靡有他。〔註69〕

這幾條材料都已清楚地指出了他早在冠帶之前，即已好老莊之道，而他所謂的老莊，可不是和易混在一起的老莊，而是養素全真、採藥服食、導養性命的老莊，也就是道教所說的老莊。其時間大略在正始以前，曹魏國勢鼎盛之時，也是他猶居譙國鄉間之時。以此來看，嵇康之好老莊，和當時學術主流是沒什麼關係的，他的家世也只是個寒素出身，父又早死，因此也不可能是什麼家學淵源，在這狀況下，也許環境的氛圍是個很好的解釋吧！於此值得注意的是他的籍貫。康是譙國銍人，而陳寅恪先生〈天師道與濱海地域之關係〉一文，有一個頗饒興味的說法云：

> 自戰國騶衍傳大九州之說，至秦始皇、漢武帝時方士迂怪之論，……皆出於燕齊之城。……神仙學說之起源及其道術之傳授，必與此濱海地域有連，則無可疑者。故漢末黃巾之亂亦不能與此區域無關係。……張道陵順帝時始居蜀，本為沛國豐人，其生與宮崇同時，

〔註65〕 參見侯外廬先生《中國思想通史》第三卷，頁127～128。

〔註66〕 或謂嵇康曾入太學鈔古文，遂謂他亦曾為儒學。但鈔古文、學儒學和儒學出身自是兩件事。在〈難宅無吉凶攝生論〉中，康曾謂阮侃云：「此皆足下家事，先師所立」（《校注》，頁281），可見康自己亦未以儒學為其家事。

〔註67〕 《魏志・王粲傳》注引嵇喜〈嵇康傳〉，頁542。

〔註68〕 〈幽憤詩〉，《校注》，頁27。

〔註69〕 〈答二郭〉之二，《校注》，頁62～63。

豐沛又距東海不遠，其道術淵源來自東，而不自西，亦可想見，此
後漢之黃巾米賊之起原有關於海濱區域者也。〔註70〕

說琅邪豐沛濱海一帶是神仙方術之起源地，可信度當是很高的，《史記‧封禪
書》載宋毋忌、正伯僑、羨門高等人皆燕人，為「方僊道」、「形解銷化，依於
鬼神之事」，即可證〔註71〕。由此流衍而成道教，此一信仰亦以上述地域為流
行地，亦是很可想像的，而譙沛本即緊臨，因此說嵇康恰好生長在道教流行
之地，應是可信的，加上他的寒素出身，受此民間信仰影響的可能性自然更
高。綜合上述這些狀況，則我們應該有理由推斷，道教其實原本就是嵇康的
家世信仰。而如果這一推斷不離譜的話，則我們便將擁有一個切入嵇康問題
意識的關鍵點。

　　儘管道教能不能算是一個嚴格的宗教，也許尚有疑義，但它無疑是足以
喚起信仰者深刻的宗教情感和宗教意識的，因此，如果道教真是嵇康的家
世信仰，則我們便絕對有必要問它究竟喚起了嵇康什麼樣的宗教情感和意
識？而它和嵇康的整個問題意識又形成了什麼樣的關係？再者，如果我們
要對比何王和嵇康問題意識的異同，卻又找不到其它可資聯繫的線索時，
道教可不可能會是整個判斷的關鍵所在呢？這也就是說何王的問題意識可
不可能是通過道教而轉移到嵇康身上的？或者說儘管何晏是個好服寒食散
的名士〔註72〕，但何王之學和道教根本就扯不上關係呢？當然，無論是那
一種情形，其關涉都是十分重大的。為此，筆者有必要先對當時的道教發展
作一歷史的與哲學的交待。

　　我們現在一般所謂的道教，固然都是斷自東漢中葉以後，也就是它開始
有了儀軌和社會性的組織之後，但在內容上，它無疑乃是流行於漢代之民間
信仰與方術的綜合體，間亦夾雜由大傳統流衍而來的一些觀念〔註73〕。日人
窪德忠氏給道教的定義是：

　　以古代民間雜多信仰為基礎，以神仙說為中心，益以道家、易、陰

〔註70〕見《金明館叢稿初編》，頁 1～3。
〔註71〕參見瀧川龜太郎《史記會注考證》卷廿八，頁 501～502。
〔註72〕《箋疏》，頁 74 云：「何平叔云：服五石散，非唯治病，亦覺神明開朗」，注
　　　　復引秦承祖〈寒食散論〉云：「魏尚書何晏首獲神效，由是大行於世，服者相
　　　　尋也。」
〔註73〕有關大傳統與小傳統的區分，本文主要參考余英時先生借自人類學者的說
　　　　法，它大約是近於高層文化與民間文化的區分。參見《史學與傳統》序言，
　　　　頁 11～17。

陽、五行、卜筮、讖緯、天文、占星諸說，及巫術信仰；摹倣佛教
體系與組織等宗教形式，整理構造為一種以長生不老為主要目的，
重視現實利益之自然宗教。〔註74〕

這一定義大抵是堪稱完備的，只是如果漢代社會是以儒術為大傳統的主要內
容的話，道教這一小傳統和大傳統間自亦有相當程度的交涉，這也就是如
《中國道教史》所謂「早期道教神學都把維護禮教作為頭等教戒」的由來
〔註75〕。換言之，道教只是一個有著某些共同的思想、意識傾向，卻未必有
著共同教義及方術內容的鬆散的宗教，這也就使得道教一名只是個眾多道派
的總稱，而不是什麼定名〔註76〕。這當然也就增加了我們描述上的困難，因
為有時我們將很難區分出道教和一些方術流派的差別，也許像張道陵之流可
能只能算是方術之士，但張角、張脩，以及陵孫張魯則因已有完整組織型
態，應該可算作嚴格的道教了吧！不過筆者亦懷疑它們之間是不是一定可以
明確界分。

然而如果我們從較寬泛的角度來看道教思想的形成，則大概不會有人懷
疑《太平經》的地位。這部長達一百七十卷的大經應該不是一人一時的作品，
如果從西漢甘忠可的《包元太平經》算起，以迄東漢于（一作干）吉、宮崇的
《太平清領書》，至此經，它的成形至少經歷了兩百年以上〔註77〕。就其內容
來看，它其實乃是兩漢所有方術思想的大雜燴；《雲笈七籤》等論此經之主旨
乃是所謂的「三一為宗」〔註78〕，它主要包含了「精氣神」這三者的結合，
由之而言神仙之學，以及「天地人」三者的結合，由之而言致太平之道。而這

〔註74〕參見窪德忠《庚申信仰》,《中國之道教》,頁177,此處文字轉引自李豐楙先
　　　　生《魏晉南北朝文士與道教之關係》,頁18。
〔註75〕任繼愈等《中國道教史》,頁16。
〔註76〕按史籍所載,早期的道派至少就有張角的太平道、于吉的于君道、張陵的五
　　　　斗米道,五斗米道奉天師之名,故又稱天師道,此後又有如李家道、帛家道
　　　　等雜俗道派,故李豐楙先生前引書,頁18云:「道教者實非特定教派之專稱,
　　　　魏晉道派雜多,三張、二葛為主要,惟皆未專用道教一名。」
〔註77〕甘忠可造《包元太平經》事見《漢書》卷七十五〈李尋傳〉,頁1410,事在成
　　　　帝時,由成帝迄東漢末,約有兩百年之久。于吉、宮崇事見《後漢書·襄楷
　　　　傳》,頁390。關於從《包元太平經》以迄《太平經》這一源流的考證,參見
　　　　湯一介先生《魏晉南北朝時期的道教》,頁20～26。
〔註78〕參見《道教義樞》卷二〈七部義〉云:「太平者,此經以三一為宗」(《正統道
　　　　藏》冊四十一,頁783),又《雲笈七籤》卷六〈四輔〉云:「太平者,三一為
　　　　宗」(《正統道藏》冊卅七,頁150)。

兩面的內容，俱由「元氣」一概念來統攝，如以下兩段話云：

> 元氣有三名：太陽、太陰、中和。形體有三名：天地人。天有三名：
> 日月星，北極為中也。地有三名：為山川平土。人有三名：父母子。
> 治有三名：君臣民，欲太平也。此三者常當腹心，不失銖分，使同
> 一憂，合成一家，立致太平，延年不疑矣。故男者象天，故心念在
> 女也，是天使人之明效也。臣者為地通譚，地者常欲上行，與天合
> 心。故萬物生出地，即上向而不止，雲氣靡天而成雨。故忠臣憂常
> 在上，汲汲不忘其君，此地使之明效也。……〔註79〕

> 夫人本生混沌之氣，氣生精，精生神，神生明。本於陰陽之氣，氣
> 轉為精，精轉為神，神轉為明。欲壽者當守氣而合神，精不去其形，
> 念此三合以為一，久即彬彬自見，身中形漸輕，精益明，光益精，
> 心中大安，欣然若喜，太平氣應矣。脩其內，反應於外。內以致壽，
> 外以致理，非用筋力，自然而致太平矣。〔註80〕

這意思是很清楚的，元氣代表的是一個最根本的質素，由這質素乃決定了「天
人交感」的一切層面，包括自然的、人文的，內在的與外在的。由這簡單的說
法中，我們可以確定的說，太平經其實正是漢代天人感應這一主流思想的具
體反映，換言之，道教的起源思想是和災異論思想切不斷關係的。

在這樣的基本思想型態中，《太平經》也說明了它幾個中心概念的關係，
它說：

> 元氣行道，以生萬物，天地大小，無不由道而生者也。故元氣無形，
> 以制有形，以舒元氣，不緣道而生。自然者，乃萬物之自然也。不
> 行道，不能包裹天地，各得其所，能使高者不知危。天行道，晝夜
> 不懈，疾於風雨，尚恐失道意，況王者乎？三光行道不懈，故著於
> 天而照八極，失道光減矣！王者百官萬物相應，眾生同居，五星察
> 其過失。王者復德，德星往守之。行武，武星往守之。行柔，柔星
> 往守之。行強，強星往守之。行信，信星往守之。相去遠，應之近。
> 天人一體，可不慎哉！〔註81〕

〔註79〕王明《太平經合校》，頁 19。
〔註80〕王明《太平經合校》，附錄引〈太平經聖君祕旨〉，頁 739。
〔註81〕王明《太平經合校》，附錄引〈太平經聖君祕旨〉，頁 16，「以制有形」下疑有
　　　　脫漏。

這段話顯然以為，道乃是最基本的、具神格意味的最高位概念，元氣無形而依本於道，以生萬物。於此，經文復引入自然這一概念，但看起來，這概念似乎僅是指萬物之順元氣而已，故它僅是描述無形之元氣通往萬物這一行程，而初無深意也。故經文亦云：「元氣自然，共為天地之性也」〔註82〕。在這樣一套氣化宇宙論的構架中，雖然看似引進了一個道家的概念，其實它的本質仍只是在強調道的神格性，以及由之而來的天人一體說，因此，它不惟是和先秦道家無涉，而且也和揚雄之引入道家的基本企圖有著本質的不同。不過，無論如何，它還是由此開啟了一條由神格化氣化論通往道教的道路，所謂「自然使天地之道守，行道不懈，陰陽相傳，相付相生也」〔註83〕，也就是自然成為道的一個通孔，這當然就使得《太平經》之思想很容易往道教接引了。

然而，真正在內容上足以促成由《太平經》通往道教的，則是「守一」這個概念。「守一」之說無疑是由老子中借用過來的〔註84〕，但卻將之改造進它的神格化氣化論之中。當然，這一借用，《太平經》未必是始作俑者，魏伯陽的《周易參同契》即有另一種借用模式，因此，類似的借用恐怕早已流行在神仙方術中〔註85〕，只是《太平經》更作了一些宇宙論理論的敷衍而已，如它說：「一者，乃道之根也，氣之始也，命之所繫屬，眾心之主也」是也〔註86〕。它在另一段中更云：

> 一者，數之始也；一者，生之道也；一者，元氣所起也；一者，天之綱紀也。故使守思一，從上更下也。〔註87〕

然則守一即是守道，守道即是守住天人感應之格局，也即是求長生、致太平之工夫。所謂「夫守一者，可以度世，可以消災，可以事君，可以不死，可以

〔註82〕 王明《太平經合校》，附錄引〈太平經聖君祕旨〉，頁17。
〔註83〕 王明《太平經合校》，附錄引〈太平經聖君祕旨〉，頁701。
〔註84〕 王明《太平經合校》，頁743，附錄引〈太平經聖君祕旨〉云：「夫守一者，……元氣之首，萬物樞機。天不守一失其清，地不守一失其寧，日不守一失其明，月不守一失其精，星不守一失其行，山不守一不免崩，水不守一塵土生，神不守一不生成，人不守一不活生。」可以為證。
〔註85〕 湯一介先生以為此一借用早始於嚴君平《道德指歸論》，參見湯氏前引書，頁132。另《周易參同契》下篇〈五相類〉云：「引內養性，黃老自然；含德之厚，歸根返元。近在我心，不離己身，抱一毋舍，可以長存」。
〔註86〕 王明《太平經合校》，頁12～13。
〔註87〕 王明《太平經合校》，頁60。

理家,可以事神明,可以不窮困,可以理病,可以長生,可以久視」〔註88〕,即是最明確的說明;由此,《太平經》當然也就可以和許許多多的方術構成直接的連繫。

我們必須注意的是:《太平經》的基本架構幾乎完全地轉移到《老子河上公注》、《老子想爾注》等,在早期道教思想中扮演著關鍵角色的作品之中。換言之,這些作品仍然是在天人感應說,神格化的氣化論籠罩之中的。如《河上公注》卅二章云:「侯王動作能與天相應合,天即下甘露善瑞也」,四十七章亦云:「天道與人道同,大人相通,精神相貫。人君清淨,天氣自正;人君多欲,天氣煩濁。」〔註89〕《想爾注》殘卷亦謂「上聖之君,師道至行,以教化天下,如治太平,符瑞皆感人功所積致者」,他如王者行道,則「諸與天災變怪,日月運(暈)珥,倍臣縱橫,刺貫之咎,過罪所致。五星順軌,客逆不曜,疾疫之氣,都悉止矣」都是明證〔註90〕。又如《河上公注》和《想爾注》亦屢言「治國、治身」長生久視、致太平之道,關於這點與《太平經》的關係,近人考證尤多,更是不煩詳論了〔註91〕。當然,它們在大同之中,亦頗不乏小異,而這小異也恰好可以看出道教思想發展的軌跡。

如果今人的考證大抵不差的話,則《河上公注》應該晚於《太平經》而又早於《想爾注》,至於《想爾注》則大概即是張魯的作品〔註92〕。依這樣的時間順序,則有一點是十分值得留心的,亦即「治國」和「治身」的本末先後關係。在《太平經》,求長生和致太平大抵是平列的關係,並無孰為本、孰為末的問題。但到了《河上公注》,則誠如湯一介先生所指出的,治身成為了治國之本〔註93〕,如該書首章注,謂老子之「常道」為「自然長生之道」,又五十九章「有國之母,可以長久」注云:「國身同也,母,道也。人能保身中之道,使精神不勞,五神不苦,則可以長久」,都直接指向長生乃一切之本的論

〔註88〕 王明《太平經合校》,頁743。

〔註89〕 本文凡引及《河上公注》之文,俱參閱呂東萊重校《音注河上公老子道德經》,文中但註章數,不另說明。

〔註90〕 關於本文引用《想爾注》文字,俱參閱饒宗頤先生《老子想爾柱校證》,上引兩段文字皆見該書,頁44。

〔註91〕 詳見饒宗頤先生前引書,頁88~90,湯一介先生前引書第四章。

〔註92〕 關於《河上公注》、《想爾注》的時代作者,詳見王明先生〈老子河上公章句考〉(《道家和道教思想研究》,頁293~323),饒宗頤先生前引書,頁79~82,湯一介先生前引書,頁97~105、118~122,李豐楙先生前引書,頁61~64。

〔註93〕 參見湯氏前引書,頁123。

點。這一轉變是很有意思的，因為表面上看，《河上公注》和《太平經》無論就道、氣或是自然等概念言，它們的意思皆是差不多的，如《河上公注》首章云：「無名者謂道，道無形故不可名也。始者道本也，吐氣布化，出於虛無，為天地本始也」，二章云：「元氣生萬物而不有」，廿五章云：「道清淨不言，陰行精氣，萬物自成也」，「道性自然，無所法也」，這些意思如和前述《太平經》之相關概念作一對照，其基本思路顯然十分相類。即使就「一」這個概念來看，《太平經》說一多偏就道言，《河上公注》則多就元氣而說，但它也只是輕重之間的差別而已，並無本質之歧異。此如《河上公注》十章云：「言人能抱一，使不離於身，則長存。一者道始所生，大和之精氣也，故曰一」，五十一章亦云：「道生萬物」，「德，一也，一主布氣而畜養」，似是把一放在氣上說，但廿一章又云：「道唯恍忽，其中有一，經營主化，因氣立質」，這顯然把一歸回到道上說。因此，《河上公注》就哲學上言，它和《太平經》可以說是一脈相承的，但就因著它對治身為本的強調，使得它在說「守一」時，重點皆轉移到了身體之「愛氣養神，益壽延年」上，而言「專守精氣」，這和《太平經》之兼收諸方術不同。由此，我們當可察覺到，它似乎更接近了道教之為一種宗教的更基本層面。因此，筆者以為湯一介先生謂「《河上公注》作為道教經典，較之《太平經》又前進一步」，這一判斷應該是正確的〔註94〕。

上述這一趨勢，我們可以在《想爾注》上看得更明顯，而且可以看到本質的轉變，此即湯一介先生所謂，道之「人格」化，李豐楙先生所謂，道之「擬人化」是也〔註95〕。原來從《太平經》以迄《河上公注》，道固然含著神格性，但這神格性基本上是隱微的、外在的，它通過元氣以主宰著經驗事物，但它本身總不是純經驗的物事。然而《想爾注》卻有一個特別的說法云：

> 神成氣來，載營人身，欲全此功無離一。一者道也，今在人身何許？守之云何？……一在天地外，入在天地間，但往來人身中耳，都皮裡悉是，非獨一處。一散形為氣，聚形為太上老君，常治崑崙，或言虛無，或言自然，或言無名，皆同一耳。今布道教誡人，守誡不違，即為守一矣。〔註96〕

〔註94〕參見湯氏前引書，頁123。
〔註95〕湯氏說見前引書，頁110，但他所用之詞為「人格神」，但這個詞並不好，易生誤解，若道是老子之自稱，則至多只能說是「人格化」。李豐楙先生說亦見其前引書，頁77。
〔註96〕饒宗頤先生前引書，頁12。

依此說，道，或者如《想爾注》一再表示的「道氣」，也就是一，它依然是外在的，但它卻可「聚形為太上老君」，這說法的確很有意思，道至此豈不是成了一個人格性的存在了嗎？太上老君既可以是個經驗性的人格，也可以維持其神格，而所謂的守一，即是守此老君之教誡，以「積精成神，神成仙壽」〔註97〕也。以此而言，到了《想爾注》，不只是維持著以治身為本的觀點，而且所謂的常道還進一步成為一個外在的、具體的、可崇拜的對象，這一本質的轉變對於道教之完成其宗教崇拜形式，無疑是具有決定性的。

《想爾注》這一轉變當然應和漢末對老子的神化有些關係。桓帝立老子祠，這是神化老子的第一個表徵〔註98〕，但照邊韶〈老子銘〉所述，也許祠老子還未必是將老子當成神，或者它就像祠祀孔子一樣吧〔註99〕！但就像據信為漢末魏初之作品的〈老子變化經〉，便已明指老子乃是「自然之至精，道之根蒂，為乘之父母，為天地之本根，為生梯端，為神明之帝君，為陰陽之祖首，為萬物之魂魄」了〔註100〕。從這一記載看起來，它和《想爾注》顯然是有些關聯的。然而筆者以為，老子之被神化，對道教的意義恐怕還不只是在形塑了一個崇拜對象上，而也在形塑了另外一個可以實踐地去模擬的人格對象上。雖然在《想爾注》乃至後來道教的實際發展中，這一面向並不顯著，但既然它已存在此一可能，也就使道教有可能轉回頭形成一種以人格實踐為宗的「人文性宗教」，因此它自然值得重視。關於此一面向，將會是本文一個重要論點；不過此乃後話，茲先按下不表。

在簡單敘述了從後漢以迄魏初道教思想的發展後，我們可以看出一個明顯的事實和趨勢，亦即道教一方面和漢代主流思想——即天人感應的災異論——形成為一種大傳統與小傳統的關係，另一方面道教亦在此一發展中逐漸將災異論傳統中仍含具的人文性、社會性，收縮到求長生這一宗教性的內容之上。現在，如果我們將此一事實和趨勢拉回到嵇康和何王問題意識的比較上，便會明顯看到道教並不足以構成他們之間問題意識的銜接點。這是因為何王問題意識的出發點，主要是銜接著揚雄這一系的觀點，而此系的主要觀點雖亦是從天人感應之神格化氣化論出發，但它整個說法卻是在尋求一條弱

〔註97〕饒宗頤先生前引書，頁16。
〔註98〕事詳《後漢書》〈桓帝紀〉，頁129及〈祭祀志〉，頁1155。
〔註99〕文見《全後漢文》卷六十二，依此文，老子仍是位「勞不定國，功不加民，所以見隆崇于今，為時人所享祀」的歷史人物。
〔註100〕此文轉引自李豐楙先生前引書，頁42。

化此一氣化論之神格性，並轉而強調「以人占天」這一人文精神在天命系統中的地位。這樣一種觀點，無論在實質內容上離先秦儒家有多遠，也無論它是否吸收了道家的概念，但在基本精神上，毋寧卻是較諸董仲舒這一系的漢儒，還要更接近儒者之關懷的；而此一問題意識和道教思想雖有相同的來源，表面上看，它們在對無形無名之道的描述上亦頗有些近似性，甚至在最寬泛意義上說的氣化論上，它們亦有共同的哲學基點，但實在說，它們還是所同不勝其異的，因為它們對這些概念的系統思考，根本就是兩個完全不同的路數也。我們也可以如此說，何王之學究其淵源，其實和災異論正是構成為漢代學術大傳統中的兩個不同典範〔註101〕，而何王之學的盛行，所代表的乃是原來漢代學術典範的崩潰和新典範的形成。然而道教則仍是忠實地在反映著漢代學術主流大傳統的小傳統，雖然這一小傳統終於也反回來修改了部分大傳統，但它和大傳統之典範轉移畢竟仍是不相干的兩回事也。於是，我們乃終於可以作下如此的判斷：亦即如果道教真是嵇康最重要的問題意識來源的話，則以嵇康為代表的竹林玄學，便不能和正始玄學構成為一個完整單位，換言之，基於問題意識的根本歧異性，我們有必要將竹林玄學根本當成玄學的另一新單位，而嵇康則是此一玄學新走向的關鍵性人物。因此底下我們乃必須進一步討論，道教究竟喚起了嵇康什麼樣的宗教情感和問題意識？

照史料來看，固然一如前述，道教在嵇康問題意識的形成過程中，扮演了關鍵性的角色，但他似乎並不是以單純的信仰者來面對道教的，他在信仰過程中，仍保有了一定的批判性。最明顯的例子即是他在〈養生論〉中的立場。嵇康說他並不懷疑神仙的存在，但神仙只是「特受異氣，稟之自然」而已；他這一立場看來乃是當時道教中爭論得頗屬害的一個問題，《想爾注》中有一段話云：

> 今人無狀，裁通經藝，未貫道真，便自稱聖，不由本，而篇章自撰，不能得道言；先為身，火勸民真道可得仙壽，脩善自勗，反言仙自有骨錄，非行所臻，云無生還，□書欺人。此乃罪盈三千，為大惡人，至令後學者不復信道。〔註102〕

這段話其實頗足以為嵇康的信仰立場作一註腳，由此也幾乎註定了嵇康終於

〔註101〕關於此義，詳見拙作《從災異到玄學》，所謂典範（Paradigm），筆者採用的是孔恩（T. Kuhn）在《科學革命的結構》一書中的用法。
〔註102〕饒宗頤先生前引書，頁23。

不能成為「道士」、「仙士」的原由。而我們必須注意的是，如果這是天師道對類似嵇康立場所作的普遍批判，則對生活在此一信仰氛圍中的嵇康，會不會形成焦慮呢？

　　嵇康這樣的立場，其實有些類似於曹氏父子的立場。我們前文亦曾提到，曹家對天師信仰的態度是頗為曖昧的。這一曖昧的原因恐怕有許多層次。從曹操之清剿黃巾初露頭角開始，即下過禁淫祠之令，後來曹魏亦一直維持著這個政策，甚至將所有方士聚於京城，其考慮顯然是政治性的〔註103〕。曹植〈辯道論〉即明白承認魏之聚甘始、左慈、郤儉等方式，為的是「誠恐斯人之徒，接奸宄以欺眾，行妖慝以惑民，故聚而禁之也」，這無疑是懲於黃巾之亂而有之舉措也〔註104〕。此外，如曹操之不廢老子祠，曹丕甚至還下令修整此祠，固然都可以解釋為意在懷柔教徒〔註105〕，但如果說曹氏父子面對道教信仰，純只是以導禁兼施的政治手法來處理，而沒有任何個人主觀的情感成素在內，似乎也未必是事實。在文學史上，曹氏父子幾乎是遊仙詩的始作俑者，這看來不太可能是偶然現象〔註106〕。如果說遊仙詩正好反映了曹氏父子宗教情感的層面，而另一方面基於政治顧忌，那麼我們對曹丕、曹植的一些依違之論，便不會感到奇怪了。尤其，在曹魏政權中，看來士族一派對道教是抱持著相當之敵意的，也許曹氏一再以相當程度的懷柔手段來籠絡天師信徒，甚至相當程度地得其效忠，都讓士族感受到壓力，這或者也是曹魏政權要一再下詔禁絕淫祠之故吧〔註107〕！但從一些資料顯示，天師諸治在曹魏期間仍

〔註103〕張華《博物志》卷五云：「魏時方士，甘陵甘始，盧江有左慈，陽城有郤儉，始能行氣導引，慈曉房中之術，善辟穀不食，悉號二百歲人。凡如此之徒，武帝皆集之於魏，不使游散。」（范寧《博物志校證》，頁62）「不使游散」一語已道盡玄機。

〔註104〕〈辯道論〉文見《魏志》卷廿九〈華佗傳〉注，頁687。

〔註105〕《全三國文》卷六頁4載曹丕〈敕豫州禁吏民往老子亭禱祝〉文云：「此祠之興由桓帝，武皇帝以老子賢人，不毀其屋，朕亦以此亭當路，行來輒往瞻視，而樓屋傾頹，儻能壓人，故令修整。」其說詞遮遮掩掩，殊為可笑，但亦以此透露出一些訊息。

〔註106〕如曹操之〈氣出唱〉、〈陌上桑〉，曹丕之〈折楊柳行〉，曹植之〈升天行〉、〈平陵東〉等等，這些作品固亦有承襲漢樂府遊仙之作的明顯痕跡，但卻是文人作遊仙詩的鼻祖則無疑。

〔註107〕曹家政權曾得天師信徒之效忠，最主要的證據便是〈大道家令戒〉（文見《正統道藏》冊三十洞神部戒律類之《正一法文天師教戒科經》所附，見頁570～574）。此文云：「魏世承天驅除，歷使其然……今吾避世，以汝付魏清政道治」（文見《正統道藏》冊三十洞神部戒律類之《正一法文天師教戒科經》

一直維持著某種組織型態，只是已呈鬆散而乏橫向連繫的狀況〔註108〕，可見只要不觸犯政治禁忌，曹魏政權對道教的控制還是很鬆的，這應該多少也反映著曹氏父子內心對道教的態度吧！

如果上述推斷是正確的話，那麼我們就可以進而論及曹氏父子個人對天師信仰的立場。曹植在〈辨道論〉中，一方面說他們父子以仙境為調笑而不信，「豈復欲觀神仙於瀛州，求安期於海島，釋金輅而履雲輿，棄六驥而美飛龍哉」，但另一方面，曹植對郄儉之辟穀、左慈之房中術、甘始之老有少容都流露了相當的興趣。由這些說法，可見他們對這些仙真信仰和方術的態度，大約介乎疑信之間，這態度若對照於他們在遊仙詩中所流露出的兩種截然不同的說法，也是若合符節的〔註109〕。

比較而言，嵇康對道教的信仰度，是要比曹氏父子高得多的，但顯然也不曾高到一個全然信仰者的程度，而嵇康此一立場無疑將會牴觸到當時天師信仰的整個氛圍。在另一方面，嵇康的信仰背景既遠離了當時的學術主流，事實上也不見容於名教之徒。因此，這也就必然迫使嵇康的信仰之途進入到某種夾逼狀態，一方面他必須對質疑者進行辯護性的論證，另一方面他也必須在信仰中看到自己的定位，此所以他在〈養生論〉開宗明義即說：「世或有謂神仙可以學得，不死可以力致；或云：上壽百廿，古今所同，過此以往，莫非妖妄者，此皆兩失其情也」。類似這樣的處境，人的焦慮自然難免，而它也非常容易讓有著終極關懷之人進入到某種存在式的思考中，這就像齊克果之從一個基督的信仰者，逼迫著轉移到一個存在的基督徒一般。筆者以為，這樣的背景才真正地形構了嵇康另一面的問題意識，一個和現實利益、意識型態完全無關的問題意識，我們唯有從這樣的問題意識出發，然後才能真正看到嵇康的創造性，看到嵇康思想中真正有價值的東西。於是，我們乃終於可以找到描述「玄學的嵇康」之基點。下一節，筆者即擬以〈養生論〉為核心，

所附，頁573）。此文依大淵忍爾之考證，應為魏時之作。說詳饒宗頤先生前引書，頁125。

〔註108〕 關於此一狀況，直接的史料還是來自前引之〈大道家令戒〉和〈陽平治〉（文見《正統道藏》冊三十洞神部戒律類之《正一法文天師教戒科經》所附，見頁574～575），詳論則請參閱任繼愈等《中國道教史》，頁53～56。

〔註109〕 在曹氏父子的遊仙詩中，其實感情是矛盾的，一方面固有「齊年與天地，萬乘安足多」（曹植〈遠遊篇〉）的嚮往，但另一方面亦有「造化之陶物，莫不有終期」（曹操〈精列〉）「虛無求列仙，松子久吾欺」（曹植〈贈白馬王彪〉）的懷疑。

依照上述的問題意識，來描述出他對自己的信仰所作的創造性貢獻。

第三節 「玄學的嵇康」之創造性及其影響

在上節中，筆者曲折地論證了嵇康最具存在意義的問題意識。這個問題意識首先告訴了我們一點，即嵇康的主要思想，是必須拉到道教信仰之高度上的。因此，我們乃會發現〈養生論〉和「治身」、〈聲無哀樂論〉和「治國」之間，似乎的確存在著某種微妙的關係。這兩篇文章無疑代表著嵇康最核心的思想，那麼我們可不可以說，這兩篇文章正是嵇康為自己尋找信仰定位的宣言呢？因此，對於這兩篇文章，我們要注意的，乃不只是嵇康和向秀、秦客的辯論，更須注意的是那隱藏在這些辯論之後的和道教之辯論，由此我們乃不只可看出他的論點，且可試圖看出嵇康思想的突破點，並從而確定這一突破點的意義與影響。由於〈聲無哀樂論〉筆者打算專章處理，再則道教信仰畢竟是以「治身」為本，是以本節將只集中在〈養生論〉和相關之〈難宅無吉凶攝生論〉諸篇上。

就〈養生論〉而言，要歸納其論點是不難的，一般論者大抵皆能指出，嵇康在此文中雜取了莊子和道教的養生觀，而構成了他以「養神」為主、「養形」為輔的養生觀。然而筆者以為，光是指出這一事實，固然也足以看出嵇康養生觀的特色和殊勝處，如高柏園先生即云：

> 嵇康在〈養生論〉一文中，明白地指出養生的精神，此即神形交養，恬智互補，既要少私寡欲，清虛靜泰，又要呼吸吐納，服食養生，以使形與神相親，而表裡互濟也。是養生不單只在主觀心境上修養，同時也要注意現實生命之調養，此即較莊子只重內在精神境界之形態更進一步，而凸顯一境界與實有互濟的養生論。〔註110〕

這段話指出，嵇康之論是有進於莊子的，當然自亦有進於道教。可是類似的說法卻存在一個根本問題，亦即它很難有機地將〈養生論〉放到嵇康思想的形成，乃至整個玄學思想形成的歷史脈絡中，去解釋他每一個論點的歷史因果。正是源於這個問題，筆者乃有必要以另外的方式來重新處理這篇文章。

〈養生論〉當然不是偶然形成的。如前所述，嵇康此文其實有兩方面的針對性。然而一般論者似乎只注意到其中一面，而且可能是比較不重要的一

〔註110〕高柏園先生〈論莊子與嵇康的養生論〉，《宗教與文化》，頁 50。

面，亦即許多人皆以為嵇康此文僅在為益壽延年的可能性作辯護而已。之所以如此，可能是受到了向秀文章的影響，因為向秀只是從否決延年益壽上著眼，遂讓人有此錯覺。但如果我們注意到嵇康認為神仙只是特受異氣、稟之自然者，這樣的觀點事實上和當時的道教信仰氛圍有嚴重牴觸時，便應該會想到它不應只是一篇為長生之說辯護的文章而已，在他所有的辯護理由中，其實是會暗藏玄機的。如今筆者即是想揭發此一玄機。

此一玄機藏在何處呢？關於此一問題，我們可先設想，道教是如何論證長生之可能性的呢？一旦我們注意及此，則便會立即發現以「養神」和「養形」之二分來說〈養生論〉，固然不能算錯，但卻會發生嚴重的混淆。何以言之呢？此原因即在道教亦自有一套由養神和養形而說長生的辦法。我們前已述及，道教之論述長生，是以「守一」這個概念為樞紐而展開的。由守一往上說，它有一套由「道」與「元氣」二而一而說的氣化論以為背景，道與元氣是生生之源，亦是一切生物內在之動力，因此道教乃主張，只要能守住此元氣，即是守住此道、守住生理，由此即能長生，如《河上公注》所云：「人能抱一使不離於身，則長存」（十章）是也。由此而下，它乃有一套工夫意義上的說法，以為人身乃是「精氣神」之三合一的結構。所謂精氣神，並不能以今天我們流行的生理、心理二分的結構來想像類比，精氣神乃是一體而相通的，精大抵是最明確的，它固可泛指精血而言，但主要恐怕還是指陽精、陰精之類。而精和氣是不可分的，氣與元氣相通，它內藏於腎者為精，鼻則是元氣與人身之氣的通孔。至於神，則特指氣之清通而言，它和精氣可以說乃是同質而不同層者，氣能去濁返清，則神明乃茂，而耳聰目明有神采也。《河上公注》「成象」第六曾詳述它們的關係云：

> 神謂五藏之神也。肝藏魂，肺藏魄，心藏神，腎藏精，脾藏志。

> 玄天也，於人為鼻；牝地也，於人為口。天食人以五氣，從鼻入藏於心；五氣清微為精神，聰明音聲。五性，其鬼曰魂，魂者雄也，主出入於鼻，與天通，故鼻為玄也。地食人以五味，從口入藏於胃，五性濁辱為形骸骨肉血脈。六情，其鬼曰魄，魄者雌也，主出入於口，與天地通，故口為牝也。

> 鼻口之門，是乃通天地之元氣所從往來。

從此而整個守一的關鍵乃在鼻口，所謂「不死之有在於玄牝」是也。更進一步說，守住鼻口，就形言，即是守住精氣，所謂「專守精氣使不亂，則形體能

應之而柔順」（十章），「人能以氣為根，以精為蒂，如樹根不深則拔，蒂不堅則落，言當深藏其氣，固守其精，使無漏泄。深根固蒂者，乃長生久視之道」（五十九章），這可名之曰早期道教之「養形」。而另一方面，如何守住精氣之清通，則又有另一類工夫，這工夫主要集中在「無為」、「見素抱樸，少私寡欲」上，如《河上公注》云：「常道當以無為養神」（一章）、「法道無為，治身，則有益精神」（四十三章）、「人能除情欲、節滋味、清五藏，則神明居之也」（五章）、「人所以生者，為有精神，託空虛，喜清淨」（七十二章），《想爾注》亦云：「精結為神，欲令神不死，當結精自守」〔註111〕、「道人當自重精神，清靜為本」〔註112〕，皆是此意。這類工夫的重點主要乃在意志上的自我克制，當然也許也可以輔以房中之類的方術也。此可名之曰早期道教之「養神」。

在此必須注意兩個方面，其一是道教的長生論述，在養形和養神兩面，也是以養神為重，如《河上公注》云：「使吾無有吾體，得道自然，輕舉昇雲，出入無間，與道通神，當有何患」（十四章），這是明白以神重於身的說法。《想爾注》亦云：「志欲無身，但欲養神耳」〔註113〕。換言之，並不是只有嵇康才強調養神的重要性也。其二，關於養神的工夫，基本上即是無為和寡欲，這當然甚合於老子字面的說法，但道教所謂的無為寡欲，究竟是什麼意思呢？《河上公注》云：

> 見素者，當抱素守真，不尚文飾也。抱朴者，當見其篤朴以示下，
> 故可法則。少私者，正無私也。寡欲者，當知足也。（十九章）

此處顯然是從外欲之排除上著眼，所謂「不尚文飾」、「可法則」是也。它雖亦是心上作工夫，但此一工夫乃是類似於宗教上持戒之工夫，卻並不類於我們平常說的某種遮撥執著之智慧。對於這點，《想爾注》有段說法是更為清楚的。它說：

> 常清靜為務，晨暮露上下，人身氣亦布至，師設晨暮清靜為大要，
> 故雖天地有失，為人為誡，輒能自反，還歸道素。人德不及，若其
> 有失，遂去不顧，致當自約持也。〔註114〕

〔註111〕饒宗頤先生前引書，頁9。
〔註112〕饒宗頤先生前引書，頁33。
〔註113〕饒宗頤先生前引書，頁16。
〔註114〕饒宗頤先生前引書，頁19。

依此說，清靜乃是一種當自約持的教誡，則所謂養神之種種工夫自然皆只是宗教上的戒行而已，而並不是宗教的目的與智慧之所在也。此一分別甚重要，也值得特別注意。

以上筆者簡述了道教論述長生之可能性的方式，如果我們注意比較一下的話，上述的一些求長生的工夫原則，嵇康基本上都是接受的，雖然在一些具體的方術上，彼此的側重點也許不一定相同，但這並不很重要。嵇康採取方術的原則乃是「兼」〔註 115〕，因此他不曾提及的，不一定代表他反對，如嵇康強調的是「呼吸吐納，服食養生」〔註 116〕，「內視反聽，愛氣嗇精」〔註 117〕之類，乃至於只在《太平經》中說過，而不曾見之於《河上公注》等之卜宅之法〔註 118〕，嵇康都還特別強調其重要性，可見其兼容並蓄的態度。然而我們必須注意的是，嵇康原則上乃將道教所說的長生工夫，都擺在次要的地位上，當他提及「守之以一，養之以和」〔註 119〕這一修煉精氣神之工夫時，他總是將之和另一類工夫區以別，這是很值得玩味的。他何以會如此呢？

關於這問題，我們首先必須看到，他對道教養神養形之區別，似乎採取了不同的理解方式，這導致了他對養神的說法和道教之說養神，出現了本質的差別。其實當他說：「精神之於形骸，猶國之有君也，神躁於中，而形喪於外」〔註 120〕時，道教應也可以接受這個說法，但什麼是「神」呢？筆者以為在這點上，嵇康不只是在和道教上，而且在他自己的理解中，均出現了重要的滑轉。如〈養生論〉云：

> 世常謂一怒不足以侵性，一哀不足以傷身，輕而肆之；是猶不識一溉之益，而望嘉穀於旱苗者也。是以君子知形恃神以立，神須形以存，悟生理之易失，知一過之害生，故修性以保神，安心以全身，愛憎不棲於情，憂喜不留於意，泊然無感，而體氣和平。〔註 121〕

照嵇康之講法，神原則上是指喜怒哀樂之心理活動，這和道教之說精氣神的

〔註 115〕《校注》，頁 194，〈答難養生論〉云：「然人若偏見，各備所患；單豹以營致斃，張毅以趣外失中……此皆不兼之禍也。」可見「兼」乃嵇康取用方術之原則。
〔註 116〕《校注》，頁 146。
〔註 117〕《校注》，頁 179。
〔註 118〕參見《太平經合校》，頁 182～183〈葬宅訣〉。
〔註 119〕《校注》，頁 156。
〔註 120〕《校注》，頁 145。
〔註 121〕《校注》，頁 146。

神，當然有不同；但若從道教之由清靜寡欲上說養神，則說神恆連繫於情志之活動，亦非不可通，因此這差別還算小。然而當嵇康由愛憎不棲於情，憂喜不留於意上說修性以保神時，這個神還是指一般意義的心理活動嗎？於此，我們乃碰到了一個重要的哲學問題。

簡單地說，我們可以問一個問題，即能讓愛憎不棲於情之情，它能夠仍維持其作為一個心理活動能力之性質嗎？這話再說得白一點，即我們的情感活動真能無關心於一切愛憎嗎？這顯然有矛盾在，既是情感便不可能真的泊然無感。因此，凡能讓愛憎不棲於情之情，它絕對不能再是什麼心理活動的能力，那麼它該是什麼？看來這問題似乎頗不好說，但我們也可以如是想，能讓愛憎不棲於情之情，它必是一活動，這活動並不是一認知性的，也非道德性的，它的活動形式亦不離於情，但它卻可主動切斷由愛憎而來的情感心理的牽纏，由這切斷牽纏，而顯此一活動本身的主動性、自我抉擇性，以及它所指向的自由性和整個活動所顯示的價值性。於是，我們固然還未必能確指讓愛憎不棲於情之情，其內容究竟為何，但它必是一「主體」之活動無疑，而這整個活動也必導向於此一主體之價值抉擇的活動，沽動之以顯這「主體」的特殊價值性也。

關於這點，如果純哲學地分析，當然猶有許多勝義可說，然而此處筆者只擬簡單指出，其實嵇康在說「修性以保神」時，他已將神的意涵由心理活動義滑轉為一個價值主體了。如此一來，也就使得他所謂的養神，成為了充分貫注人文性的，由某種價值主體出發的意義實踐活動，由這樣的活動來對比於道教所說的養神，其差別當然是至為顯著的。蓋道教所說的養神，其核心的概念乃是元氣，這是一個由純自然的概念而被神格化的東西。因此道教之養神固也是由人身而說的某種價值實踐，但此一實踐恰是在抹去主體、抹去人文性，以歸返於一樸素自然之神格性存在。然則由此我們乃看出了嵇康論養生之重大不同所在。

但我們亦必須問，嵇康對此一重大不同，他自已有沒有自覺呢？在筆者看來，如果純從哲學分析上說，嵇康對一些概念的使用，確實不夠嚴謹而屢有滑轉，但在大原則上，他卻是很有自覺的。何以言之呢？我們前曾述及，嵇康此文除了想為長生辯護外，尚有另一針對性，亦即他也同時反對神仙可以學得，而他反對的理由乃在神仙只是特受異氣之人而已。由此一論點，我們可以明確看到他把神仙從神格性的角度降了下來，而只賦予了人格性。這

其實是很重要的觀點轉換，它等於抽掉了道教神仙說的一個重要基礎。而我們同時也看到了他在說養神時，強調的卻是主體的實踐工夫，而把道教所說的其它工夫，只視為是次要工夫，這不正好和他強調神仙的人格性是若合符節的嗎？然則我們能相信這兩者的相符，只是偶然的巧合嗎？這麼重大的關節處，如果嵇康都嗅不到其原則所在，則他還配稱為重要思想家嗎？

於是筆者以為，正是在養神工夫的轉換上，我們得以勘破〈養生論〉的玄機所在，同時也發現了嵇康是如何為他個人找到信仰之定位點的。這無疑是個重要的突破。在前節中，筆者曾提及從漢末起，老子逐漸被神格化了，這固然促成了道教之儀式崇拜，但亦有可能型塑出另一類人格典範，從而促使道教轉回來變成為以人格實踐為宗的人文性宗教。然則，我們不是正好在嵇康身上看到了這個情形嗎？換言之，嵇康信仰的是人格性的神仙，他整篇〈養生論〉論證的只是這一個基調，而正是在這個基調上，我們乃可以充分地勾勒出「玄學的嵇康」之面貌，並看出其創造性所在。同時，我們也可以通過此一基調，看出竹林玄學和正始玄學的基本不同所在。尤有進者，當嵇康開始強調由主體之價值實踐意義上說養神時，我們乃找到了將嵇康和莊子學相對照的充分基礎，以下我們即可由此再進一步論及〈養生論〉和〈答難養生論〉。

在《莊子·刻意》中，作者區分了所謂的「山谷之士，非世之人」、「平世之士、教誨之人」、「朝廷之士，尊主強國之人」、「江海之士，避世之人」以及「吹呴呼吸，吐故納新，熊經鳥申，為壽而已矣。此道引之士，養形之人」〔註122〕。然而作者以為這些人格境界皆非至極，真正至極的人格境界，乃是：

> 若夫不刻意而高，無仁義而修，無功名而治，無江海而閒，不道引
> 而壽。無不忘也，無不有也，澹然無極，而眾美從之；此天地之道，
> 聖人之德也。〔註123〕

這樣的人格境界乃是通過「去知與故，循天之理」、「不思慮，不豫謀」、「純粹而不雜，靜一而不變，淡而無為，動而以天行」〔註124〕之工夫而至的，此一工夫亦即所謂「養神之道也」。在〈刻意〉的說法中，無論它對養神、養形的

〔註122〕參見郭慶藩《莊子集釋》，頁535。
〔註123〕參見郭慶藩《莊子集釋》，頁537。
〔註124〕參見郭慶藩《莊子集釋》，三句分別見於，頁539、544。

區分，乃至它對至極人格境界的描繪，和嵇康之所說不是極為類似嗎？〈養生論〉云：

> 善養生者則不然矣，清虛靜泰，少私寡欲。知名位之傷德，故忽而不營，非欲而強禁也。識厚味之害性，故棄而弗顧，非貪而後抑也。外物以累心不存，神氣以醇白獨著；曠然無憂患，寂然無思慮。又守之以一，養之以和，和理日濟，同乎大順。然後蒸以靈芝，潤以醴泉，晞以朝陽，綏以五絃。無為自得，體妙心玄；忘歡而後樂足，遺生而後身存。若此以往，庶可與羨門比壽，王喬爭年。何為其無有哉！〔註125〕

如果我們定要說嵇康這段話的字面義和〈刻意〉有何不同，則大約就是嵇康更正面地賦予了養形在養生中的意義，但這也只是程度問題而已，當〈刻意〉說「眾美從之」時，其實也隱括地承認了養形和養神至少是不矛盾的。《莊子·天地》亦說：「執道者德全，德全者形全，形全者神全，神全者，聖人之道也」〔註126〕，然則莊子對形之輔神的立場不也是很清楚的嗎？

但我們若更深入些來看，嵇康在這段話中所謂的養生，事實上其工夫主要是在養心；而所謂的養心，其重點完全不在制欲上，因此當他說「外物以累心不存」時，乃非指於心上撥除作為對象義之外物，於是不存者乃只能是心之撲著外物的撲著相，這也就是心之恢復其獨立自在之自己。這一義的心當然只能是我們前文所說的某一價值性之主體義，無為自得者，乃自得此復返於自己之主體也。於是所謂忘歡之忘、遺生之遺，所忘所遺者乃皆只是對歡、對生之撲著相、愛欲相，而非真指心理意義上之除去歡樂、愛戀生命之欲也。嵇康此義甚明，但莊子呢？〈刻意〉之所謂忘是不是也是這個意思呢？《莊子·天道》中有句話，很清楚地表達了這點，所謂「聖人之靜也，非曰靜也善，故靜也；萬物無足以鐃心者，故靜也」〔註127〕，這也就是說聖人並非因好靜，也非因覺靜是好的而靜，聖人之所謂靜，純只是因其心之不為任何外物所牽纏擾動，故此心之靜，實非對比於動之靜，而純是心之在其自己也。而〈刻意〉之由「不刻意」來說「忘」，無疑也是此意，甚至我們也很容易由此意思來理解〈大宗師〉之由「墮肢體，黜聰明，離形去知」上來

〔註125〕《校注》，頁 156～157。
〔註126〕《莊子集釋》，頁 436。
〔註127〕《莊子集釋》，頁 457。

說「坐忘」。這意思當然和嵇康之論心是完全一致的。由此,我們乃看到「玄學的嵇康」其實即意味著嵇康思想之向著先秦道家老莊之學的回歸;此一回歸當然不只是簡單的重複,而是在不同問題意識下的以重複為創造也。換言之,魏晉玄學其實是直到嵇康身上,才真正完成了向老莊的回歸,同時嵇康也藉著此一回歸存在地反省了他的信仰,並為他的信仰找到了一個新的定位點,一個敢於和世俗的宗教氛圍相抗衡,而建立為一個存在的信仰者之定位點。

在前述的基礎之上,嵇康復藉著向秀之引發,在〈答難養生論〉中辯論了一個重要的課題,亦即對比於世俗一般所承認的價值,如智用、富貴之類,則回歸於自足自在的主體乃是一個更根本的,而且和前述這些世俗價值為不同層次的「終極價值」,同時也唯有在服務這一終極價值之下,智用等等的世俗價值才有意義可言。嵇康此一論辯甚精采,如云:「古之人知酒肉為甘鴆,棄之如遺;識名位為香餌,逝而不顧。使動足資生,不濫於物,知正其身,不營於外。背其所害,向其所利。此所以用智遂生之道也。故智之為美,美其益生,而不羨生之為貴」〔註128〕,「聖人不得已而臨天下,以萬物為心,在宥群生,由身以道,與天下同於自得。穆然以無事為業,坦爾以天下為公。雖居君位,饗萬國,恬若素士接賓客也。雖建龍旂,服華袞,忽若布衣之在身。故君臣相忘於上,蒸民家足於下。豈勸百姓之尊己,割天下以自私,以富貴為崇高,心欲之而不已哉」〔註129〕。類似說法不只足以發莊子之覆,甚至還有進於莊子,牟宗三先生每謂嵇康這些意思直接啟發了向郭的莊子注,這確是定評〔註130〕。依上引之義,嵇康乃綜結云:

> 君子識智以無恆傷生,欲以逐物害性,故智用則收之以恬,性動則糾之以和。使智上於恬,性足於和。然後神以默醇,體以和成,去累除害,與彼更生。〔註131〕

這從去累除害而說的冥默、恬和之神體,也就是恬默自足的主體,它的醇成,乃成為終極價值之所在。嵇康這樣的理解模式,當然已遠不同於道教之以三一為宗的價值關懷,原則上,嵇康已將道教所追求的歸返於一樸素自然之神

〔註128〕《校注》,頁 169～170。
〔註129〕《校注》,頁 171。
〔註130〕參見牟先生前引書,頁 331。
〔註131〕《校注》,頁 175。

格性的、非人文的價值實踐，修改為一純屬人文世界的，對一主體人格的價值關懷。坦白說，這對道教之發展言，其實具有非常關鍵性的意義，換言之，嵇康通過對其信仰之存在性思維，其實已在思想上為道教指出了另一個發展路向。當然，由於特殊的歷史因緣，使道教在當時並不見容於上層階級，而嵇康也終於沒有成為道教的改革者，但他對道教的新思維，畢竟還是間接地影響了後來道教的發展〔註132〕，這是我們不能忽視的一個影響。

不過，筆者以為更重要的一點，則是由於嵇康依一主體之價值實踐，而建立了一個新的終極關懷，於是他乃能取得一個新的價值立場，以反對名教之作為一個價值。如果說如上一章所述，嵇康依一意識型態的立場以反名教，並無正面而積極的意義的話，則如今他若依這一新價值立場來反名教，便有了正面的、客觀的、具備真理性的意義。何以言之呢？其原因也很簡單，蓋因嵇康所追求的主體（事實上也就是莊子「心齋」等概念所涵蘊的主體義），絕對是一個可以通過存在式的實踐，而把握到的具有人性論意義之真實的主體之故也。關於這一點，今天其實已有不少哲學論證可資證明，為免辭費，本文茲不旁及〔註133〕。但我們還是有必要看一下嵇康是如何表達其依上述立場以反名教的。〈答難養生論〉中論揚雄、桓譚之反對仙人、養生之事云：

> 凡若此類，上以周孔為關鍵，畢志一誠；下以嗜欲為鞭策，欲罷不能。馳騁於世教之內，爭巧於榮辱之間，以多同自減，思不出位。使奇事絕於所見，妙禮斷於常論；以言變通達微，未之聞也。〔註134〕

這樣的評論對名教當然未必是公平的，名教的背後原本也可以有一超越的價值關懷〔註135〕，不過嵇康當時的名教之徒，多的是以嗜欲為鞭策，爭巧於榮辱之間的人，他們完全不足以抉發名教背後的超越價值，則也是事實，因此他自能以自己所把握到的終極價值，反過來批判名教。這遂使自然名教之爭

〔註132〕關於嵇康對後世道教的影響，恐怕必須必較曲折地來看。以嵇康和葛洪為例，葛洪的思路和嵇康幾乎完全背道而馳。然而《世說·文學》載王導過江「止道聲無哀樂、養生、言盡意三理而已」（《箋疏》，頁211），而我們必須注意到，王家乃五斗米世家（參見陳寅恪先生〈天師道與濱海地域之關係〉），然則這兩者間有些什麼關係？當然是個值得觀察的有趣問題。
〔註133〕參見牟宗三先生《現象與物自身》，頁430～435，《圓善論》，頁301～305，牟先生的論證，仍是迄今為止最具典範性的。
〔註134〕《校注》，頁187～188。
〔註135〕此即孔子所說：「人而不仁，如禮何」之仁，宋明儒大抵皆能把握此義。

出現了另一個面向，即價值觀衝突的面向。這一面向對比於意識型態衝突的面向，無疑是更具哲學意義的。面對於任何具有宗教性、真實生命關懷之人而言，除非名教亦能發展出同樣的超越面向，否則它是很難對抗嵇康由自己的宗教體驗和存在實感，所發展出來之論證的。在這個意義上，筆者的確必須推崇嵇康是中國思想史中罕見的宗教思想家，他憑藉對道教的反省，更明確地為老莊之學貫注了宗教關懷的面向，這也是「玄學的嵇康」最大的創造與貢獻所在。

在此，筆者還須從一特別的面向提及阮侃和嵇康關於卜宅的論辯。坦白說，這一論辯的本身是很無聊的，論辯的雙方都既沒肯定什麼，也沒否定什麼。尤其是嵇康，他以如此大的氣力來進行辯論，除了表達了他接受道教信仰可以兼收卜宅之類的方術，以為養生之助的說法外，其它則根本就不足以證明什麼，甚至這一辯論還有可能模糊了他在〈養生論〉中的主要論點，因此這一辯論完全不足以增益對嵇康的了解，我們也大可不必費心去討論其論辯的內容。對比之下，阮侃的論點還較近於常情，在〈宅無吉凶攝生論〉中，阮侃基本上只承認「專氣致柔，少私寡欲，直行情性之所宜，而合於養生之正度，求之於懷抱之內而得之矣」〔註136〕，而以為其它諸如安宅葬埋之類的方術，其實都是出於無知之忌祟。他由這一立場乃推論到「性命自然，不可求矣」〔註137〕，而所謂卜筮之與吉凶，不過是「吉凶可知而不可為」〔註138〕而已。而在〈釋難宅無吉凶攝生論〉中，阮侃復進一步補充說，他並非主張沒有鬼神，但性與天道不可得聞，「甚有之則愚，甚無之則誕」〔註139〕，因此對鬼神之事，存而不論即可，重點只在「命者，所稟之分也；信順者，成命之理也」〔註140〕。這也就是說不必假方術以改變吉凶，但只知命而從人事之信順上著手即可，故云「緣人理以從事」也。

於此值得注意的有兩點，其一是照阮侃和向秀的說法，他們所認可的養生，最多僅及於專氣致柔、少私寡欲，也就是純只就身心之調理而言，這可能也是當時一般人的看法，它和嵇康之就宗教意識、終極關懷而說的養生，其實根本就是兩回事。其二更重要的則是阮侃的哲學立場。照前文所述，阮

〔註136〕《校注》，頁268。
〔註137〕《校注》，頁269。
〔註138〕《校注》，頁272。
〔註139〕《校注》，頁285。
〔註140〕《校注》，頁286。

侃無疑是相信純粹自然之氣化論的，他主張緣人理，而對天命存而不論，此一立場顯然和何王的思路是一致的。換言之，以阮侃實是儒學中人來看，何王之哲學基本思路，其實已成為當時儒學界的共識。或者此話應修正為，揚雄一系之基本哲學立場已成為當時儒學之主流。這當然一方面也再度提供了何王之學仍是儒學主脈之一支的旁證，因而也證實了嵇康和何王的基本思路確然不是同一路線。另一方面也表示了何王之學的基本立場，是和其政治背景乃至意識型態完全不相干的，這也就是說何王之學乃是一非政治性的純學術命題，而嵇康則是完全拔出於當時學術主流的另一支全新的思想。於是綜合這兩點來看，我們乃能更加確定，「玄學的嵇康」確實具有睥睨當時學術主流的原創性。至於他站在此一立場以反名教，則完全不能視為是一政治性的命題，它表示的是對儒學傳統的真正掃落，和促成了另一個價值立場和學術立場的誕生。由此來看，玄學的嵇康就其思想內容而言，固然並非無可指摘，但原則上說，它對魏晉學術發展的確是具有劃時代意義的。

　　以上筆者大略說明了「玄學的嵇康」之具體內容，這一內容涉及了對正始玄學學術路線的徹底轉換，並完成了向老莊之學的真正回歸，同時並揚棄了道教作為一個神格性宗教的路向，而轉成以人格實踐為主的人文性宗教，從而他也將這一由道教轉來的宗教意識，創造性地賦予了老莊之學。這樣一個玄學的嵇康，它所強調的自然是具體的人格實踐，實踐之以求回歸於一自在自足之主體自身。這一實踐境界，嵇康即名之曰「自然」，〈答難養生論〉云：「順天和以自然，以道德為師友，玩陰陽之變化，得長生之永久，任自然以託身，並天地而不朽」〔註141〕，即充分說明了此一境界。這也就是「自然」已成為一個道地的價值性概念，一個具有終極關懷意義的概念，如是，它乃能超越於名教而成一個具體的價值指歸。

　　然而在第一章中，我們也從嵇康對自然的另一歧義性的使用，發現了嵇康還曾賦予自然這概念以意識型態性，這就無可避免地將政治的內涵貫注到自然這概念之中。如今，我們固可運用這兩章的分析，將歷史的嵇康和玄學的嵇康作一清楚的區隔，但問題是嵇康卻顯然經常地混淆了「自然」義的兩個層面，然則這會產生什麼後果呢？此一後果就嵇康自身而言，當他將一宗教性的價值關懷不加界定地滲入到政治意識型態中，就必然導致他會誤選了實踐場域；反過來說，當他把某一政治立場無限上綱地轉至宗教性堅持的層

〔註141〕《校注》，頁191。

次，當然也會形成其實踐上的混淆，這或者就是造成嵇康人格表現之不一致的主因吧！我們不知道當他在說「昔慚柳惠，今愧孫登」〔註142〕時，是否已有了此一警覺，但此一破裂現象，嵇康無疑是必須自我負責的。

　　不過，筆者更關切的乃是當嵇康成為竹林領袖後，他的這一混淆究竟又產生了什麼影響呢？這一影響是好的呢？還是不利的呢？關於這一後續性的評估，也正是下一章的主題，在下一章中，筆者將轉以七賢為核心，來評估嵇康對後來玄學發展的影響形式。

─────────────

〔註142〕《校注》，頁29。

第三章　嵇康、竹林玄學與名士風度

　　在前兩章中，我們描述了嵇康思想中截然不同的兩個側面，而由這兩個側面所共同組成的嵇康，無可避免地形成了他人格表現中的一些破裂與帶累〔註1〕。他有太多現實的關懷，也有非常強烈的宗教意識，但偏偏他這兩面又無法相諧，這似乎就註定了他悲劇的命運。不過嵇康對當時玄學的影響，也是世所公認的，向秀注莊之脫胎於叔夜，固無論矣；而阮籍無論學問、行事之轉變，大約也在和嵇康共作竹林之遊的前後。由阮籍而下開劉伶、阮咸之縱放，寖假而成名士之流放浪形骸之典範；由向秀而下啟郭象之注莊，而成元康玄學之核心。從這些簡單的因果來看，嵇康無疑是最具關鍵性的人物。然而我們也需要質問的是，由於這一流衍過程，基本上並不是經過什麼口傳師授的方式，然則嵇康之學會以什麼形式發生影響呢？而我們又如何評估此一影響和嵇康原貌之關係呢？以此，本章的重點將是針對嵇康與竹林玄學的關係，以及名士風度之形成這兩大主題作一檢討，如此當可對嵇康之學的全貌作一完整之交待。

第一節　竹林七賢與竹林玄學

　　歷來的玄學史，幾無不將竹林玄學當成一個獨立階段，這當然是事實，然而問題是這樣的講法，總是直覺地將竹林玄學和竹林七賢掛鉤，從而也就自然地將七賢當成一個完整的團體，並以為他們都擁有共同的思想傾向、學

〔註1〕《校注》，頁 70～71，阮德如答嵇康的兩首詩有句云：「幸子無損思，逍遙以
　　　　自寧」，「願子盪憂慮，無以情自傷」，都可看出嵇康性格和其理想間的破裂。

術立場，甚至是有著一致的政治態度〔註2〕。可是這樣的想法是否符合歷史事實呢？筆者以為我們在處理竹林玄學之前，實有必要將它與七賢的關係作一分疏，庶免許多誤會也。

就比較可信的資料來看，有關七賢的記載確有許多模糊和矛盾難解處。其中最可信的資料，當然是相關諸人的文章了。在《嵇康集》中，他明確提到有交往的七賢人物，只有山濤、阮籍和向秀，如果從他和阮侃交好來研判，也許他和阮家諸人多少都有交往，則他知道阮咸當非太奇怪，但是否有交往就難說了〔註3〕。山公諸人著作或少、或多已佚失，唯阮籍著作所存猶多，但全無一語提及七賢人物。至於向秀〈思舊賦〉也只提及嵇康、呂安，而不及其他諸人〔註4〕。這也就是說從直接史料上看，似乎看不出有七賢這個群體的痕跡。可是其它後出的材料，卻對七賢的輪廓有愈來愈清楚描繪。這些材料至少包括戴逵〈竹林七賢傳〉、袁宏所撰諸人之〈別傳〉、虞預《晉書》、臧榮緒《晉書》、干寶《晉紀》、孫盛《魏氏春秋》、《晉陽秋》、陶潛《聖賢群輔錄》〔註5〕，而材料最豐富的當屬《世說新語》。至於《水經注》復引郭緣生《述征記》，而直指竹林所在，《元和郡縣志》等又述而廣之。這當然是個奇怪而啟人疑竇的現象。就這些記載來看，自然不可盡信，比如說有些說法謂嵇康好酒，但照嵇康〈家誡〉所說，康似乎斷非縱酒貪杯者，也有一些說法間彼此有些矛盾，或不盡情理的地方。不過一般來說，這些材料常是我們了解魏晉史事的重要來源，似又不容盡疑。然則我們應如何平衡此一矛盾現象呢？陳寅恪先生有一推測云：

> 大概言之，所謂「竹林七賢」者，先有「七賢」，即取論語「作者七人」之事數，實與東漢末三君八廚八及等名同為標榜之義。迨西晉之末僧徒比附內典外書之「格義」風氣盛行，東晉初年乃取天仁「竹林」之名加於「七賢」之上，至東晉中葉以後江左名士孫盛、袁宏、戴逵輩遂著之於書，而河北民間亦以其說附會地方名勝，如水經注

〔註2〕 今天幾乎所有玄學史的著作，如任繼愈、侯外廬、許杭生、王葆玹、何啟民等先生，皆作如此主張，詳見諸先生前引著作。

〔註3〕 嵇康和阮侃交好，見《嵇康集》中二人相互贈答之詩，又有關宅有無吉凶的辯論，也是出自二人手筆。由此也可見清談之論敵是常出自友朋之間的。

〔註4〕 《全晉文》卷七十二，頁5，向秀〈思舊賦〉云：「余與嵇康、呂安，居止按近。」

〔註5〕 這些記載大致皆見於《魏志》注、《世新》注，以及諸如《太平御覽》、《藝文類聚》等類書所引，戴逵之作又見於《全晉文》卷一三七，頁8～11。

玖清水篇所載東晉末年人郭緣生撰著之述征記中嵇康故居有遺竹

之類是也。〔註6〕

此一推測有關竹林之說，原本在於湯用彤先生的懷疑，不過今人多不採信〔註7〕。但七賢之數是本於《論語・憲問》：「賢者辟世，其次辟地，其次辟色，其次辟言，子曰：作者七人矣」的說法，大概是無可疑的。換言之，以七賢名諸人，大約即代表當時人視嵇康等為避世、避地之人，此證諸司馬昭謂向秀云：「聞君有箕山之志」，當可顯證。唯陳先生亦未解決七賢之名何時而起的問題。

看來七賢之名自不可能是諸人之互相標榜，但事出總有因，只是這因頭究竟是後人硬湊七人之數呢？抑或是他們七人真是常有聚會，故後人可假以為說呢？《世說・任誕》云：

> 陳留阮籍、譙國嵇康、河內山濤，三人年皆相比，康年少亞之。預
> 此契者，沛國劉伶、陳留阮咸、河內向秀、琅邪王戎，七人常集于
> 竹林之下，肆意酣暢，故世謂竹林七賢。〔註8〕

孫盛的說法則保守一些，說他們是「相與友善，遊於竹林」〔註9〕。但此一說法，其實有一個頗大的缺陷。照歷史來看，七人若真有竹林之遊，則其時間只能在嘉平一至三年之間而已，因為高平陵事件之前，嵇康以婚於長樂公主，而為中散大夫，而康之去職隱居，看來自應在嘉平之後。而山濤於正始八年去官之後，大約在嘉平四年便又出仕〔註10〕。其時，阮籍雖亦一直有官職，但因屬備位性質，問題還不大。如果此一推測無誤的話，則王戎在當時只是個十六至十八歲的弱冠少年，而山濤、阮籍都已是四十以上的年歲，這不是有些奇怪嗎？〔註11〕當然人亦可說，這些人本就有些奇特而不可以常情論。

〔註6〕〈陶淵明之思想與清談之關係〉，《金明館叢稿初編》，頁181。

〔註7〕參見許杭生等《魏晉玄學史》，頁151～153。

〔註8〕《箋疏》，頁727。

〔註9〕《太平御覽》卷四百七，頁2011引孫盛〈魏氏春秋〉。

〔註10〕《晉書》卷四十三山濤本傳，頁845，謂濤「與宣穆后有中表親，是以見景帝」，司馬師在嘉平四年接其父主政，三年後師卒，則濤再出仕之下限乃在正元二年。而以其本傳所載，司馬師「命司隸舉秀才，除郎中，轉驃騎將軍王昶從事中郎，久之，拜趙國相，遷尚書吏部郎」，他為吏部郎的時間，依《魏志・王粲傳》注引山濤行狀（頁544）所載，事在景元二年，上距嘉平四年約有九年，其間尚歷官郎中，王昶的從事中郎和趙國相，傳又說他做了很久的從事中郎，綜合這些狀況，看來山濤比較可能是在司馬師一接任，便去求官了。

〔註11〕七賢中，山濤生於漢獻帝建安十年（205 A.D.），阮籍晚濤五歲（210 A.D.），

不過其中尚有一大破綻，此即完全沒有安排呂安的位置。嵇康和呂安的交情之深，是所有材料都一致的。袁宏〈向秀別傳〉云：

> 向秀字子期，少為同郡山濤所知，又與譙國嵇康、東平呂安友善，其趨舍進止，無不畢同，造事營生，業亦不異。常與康偶鍛於洛邑，與呂安灌園於山陽，收其餘利，以供酒食之費。或率爾相攜，觀原野，極遊浪之勢，亦不計遠近，或經日乃歸，復修常業。〔註12〕

然則康安與秀常浪遊應是事實。依此文，似乎康居洛邑，安居山陽，秀則遊走兩地，但《魏氏春秋》亦云：「康寓居河內之山陽縣」〔註13〕，雖然其時間點是否銜接已不可考，但從《嵇康集》來看，康安之過從甚密則確無疑義，然則七賢之遊如何可能不包括呂安呢？而若說呂安之重要性尚不及阮咸、劉伶等，又何以康集中卻無一語提及伶、咸他們呢？這裡確有不可解者。更何況就他們彼此橫向間的關係言，從沒有任何記載說嵇康曾和阮咸、劉伶說過什麼話，山濤是舉薦過阮咸，阮籍和王戎的關係也厚一些〔註14〕，王戎大概也因劉伶和阮籍的關係，而曾引劉伶為建威參軍〔註15〕，但向秀和王戎一殿為臣許多年，卻不聞他們有何往來，山濤和王戎亦然，今天僅有的關於他們二人的記載，只是在《世說‧賞譽》中，王戎對山濤作了一個品目，從這品目上也看不出他們有什麼交情，倒是山簡和他們可能還有些交往，但這已是餘事了〔註16〕；向秀少見知於山濤，但濤典選舉多年，位極人臣，卻也從未聞他對向秀有何照拂。假如說他們真是竹林間相與酣飲的至交，這些現象難道不奇怪嗎？像嵇康被難時，山濤未發一言，已有人感到奇怪了，但畢竟山濤還是照顧了嵇紹〔註17〕，然則誰能解釋上述奇特現象呢？

嵇康則生於文帝黃初四年（223 A.D.），王戎生於明帝青龍二年（234 A.D.），餘人無可考。以此而言，嘉平元年（249 A.D.）時，山濤四十五歲，阮籍四十歲，嵇康二十七歲，而王戎則只有十六歲。

〔註12〕《箋疏》，頁79，〈言語篇〉注引。

〔註13〕《魏志‧王粲傳》注引，見頁542。

〔註14〕《世說‧任誕》云：「阮與王安豐常從婦飲酒」（《箋疏》，頁731）。〈簡傲篇〉云：「王戎弱冠詣阮籍」（《箋疏》，頁766），皆可為證。

〔註15〕《晉書》卷四十九劉伶本傳，頁944云：「為建威參軍」，亦即建威將軍之參軍，建威將軍正是王戎伐吳之軍職。

〔註16〕《箋疏》，頁423，〈賞譽篇〉云：「王戎目山巨源：如璞玉渾金，人皆欽其寶，莫知名其器。」又頁638，〈傷逝篇〉云：「王戎喪兒萬子，山簡往省之」可證王戎和山簡有往來。

〔註17〕《箋疏》頁171，〈政事篇〉云：「嵇康被誅後，山公舉康子紹為秘書丞。」

何啟民先生云：「雖昔之載籍，留存於今者寡，亦殊不足以解此惑也」〔註18〕，這確是事實。

　　針對上述問題，則我們不得不懷疑他們七人的關係是不是一個緊密的團體。其實綜合了許多狀況來看，筆者以為可以如此來勾勒七賢的關係：這關係乃以嵇康為核心，而呈一大多是單線的關係。嵇康和向秀誼在至交，應無問題，但嵇康和阮籍就不一定如此緊密了，不過他們之間大概還是心靈很相契的君子之交。至於嵇康和山濤的關係可能就疏淡很多，也許只是互相知道對方的好處而已〔註19〕。另外嵇康也許認得王戎，但未必有什麼交往。這有一項證據，王戎說他未嘗見康有喜慍之色，但像孫登說康「性烈」〔註20〕，康亦自云「剛腸疾惡」，康之知交阮德如答康詩亦有「願子盪憂慮，無以情自傷」之語，而康在〈家誡〉中則叮囑其子在外言語須慎。可見嵇康大概只在知交前容易流露真性情，這大約也可反證叔夜、濬沖之間並無深交吧！而嵇康和阮咸、劉伶，筆者猜測，很可能他們根本就不認得，或知其名而無往來，或即使曾往來，亦很疏淡〔註21〕，阮劉二人之入七賢之數，恐怕根本就是因阮籍而帶進來的。由此來看，七賢這一組合不但是由後人湊出來的，而且恐怕出現這一組合的時間不會太早，至少湊出此一組合之人，可能並不會很了解這七人間的關係才對，否則他總應知呂安吧！至於為何要湊出這一組合，則當是因為他們至少都有一段時間曾隱居過吧！

　　如果上述的推斷不算離譜的話，則我們毫無疑問地可以斷言，七賢的組合決不代表一個完整的團體。在這基礎上，他們大約可以確定具有一個共同點，即至少曾在人生的某一階段中嚮往過避世、避地的生活。然而這一共同點是否代表他們有著共同的學術思想，或是政治立場呢？這裡曾引來了相當多的推論，比如說他們皆好老莊，或說他們皆反司馬氏，甚至還有更離譜的推論，聯想到山陽乃是漢獻帝遜位後的封地，嵇康等之隱居山陽，乃為表達義不食周粟的政治立場〔註22〕。不過筆者以為，這些推論其實都是不周延，

〔註18〕《竹林七賢研究》，頁12。
〔註19〕參見嵇康〈與山巨源絕交書〉。
〔註20〕王戎語見《箋疏》，頁18，〈德行篇〉所載。孫登語見《魏志‧王粲傳》注引〈嵇康別傳〉，見頁544。
〔註21〕《箋疏》，頁781，〈排調篇〉云：「嵇阮山劉在竹林酣飲，王戎後往。步兵曰：俗物已復來敗人意。」這記載若對照前引〈簡傲篇〉所載，阮籍對王戎的推重，便可看出它的可信度是不高的。
〔註22〕參見王葆玹先生《玄學通論》，頁334～337。

甚至是有些深文周納的〔註23〕。就思想傾向言，七賢多傾向老莊固是事實，但其傾向老莊的內涵是否一致，則猶待考。而山濤雖非簪纓世族，但也是個小族出身的禮教之士，在所有的記載中，我們完全看不到他傾向老莊的證據。《世說・賞譽》云：「人問王夷甫：山巨源義理何如？是誰輩？王曰：此人初不肯以談自居，然不讀老莊，時聞其詠，往往與其旨合」，這是一個山濤不讀老莊的明確證據。雖說王衍認為山濤之詠頗有老莊之氣味，但七賢原即有避世味，這氣味原即近於老莊，而不必同於老莊，因此我們並不能由此推論他也是老莊信徒。即此一例，已足以推翻七賢俱是老莊信徒的全稱肯定判斷。至於在政治立場上，傾向於反名教、反司馬氏的，除了嵇康、阮籍之外，大概就是劉伶了，劉伶在〈酒德頌〉中流露了相當清楚的反名教態度。其它諸人中，阮咸的態度不明，他是否和其叔阮籍同一立場〔註24〕，亦不得而知。至於王戎，根本就是世族出身，司馬氏得勢後，濬沖更以沖齡即登高位；向秀則由〈難養生論〉看來，似乎並不是反名教之人。而山濤的政治立場更是十分明顯。他雖因出身不夠高，至四十歲始出仕〔註25〕，但他的政治敏感度的確是一流的。正始八年時，曹爽等硬駕空逼退了司馬懿，導致懿稱疾不視事，山濤立刻察覺事有蹊蹺。虞預《晉書》載此事云：

> （山濤）為河內從事，與石鑒共傳宿。濤夜起蹋鑒曰：今何等時而眠也，知太傅臥何意？鑒曰：宰相三日不朝，與尺一令歸第，君何慮焉？濤曰：咄！石生無事馬蹄間也。投傳而去。果有曹爽之事，遂隱身不交世務。〔註26〕

這表示山濤很警覺到政局的微妙訊息，遂為明哲保身之計，避免和曹爽一黨有牽扯，為自己留下政治上的不利印記。然後在嘉平四年後，遂假和宣穆后之表親關係，而謀得官職。這裡我們多少也可以猜到，他沒有在司馬懿一奪權成功時，即出來求官，大概他也在評估司馬懿政權的穩定性吧！這一猜測

〔註23〕丁冠之先生《嵇康》，頁163云：「竹林七賢的政治態度和思想傾向並不是完全一致的」，這說法是正確的。

〔註24〕《全晉文》卷六十六，頁1，劉伶〈酒德頌〉云：「有貴介公子，縉紳處士，聞吾風聲，議其所以，乃奮袂攘襟，怒目切齒，陳說禮法，是非鋒起」，但大人先生卻是「無思無慮，其樂陶陶，兀爾而醉，慌爾而醒。」其無視禮法亦可見矣。

〔註25〕《晉書》卷四十三山濤本傳，頁845云：「濤年四十，始為郡主簿，功曹，上計掾，舉孝廉，州辟部河南從事。」

〔註26〕《箋疏》，頁167，〈政事篇〉注引。

其實和他後來所表現之謹慎的政治性格，是頗相一致的。以此來看，山濤如何可能是個反名教、反司馬氏，或是政治上親漢、親魏的人呢？說山濤是個迅速變節的人，恐怕根本是不瞭解他的。

　　如此看來，如果把目標鎖定在竹林七賢，希望由七賢這一「團體」的性格，來觀察所謂的竹林玄學的話，恐怕是找不到什麼焦點的。七賢的隱居，有的是真的想逃開政治枷鎖，有的也可能是嚮往一個宗教的世界或是世外的清靜，有的可能只是任性放浪，有的則是隱居養望待時而已，以這麼紛雜的隱居目的，我們可以冀求他們表現出什麼深刻的內涵嗎？因此之故，我們乃有必要將七賢和竹林玄學分開，亦即竹林玄學只代表正始玄學以後，玄學的另一發展階段，而這一發展是由一般所謂的竹林七賢中的少數人所完成的。其中最主要的當然就是嵇康了，另外足以在竹林玄學中佔一席之地的，則只有阮籍和向秀，其他如山濤等人，則完全不預焉。所以當我們要討論嵇康與竹林玄學之關係時，事實上即只是在處理嵇阮和嵇向的關係而已。

　　關於此一關係，其最重要的形式特徵，當然就是將以易、老為核心的玄學，轉變為以莊子為核心的玄學。這一轉變從很多面向來看，大概都應從嵇康而起。是嵇康創造了一種莊子式的隱居形式，從而吸引了阮籍、向秀；而且從思想發展的軌跡來看，莊子和阮、向原初之學也不相契，而獨對嵇康原初的問題意識具有本質的關係，這都顯示了竹林玄學的基本特徵乃是由嵇康賦予的。然而，由嵇康分向阮籍、向秀發展，其發展的軌跡是否相一致呢？它們之間有著什麼樣的問題呢？對於這點，今天玄學界的看法似乎頗不一致，由於這些問題的釐清，有賴對阮、向實質論點的討論，因此筆者擬於下兩節再作討論。唯於進入此一討論之前，我們還必須先確定另一個重要的邊際問題，此即阮、向二人的出身背景。

　　從前文乃至許多相關討論中，我們都曉得家世背景對魏晉人某些思想立場，其實具有關鍵性的作用。以嵇康而言，其父雖有官職，但恐怕只是因漢末的亂局，追隨曹操而在軍中謀得了一個督軍糧的治書侍御史的職位，因此他出身寒素大概是可以確定的〔註27〕。這一出身對他思想的某些層面之影響已如前述，但阮籍和向秀的出身如何呢？

　　阮籍的家世比較明確，他雖不能算是大士族出身，不過絕對是具世族身

〔註27〕《魏志・王粲傳》注引〈嵇氏譜〉云：「康父昭，字子遠，督軍糧持書侍御史」，
　　　　見頁 541。

分的地方名門無疑。就現存的記載來看，嗣宗的先世已不可考，只知其父即是建安七子之一的阮瑀。依《魏志》瑀本傳所說，他「少受學於蔡邕」〔註28〕，這說明了他家世儒學的士族背景。此外，《世說·任誕》中亦載阮咸居道南，諸阮居道北，「北阮皆富，南阮貧」，看來除了阮咸一家之外，其它諸阮家道皆甚富厚，足證阮家定是尉氏一地的望族無疑〔註29〕。因此，他雖不像穎川荀氏，琅玡王氏一般的顯赫出身，但總也高門子弟也。

可是向秀就比較成問題了。依現在所有可考的史料，完全找不到向秀先世的記載，因此以一般的標準言，他應該是出身寒素的。但也有幾條狀況、證據值得考慮，其一乃是他少時即為山濤所知。當然，這所謂的「所知」意涵實在太不確定，很難據以判斷什麼。其二則是假如他是寒素出身，他又何以能離鄉而浪遊於京師附近呢？而且依其〈難養生論〉所述，以及他弱冠時曾撰〈儒道論〉〔註30〕，他又顯有儒學背景，這背景又是怎麼來的呢？其三，在嵇康被難之後，〈別傳〉說他「秀遂失圖，乃應歲舉，到京師……隨次轉至黃門侍郎、散騎常侍」〔註31〕。所謂的「秀遂失圖」，後人固有許多聯想，但其義恐怕只是說嵇康已死，他無法再過隱居生活而已，未必真有那麼多曲折之考慮也。因此值得注意的倒是他應歲舉這件事。

當然，照魏晉之選舉，寒素並非不能被舉，但其可能性自然低了很多。依毛漢光先生的考證，大約從正始十年（249 A.D.）以後，寒素經選舉一途入仕者，已大幅降低，顯見門第思想已隨著士族之壟斷政權，而告確立〔註32〕。嵇康被殺是在景元三年（262 A.D.），則秀之應舉至少也在景元四年以後，也就是說，它已極接近司馬炎篡魏（265 A.D.）了，這時的寒素想要應舉，至少是越來越難了。更何況向秀又長期不在本郡，然則他如何能以寒素之身，說要本郡來薦舉他，他便辦得到呢？而以他和嵇康之隱於山陽，應和朝中權貴並無交遊，亦無跡象顯示山濤曾保舉他，那麼他能說應舉便應舉，豈不可怪？

〔註28〕 《魏志》卷廿一，頁535。
〔註29〕 《世說·任誕》關於此一記載的原文乃是「阮仲容步兵居道南，諸阮居道北」，《箋疏》，頁733引李慈銘之說，以為步兵二字當是衍文，這說法應可信，因此居道南者應只有阮咸一家。
〔註30〕 《箋疏》，頁79，〈言語篇〉引〈向秀別傳〉云：「弱冠著儒道論，棄而不錄」。
〔註31〕 《箋疏》，頁79。
〔註32〕 參見《中國中古社會史論》，頁35～50。

　　尤其更奇怪的是，魏晉的中正評品，凡寒素出身者，其品次例不甚高，能評至三品者，已是不得了的了〔註33〕。而依慣例，中正的品次為二品者，其起家的官品大約是五品或六品，至於中正品次為三品以下者，其起家官品至多是七品，通常則在七八品之間〔註34〕。但我們看看向秀的情形。他被本郡中正評為幾品固不得而知，但他似乎決沒有重要到即使是寒素出身，也可以被超擢到二品的程度。可是從他所歷官職來看，他隨次轉至黃門侍郎和散騎常侍，經查黃門侍郎為五品，散騎常侍雖係開缺，卻為三品〔註35〕，如依《晉書・任愷傳》和《通鑑》所述，則至遲在泰始八年之前已居上述某一官職〔註36〕，這距離秀之出仕只有短短不到十年的時間，以此推測，由於子期並無顯赫功業，而能在十年或甚至更短的時間內升至黃門侍郎等要職，則其起家官品至少也應在六品以上才有可能，如此換算他的中正評品，恐怕也至少有二品的品次，以這樣的品次，則向秀可能是寒素出身嗎？

　　綜合這些情況，則筆者以為子期的先世雖無可考，但邃爾即認定他出身寒素，恐怕也有些違離事實。漢末喪亂，魏初中正制始行，因此於地方著姓之認定也應不如後世嚴格，是以我們實不應直接依後世門第定型化後的標準來區分，以此而言，向秀的出身固非大士族，應該也還是可算作士族的一員也。至於此一出身的意義究竟何在，則尚有待下文分疏。於是我們乃可以進入下一節的主題。

第二節　阮籍的思想及其與嵇康思想的關係

　　阮籍無疑是位才華橫溢的大詩人，但平心而論，他無論是人格、性情、學問、生命各方面，也都是矛盾衝突的混合體，他有極真情率意的一面，也

〔註33〕毛漢光先生《兩晉南北朝士族政治之研究》，頁81云：「寒素特優者，稱為灼然二品」，可見寒素出身者，一般皆在三品以下。

〔註34〕參見前注引書，頁81～86。

〔註35〕《晉書》卷廿四〈職官志〉，頁542云，「自魏至晉，散騎常侍、侍郎與侍中、黃門侍郎，共平尚書奏事」，散騎常侍和黃門侍郎皆由漢之官制轉來，依杜佑《通典》卷卅七，〈職官〉十九所列晉之官吏秩品，黃門侍郎為五品，散騎常侍則為三品，見王文錦等《校點本》，頁1003～1004。

〔註36〕《晉書》卷四十五〈任愷傳〉頁887載庾純、張華、溫顒、向秀、和嶠等「皆與愷善」。愷之廢，依《通鑑》繫於泰始八年，（見卷七十九，頁2522～2523），向秀既與愷善，則賈充任事之後，秀自不可能升官，可見向秀在此之前應即已升至散騎常侍了。

有極矯揉虛偽的一面，於是他可以極厭禮教，也可以文不加點地寫勸進表〔註 37〕；表現在學問上，他也可以既守舊復趨新，這使得描述者常感到難以掌握到一條清晰的主線。不過一般論者大致也都承認，阮籍的思想以正始為界，大概可明確分出前後兩期，換言之，高平陵事件前後的政治陰霾，構成了阮籍生命中某種意義的「極限情境」〔註 38〕，這的確是很值得仔細評估的一個狀況。不少人以為這是因為阮籍陷入了政治效忠對象的尷尬之中，但筆者以為這似乎和政治效忠根本扯不上關係。廣義來說，此一事件並未導致曹魏的滅亡和朝廷的解體，只是當權者的更迭而已，阮籍事實上也未效忠於曹爽。而且以他士族的出身，司馬氏的當權更不應構成他效忠上的困擾才是。因此筆者以為，這大約只是由於其本傳所謂，因「天下多故，名士少有全者」所興起的某種對政治的倦怠感吧！在激烈的政治鬥爭中，奪權的雙方常不是以理相拼，而只是比陰鬥狠而已，它原就沒有誰比較高明的問題，阮籍並沒有明顯的黨派色彩，因此理論上他恐怕未必關切誰勝誰敗，但由於奪權鬥爭所形成的冷酷政治環境和對人性的斲傷，卻很可以使人油生政治疏離感，進而在某些人的心靈中引生存在意義的反省。筆者以為從這一角度來看阮籍的轉變，也許是比較恰當的吧！由此筆者乃可以進一步指出一個有趣的現象，即前期的阮籍大抵是一個思想內在充滿衝突，但外在行為仍算一致的人；可是後期的阮籍就思想言，似乎是趨向統一了，但這個統一卻是導致他人格性情和行為上極度破裂的主因。而筆者以下對阮籍思想的描述，即想由這個有趣的現象開始。

就前期的阮籍而言，基本上乃是個儒學世家子弟，受著典型的詩禮之教。他自己在〈詠懷詩〉中亦言：「昔年十四五，志尚好詩書，被褐懷珠玉，顏閔相與期」〔註 39〕。這時期最足以反映他基本教育背景的，大約應屬〈樂論〉這篇文章。此文如王葆玹先生所考，應是因明帝時卞蘭和高堂隆關於樂之重要性的爭論而起無疑，作成時間雖未必定在劉劭的〈樂論〉之後，但約在正

〔註 37〕 此事參見《晉書》卷四十九阮籍本傳，原文參見陳伯君先生《阮籍集校注》（以下簡稱《阮校》），頁 50～58，以下有關阮籍之引文，俱依據本書，為便翻檢，故但註明頁碼，不另說明。

〔註 38〕 此詞借自雅斯培（Karl Jaspers）「ultimate situations」的說法，指一些無可逃而又將存在逼至某種絕望之境的情境。參見周行之譯，雅斯培之《智慧之路》，頁 42。

〔註 39〕 《阮校》，頁 265～266。

始之初,則是合理的推斷〔註 40〕,也就是說它是阮籍第一篇重要的作品。就這篇作品的內容以論,他只是和高堂隆、劉劭一樣,在論證何以移風易俗莫善于樂而已。至於他的論點,幾乎只是承襲《禮記‧樂記》:「大樂與天地同知,大禮與天地同序」這一老的儒家樂論傳統,並延續著漢儒主流禮樂與天地陰陽相諧的觀點,而並沒有任何添加,所謂「樂者,天地之體,萬物之性也」,「故律呂協則陰陽和,音聲適而萬物類,男女不易其所,君臣不犯其位,四海同其觀,九州一其節,奏之圜丘而天神下降,奏之方岳而地祇上應,天地合其德,則萬物合其生,刑賞不用,而民自安矣」,「貴重故可德以事神,不忘故可得以化人,其物係天地之象,故不可妄造,其凡似遠物之音,故不可妄易,雅頌有分,故人神不雜」是也〔註 41〕。從這些論點來看,毫無疑問可以確知,此期的阮籍只是一位漢儒主流思想傳統下,規行矩步不敢稍有踰越的古典主義者。

然而這一面貌的阮籍顯然是有壓抑的,他看來從小便有一顆隱藏而隨時在躍動著的心靈,本傳謂其「嗜酒能嘯,善彈琴,當其得意,勿忘形骸」〔註 42〕,孫盛亦謂其自幼即「性恬靜,兀作長嘯,以此終日」,這一頗含浪漫之美感的心靈,和那嚴肅的禮樂是不太可能相容的。唯其如此,其生命必有掙扎、有破裂,他也必不滿意於沉耽在〈樂論〉的境界裡,此所以他必會趨新,蓋新思想才有衝決網羅,有為他找到平撫掙扎的可能。於是當時聳動一時的何王之學出現時,我們幾乎可以直覺判斷,他必定會捨舊而趨新的。果然,他乃有〈通老論〉及〈通易論〉之作〔註 43〕。

我們必須注意,這其實是阮籍思想的第一次改宗。在〈樂論〉時的阮籍,其思想和何王的基本問題是對立的,前文中我們曾引到夏侯玄的〈辨樂論〉,在該文中,太初即已敏銳地批判了阮籍的觀點,這是個極明確的證據。然而短短數年間,他卻幾乎轉成了何王的信徒,這自然是很有意思的一件事。何王解易,重點原有二,一是恢復以彖象文言繫辭來解卦爻的傳統,二是抑低

〔註 40〕 參見《正始玄學》,頁 139～140。

〔註 41〕 〈樂論〉文字參見《阮校》,頁 77～104。

〔註 42〕 參見《晉書》卷四十九籍本傳,頁 930,以及《太平御覽》卷六百二,頁 2841 引孫盛《魏氏春秋》。

〔註 43〕 王葆玹《正始玄學》,頁 141 引丁冠之先生的說法,以為這兩篇作於正始時期,但他卻定位在正始初,這一推論恐怕有問題,倒是丁先生將之與何王玄學相提並論,較近乎事實。

漢儒所賦予易的神格性，轉而強調由人事以明天道。而這兩面，我們在〈通易論〉中可以看得十分清楚。比如說他大量引象辭和文言來明易和各卦的通義，如「乾元初，潛龍勿用，言大人之德隱而未彰，潛而未達，待時而興，循變而發」〔註44〕，這顯然是隱栝乾文言「龍德而隱」，「潛之為言也，隱而未見，行而未成」之義。「裁成天地之道，輔相天地之宜，以左右民」〔註45〕更是直接引自泰卦象辭。類此者甚多。至於阮籍在此文最後綜結性地說：「明乎天之道者不欲，審乎人之德者不憂，在上而不淩乎下，處卑而不犯乎貴，故道不可逆，德不可拂也。是以聖人獨立無悶，大群不益，釋之而道存，用之而不可，既由此觀之，易以通矣」〔註46〕，這無疑是突出了由人以占天的方向。換言之，阮籍看來的確是自覺地在追隨何王，我們當然不知道他是否察覺到這一新立場，其實已離開了他在寫〈樂論〉時的老觀點，但這一轉變的軌跡無疑還是很明顯的。

　　至於〈通老論〉就更明顯了。在今存的三條資料中，阮籍說：「道者法自然而為化，侯王能守之，萬物將自化，易謂之太極，春秋謂之元，老子謂之道」〔註47〕，前三句是老子的句子，但後三句其實直接出自桓譚的〈新論〉〔註48〕。而筆者在上章中已清楚地指出何王之學和揚雄一系思想的淵源，然則這不是一條明確的證據嗎？再者，他說：「聖人明于天人之理，達于自然之分」〔註49〕，這和夏侯玄說：「天地以自然運，聖人以自然用」的意思不也是如出一轍嗎？初駁其〈樂論〉在前，他則隱括太初之義於〈通老論〉，這其中究竟透露出什麼訊息，不也很明白了嗎？而猶必須了解的是，阮籍這次思想的改宗，並無其它外緣因素可說，因此我們可以確定，它必是出之於其內在生命不容已的要求也。

　　然則我們要問的是，阮籍這次思想的改宗真足以調伏其內在生命的躁動嗎？其實我們只要從一點來看，就知道是不樂觀的。蓋何王之學作為一套新易學，固因著何晏的地位，而有聳動視聽的效果，但其創新的背後，一則仍

〔註44〕《阮校》，頁110。
〔註45〕《阮校》，頁110。
〔註46〕《阮校》，頁131。
〔註47〕《阮校》，頁159。
〔註48〕《全後漢文》卷十五，頁8，桓譚《新論·閔友》云：「宓羲氏謂之易，老子謂之道，孔子謂之元。」
〔註49〕《阮校》，頁159。

是一個漢代學術的老問題，這個問題的本質原不是個生命上的、存在上的問題，再則依王弼的進路，解決此一學術問題所應依憑的生命情調，還是一個純智性的情調，凡此皆是與阮籍心靈那本質的浪漫的躍動不搭調的，因此我們也勢必難以想像阮籍得以在這次改宗中得到安頓。不過無論阮籍的內心世界曾有過幾許翻騰，至少在這時，他的行為是還不曾出軌的。

　　阮籍之進入狂飆式的轉變，如前所述，當然是在高平陵事件之後。其實我們只要注意一下他的〈達莊論〉和〈大人先生傳〉乃至〈詠懷詩〉，便會清楚地發現，何王之學根本已從其生命中被連根拔除了〔註50〕。我們很可以想像，此一事件對阮籍的巨大震動。就現有資料來看，此一震動似乎是環繞著兩大主題而展開的，其一乃是對現實政治強烈的疏離感，這是一個負面的、決絕的情緒，但我們已說過，這一情緒似乎是不能用政治效忠的困境來解釋的。我們且看一些材料，比如說他在一些賦作中，幾乎都表達了同一個主題，即現實世界乃是豺狼遍地，舉目皆無乾淨土的。在〈東平賦〉中，他說：「強禦橫于戶牖，怨毒奮于床隅」，「居之則心昏，言之則志哀」〔註51〕。在〈鳩賦〉中，他則說：「值狂犬之暴怒，加楚害于微軀」〔註52〕。在〈獼猴賦〉中，他更直接假猴而指桑罵槐云：「外察惠而內無度兮，故人面而獸心」〔註53〕。而在〈亢父賦〉中，則是最露骨地指陳現實世界的慘瘁，最後則結云：「故其人民側匿頗僻，隱蔽不公，懷私抱詐，爽慝是從，禮義不設，淳化匪同。先哲遺言，有昭有聾，如何君子，栖遲斯邦」〔註54〕。像這些說法，那裡像是只指陳某一政權的暴戾而已呢？它根本已經從對政治的疏離而轉至對人間世的疏離了。即使像頗具象徵意義的〈首陽山賦〉，阮籍之意也似乎並不在強調他義不食司馬氏之粟上，他說：「彼背殷而從昌兮，投危敗而弗遲，此進而不合兮，又何稱乎仁義」〔註55〕，這似乎說明了他自己對曹家和司馬家的兩不著邊，怎麼也稱不上是「義」。由此，我們當能感受到阮籍發自生命深處的強烈疏離意識。

　　另外一個主題則大約是由上述疏離感而湧起的對人生之虛無感吧！不過

〔註50〕這些作品無疑皆作於正始之後，參見王葆玹先生《玄學通論》，頁 366～367。
〔註51〕《阮校》，頁 6、9。
〔註52〕《阮校》，頁 48～49。
〔註53〕《阮校》，頁 44。
〔註54〕《阮校》，頁 23～24。此文題目他本多作〈元父賦〉。
〔註55〕《阮校》，頁 27。

要知道，這兩種感受間並沒有必然的發展關係，阮籍之所以會由疏離感而興虛無之悲嘆，外在的政治事件多半只能扮演導火線的角色，他生命中原已內蘊的生命情調和價值意義的衝突，恐怕才是他墮入此一存在之虛無中的主因吧！換言之，阮籍其實是由對外在世界的強烈懷疑，進而引生了他對如何確立自我價值的普遍懷疑，這一懷疑甚至亦否決了他原已由何王之學中所得到的表面安頓。筆者以為這一感受也正是他在〈詠懷詩〉中所一直想傳達的最基本感受。如所謂「春秋非有託，富貴焉常保」〔註56〕；「繁華有憔悴，堂上生荊棘……一身不自保，何況戀妻子」〔註57〕；「晷度有昭回，哀哉人命微；飄若風塵逝，忽若慶雲晞」〔註58〕；「人生若塵露，天道邈悠悠」〔註59〕，這樣一種「自然有成理，生死道無常」〔註60〕的最本質之存在的無奈，幾乎貫串在他所有的詩作中。由此一存在的無奈，他更累積出對人情世界的許多悲憤，如云：「百年何足言，但若怨與讎」〔註61〕「人知結交易，交友誠獨難，險路多疑惑，明珠未可干」〔註62〕「膏火自煎熬，多財為禍害，布衣可終身，寵祿豈足賴」〔註63〕，類似的憤懣所引生的「誰云玉石同，淚下不可禁」的感愴〔註64〕，也許正是他「夜中不能寐」的主要原因吧！從這裡，我們可以清晰地感受到，由一政治事件在阮籍內心所引起的波瀾，已把他逼到了某種存在的絕境中。在這樣一種直接由存在的虛無、絕望之感所逼至的極限情境裡，我們看到他不斷地在回憶他少年時的浪漫理想，卻又禁不住地總又給自己一些嘲弄。例如他說：「壯士何慷慨，志欲威八荒，驅車遠行役，受命念自忘」〔註65〕「少年學擊刺，妙伎過曲成，英風截雲霓，超世發奇聲」〔註66〕「儒者通六藝，立志不可干，違禮不為動，非法不肯言」〔註67〕這裡清楚地反映他兩類的理想，但到頭來，不是說「悔恨從

〔註56〕《阮校》，頁219，〈詠懷詩〉之四。
〔註57〕《阮校》，頁216，〈詠懷詩〉之三。
〔註58〕《阮校》，頁324，〈詠懷詩〉之四十。
〔註59〕《阮校》，頁310，〈詠懷詩〉之卅二。
〔註60〕《阮校》，頁350，〈詠懷詩〉之五十三。
〔註61〕《阮校》，頁397，〈詠懷詩〉之七十七。
〔註62〕《阮校》，頁381，〈詠懷詩〉之六十九。
〔註63〕《阮校》，頁229～230，〈詠懷詩〉之六。
〔註64〕《阮校》，頁352，〈詠懷詩〉之五十四。
〔註65〕《阮校》，頁321，〈詠懷詩〉之卅九。
〔註66〕《阮校》，頁365，〈詠懷詩〉之六十一。
〔註67〕《阮校》，頁363，〈詠懷詩〉之六十。

此生」〔註 68〕，就是說「委曲周旋儀，姿態愁我腸」〔註 69〕。平心而論，這種對理想的自我嘲弄，其實是很有可能將阮籍推入絕望之深淵的。然則我們應問，阮籍是否曾試圖躍出這個由自己逼至的深淵呢？若有的話，是什麼樣的因緣提供了此一機會？而這個機會真的協助他獲得安頓了嗎？

毫無疑問的，阮籍不曾因跌入此一令的人「怖懼至死」的存在深淵，而自尋絕路，或者即因此而將自己變成一個頹廢的遊魂，就表示他生命的躍動還在嘗試尋找出路。但出路何在呢？筆者以為此時有兩個人物的出現，對阮籍的生命言，是有其關鍵意義的。尤其當禮樂乃至何王之學，都已顯然和他的生命掛搭不上時，這兩個人的出現，似乎恰好提供了阮籍一個自我安頓的機會，從而讓阮籍後期的思想，終於得以歸趨到另一條他似乎較能滿意的路子上去。這是阮籍思想的第二次改宗，而這次的改宗恐怕也是比較自覺的，而不只是應時趨新而已。提供這次改宗機會的，一個是孫登，另一個則是嵇康，也許是上天的眷顧吧！這兩個人竟然同時出現在阮籍的生命裡。

就今存的資料看，我們不知道阮籍先碰到誰，但原則上說，孫登對阮籍的影響乃是純粹人格上的感動，戴逵即說阮籍的〈大人先生傳〉便是以孫登為藍本，由此可以想見孫登對阮籍的震撼〔註 70〕。《世說．棲逸》云：

> 蘇門山中，忽有真人，樵伐者咸共傳說。阮籍往觀，見其人擁厀巖側。籍登領就之，箕踞相對。籍商略終古，上陳黃、農玄寂之道，下考三代盛德之美，以問之，仡然不應。復敘有為之教，棲神導氣之術以觀之，彼猶如前，凝矚不轉。籍因對之長嘯。良久，乃笑曰：更可作。籍復嘯。意盡，退，還半嶺許，聞上㖃然有聲，如數部鼓吹，林谷傳響。顧看，迺向人嘯也。〔註 71〕

這段頗富戲劇性的記載，其實對有著存在體驗的人而言，是頗為驚心動魄的。要知道，此時的阮籍正是一個「常率意獨駕，不由徑路，車跡所窮，輒痛苦而反」的人〔註 72〕，也就是說他此時正跌落在存在的痛苦深淵中，而孫登

〔註 68〕《阮校》，頁 365，〈詠懷詩〉之六十一。
〔註 69〕《阮校》，頁 377，〈詠懷詩〉之六十七。
〔註 70〕《箋疏》，頁 648，注引〈竹林七賢論〉云：「籍（自蘇門山）歸。遂著大人先生論，所言皆胸懷間本趣，大意謂先生與己不異也。」
〔註 71〕《箋疏》，〈棲逸篇〉文。
〔註 72〕《箋疏》，注引孫盛《魏氏春秋》。

這麼一個「真人」之人格的出現。對阮籍自然是具有挑戰性的。我們可以想見，阮籍其實大概是想藉盛陳歷史掌故、養生方術乃至他最擅長的長嘯來擊敗孫登，以企求保住自己僅剩的尊嚴；但孫登居然可以不理他，然則阮籍退時之挫折感當可想像。而孫登最殘忍的則是竟然又在嘯聲上擊敗了他。但是也許連孫登亦不自知的是，虧得他這一聲長嘯，終於能將阮籍那僅餘的矜持亦告打掉，這時的阮籍也才能有足夠的心靈空間，來容納孫登巍然壁立的人格形象，進而能依此一儀型來思考自己的出路。關於這一過程，筆者以為如此的詮釋，固有越乎文字之嫌，但對於任何有過類似存在體驗之，都會知道這一過程實有其客觀性之理路在也〔註 73〕。於是我們可以看到，孫登在阮籍這一思想劇變的過程中，究竟扮演了什麼角色；他雖不著一字，但實已給了阮籍一個他迫切需要的人格典範。

對比於孫登，嵇康對阮籍似乎就不曾產生過類似之人格的震憾。嵇康和阮籍實際的交往情形，今已不得其詳，但阮籍大約是在和嵇康交往之後，在其作品中才出現求仙長生之類的主題，則也是事實，因此我們可以推知嵇康對阮籍的影響，大概是集中在思想之啟發上的。也許在阮籍遭遇到存在性的巨大危機時，嵇康對仙人存在的論述便成為他尋求存在之安頓的依據吧！蓋假如真有所謂的仙人，則其長生便足以克服存在之絕對虛無感也。在〈詠懷詩〉中，我們常可看到阮籍流露的這種心情，如云：「王子年十五，游衍伊洛濱，朱顏茂春華，辯慧懷清真。焉見浮邱公，舉手謝時人。輕蕩易恍惚，飄飆棄其身，飛飛鳴且翔，揮翼且酸辛」〔註 74〕，如果我們將王子晉當成是阮籍的自述的話，就可以明確感受到他所面臨的存在之掙扎，而浮邱公則構成為一種彼岸的接引力量。他在另一首詩中云：「焉見王子喬，乘雲翔鄧林，獨有延年術，可以慰我心」〔註 75〕更可顯見長生延年對阮籍當時所發揮的存在意義，此誠所謂「繫累名利場，駕駭同一輈，豈若遺耳目，升遐去殷憂」也〔註 76〕。於此我們乃可看到嵇阮的遇合，對阮籍構成為何等的大事因緣。

上述有關阮籍存在心境的描述，更具體地表現在〈達莊論〉和〈大人

〔註 73〕牟宗三先生在《五十自述》中，曾引存在主義之說，很生動而具體地交待了此一理路。參見該書〈文殊問疾〉一章，尤其在論「悲情三昧」的部分。
〔註 74〕《阮校》，頁 371，〈詠懷詩〉之六十五。
〔註 75〕《阮校》，頁 247，〈詠懷詩〉之十。
〔註 76〕《阮校》，頁 299，〈詠懷詩〉之廿八。

先生傳〉之中，所以這兩篇東西也成為代表阮籍後期思想的最重要作品。不過如果從義理討論的角度來看，〈大人先生傳〉之思想雖顯與〈達莊論〉相一致，但它原則上只偏於大人先生境界的描述。它通過與一些縉紳先生、隱者和薪於皂者之對比，而突出「與造物同體，天地並生，逍遙浮世，與道俱成，變化散聚，不常其形，天地制域於內，而浮明開達於外」的大人形象〔註77〕，這個大人先生當然就是〈達莊論〉的主人翁，而在〈達莊論〉中，阮籍有段長文論證了所由以達致此一境界之道，這是一段最關緊要的義理文字：

> 天地生于自然，萬物生于天地。自然者無外，故天地名焉；天地者有內，故萬物生焉。當其無外，誰謂異乎？當其有內，誰謂殊乎？地流其燥，天抗其溼，月東出，日西入，隨以相從，解而後合。升謂之陽，降謂之陰；在地謂之理，在天謂之文；蒸謂之雨，散謂之風，炎謂之火，凝謂之冰，形謂之石，象謂之星，朔謂之朝，晦謂之冥，通謂之川，回謂之淵，平謂之土，積謂之山。男女同位，山澤通氣，雷風不相射，水火不相薄，天地合其德，日月順其光。自然一體，則萬物經其常。入謂之幽，出謂之章，一氣盛衰，變化而不傷。是以重陰雷電非異出也，天地日月非殊物也。故曰自其異者視之，則肝膽楚越也；自其同者視之，則萬物一體也。

> 人生天地之中，體自然之形。身者，陰陽之積氣也；性者，五行之正性也；情者，遊魂之變欲也；神者，天地之所以馭者也。以生言之，則物無不壽；推之以死，則物無不夭。自小視之，則萬物莫不小；由大觀之，則萬物莫不大。殤子為壽，彭祖為夭，秋亳為大，泰山為小。故以死生為一貫，是非為一條也。〔註78〕

假如這段話代表了阮籍對莊子的理解的話，則阮籍顯然是有嚴重的誤解的。因為阮籍在這段話中所謂的自然，明白地只是指陰陽氣化的自然；由此而說之「自然一體」，因而也只是氣化之一體。在這樣的一體中，萬物固皆在氣化流轉中因緣變滅，但如此而說的萬物，至多只能如佛家所說的幻化，可是幻化之物仍是個殊的，我們並不能因其為幻化，遂泯其分際，而說萬物為一

〔註77〕《阮校》，頁165。
〔註78〕《阮校》，頁138～140。

體。因此，阮籍顯然完全掌握不住莊子所說的自然之旨，更不明瞭莊子所說萬物一體之義。若從《莊子·齊物論》說「萬物與我為一」之旨來看，它純是指主體之由成心是非之對偶中超越而出的境界〔註79〕，因此如我們前已論及者，莊子之自然恆是連繫於主體之工夫義而說的境界概念，但阮籍卻將之滑轉成了氣化義的自然，而此義的自然既套在因緣流轉中，則在莊子看來，它適成「他然」也。阮籍由此而下，仍順陰陽氣變以說人，這當然仍無從真正掌握莊子死生一貫之旨也。如果說阮籍真只是站在這角度上而說至人之「恬于生而靜于死」，則至人之恬靜，亦只是衝向天地自然這一氣化之蒼茫而已，這裡面其實並不涵著任何精神上的實踐義，它至多只表示了一個屬於文人的浪漫想望與企慕，此一企慕雖未必不可顯示一意境，但由此意境所顯示之蒼茫的美感，往往只是人生之荒涼與虛無的透示，初不意味任何的人文性和價值性也。牟宗三先生有一個相當恰切之評論云：

> 阮籍之衝向，如欲契接道家，則不能停於此文人生命之衝向。文人生命常只是不安與挑破，其所衝向之混沌與原始之蒼茫並不能安其生命也。故此種衝向常只是四無掛搭之虛無主義。而道家則必予人以安定與寧靜。其所衝向之境，如「大者恬其性，細者靜其形」云云，如欲真實現之，則必須由「純然之衝破」轉向於自心上作工夫之凝成，由此凝成上言道、無、一、玄、自然與渾化，方真是老莊之教也。此步轉折是重要之關鍵。〔註80〕

這裡顯示了阮籍思想上的嚴重弱點，他本質上只是個文人，而不是個思想家，故他只能將一「理境」隱約地體會成一個不相干的意境。其實，嵇康之學是能把握這理境的，但我們由〈達莊論〉也可以看到，阮籍實在並不能懂嵇康。於是，可以想像的是，阮籍憑藉和嵇康的遇合所迸出的思想火花，還是難以真正為他解決存在之困境的。這當然又是他的不幸了。

今天，我們在〈詠懷詩〉中，便還可以看到這一思想在他內心中所起的掙扎。在他許多以遊仙為主題的詩作中，我們常可看到他又刻意地對求仙之舉提出質疑，如以下的三首詩，他就表達了三種幾近矛盾的質疑：

> 昔有神仙士，乃處射山阿，乘雲御飛龍，噓吸嘰瓊華。可聞不可見，

〔註79〕關於此義，請參見拙作〈齊物論釋〉一文之相關段落，見《鵝湖月刊》第232期，頁44～45。
〔註80〕《才性與玄理》，頁305～306。

慷慨嘆咨嗟。自傷非疇類，愁苦來相加。下學而上達，忽忽將如何？
〔註81〕

天網彌四野，六翮掩不舒；隨波紛綸客，汎汎若鳧鷖。生命無期度，
朝夕有不虞。列仙停脩齡，養志在沖虛；飄颻雲日間，邈與世路殊。
榮名非己寶，聲色焉足娛？採藥無旋返，神仙志不符；逼此良可惑，
令我久躊躇。〔註82〕

十日出暘谷，弭節馳萬里；經天耀四海，倏忽潛濛汜。誰言焱炎久，
游沒何行俟。逝者豈長生，亦去荊與杞。千載猶崇朝，一餐聊自己。
是非得失間，焉足相譏理？計利知術窮，哀情遽能止。〔註83〕

其中第一首阮籍似在表達求不得神仙境界之愁苦，第二首則又表示了對此路
之躊躇，第三首則更是一切都算了吧的慨嘆。類似如此矛盾交織的心情，當
然表示了他終於還是無法由孫登的震憾和嵇康的啟發中，得到自我生命之安
頓的悵惘，然則他終於在縱酒佯狂的頹廢生活中含恨以終，也是很可想像的
了。王忱說：「阮籍胸中壘塊，故須酒澆之」〔註84〕，王忱是否知道阮籍之壘
塊為何，固不得而知，然此語誠可謂知言也。

　　據上所述，則我們可以進而比較嵇阮之學。很明顯的，他們無論是在問
題意識或是在思想內容上，都談不上有多少交集點。嵇康自亦有其矛盾處，
但純就內在生命言，嵇康是統一而無搖擺的。他的宗教意識特強，亦有思想
上之原創性。因此能將源自先秦道家由主體之自我回歸而說的人文性實踐精
神，賦予道教，而成另一種有別於求精氣神長生的宗教實踐，在這點上，嵇
康是一以貫之的。而嵇康的矛盾是在他終不能忘情於現實政治，他一定要將
在價值論上對名教的批判，轉為一種現實政治上的決絕態度，這點看來他是
不自覺地受到了他個人政治立場的左右，從而也為他的生命帶來了負累。不
過撇開這點，嵇康終於還不失為是有條理、明白洞達、有創造力的豪傑之士
也。然而阮籍的問題意識是完全不同的，神仙長生對他而言，不是個宗教，
而只是個可能有助於他脫離存在之困頓的東西。他有著深沉的存在虛無感，
這個虛無感的產生固是由政治事件而起，但它的本質並不來自於政治事件本

〔註81〕《阮校》，頁398，〈詠懷詩〉之七十八。
〔註82〕《阮校》，頁326～327，〈詠懷詩〉之四十一。
〔註83〕《阮校》，頁348，〈詠懷詩〉之五十二。
〔註84〕《箋疏》，頁763，〈任誕篇〉文。

身，應該說政治事件只是一個導火線，慘酷的政治鬥爭固然會讓許多人和政治疏離，但由此一疏離而引生存在的危機，則斷然是因其內在原已有著一些生命本質的難題在，此一事件不過是挑起此一危機的因子。平心而論，這是個意義危機，而嚴格說，若他真能懂嵇康，則嵇康之學是可能幫他解決危機的，但他終於沒能由此危機而跨入信仰或價值自覺、主體實踐的層次，這或者是由於他生命中的悲劇感太強，以致他恆被一種自我撕裂的氛圍籠罩所致。筆者常懷疑，阮籍為何不能就追隨孫登，乾脆就一走了之了呢？無以名之，也許他根本就不自覺地酷愛著這種悲劇的美感吧！這樣的生命，如實說來，是有美感的，但卻是不條暢的，於是他會掙扎於真與偽、神聖與邪惡間，一下子蔑視禮法，一下子又敷衍胡混（此之謂「謹慎」），於無法統一間，假佯狂以統一。然而可惜的是，阮籍的佯狂以求真，卻常是以最虛偽（如不臧否人過，母喪時猶故意飲酒食肉等等）的弔詭方式來成全其真性情〔註85〕，結果只是把自己推落「途窮而慟」這樣的更加撕裂的深淵，坦白說，這既不符老莊安時而處順之旨，恐怕也是錯會了莊子說弔詭之義也。〈齊物論〉說：「滑疑之耀，聖人之所圖也，為是不用而寓諸庸，此之謂以明」，這表示莊子說弔詭之義，其目標終在化除弔詭而「寓諸庸」上，唯庸言庸行中乃可能有真正之真者〔註86〕，然而阮籍卒以佯狂終其身，豈非不幸也哉！後人每以佯狂避禍為其開脫，但阮籍真會感謝此一開脫嗎？也許他長期掙扎在真偽之間而無從安頓，這種存在的悲痛根本就是生不如死吧！雖然如此，阮籍畢竟不同於一些徒有狂態之人，而是一個磊落、有真性情的人，他的真即在他能如實面對其存在的實感上，即此實感，便不是任何佯狂虛偽之姿態所能掩者，而他的真亦終可使人不在意其虛偽的姿態，而為之同聲一嘆也。

然而無論如何，我們皆已確定嵇阮之學，除了形式上還有些近似之外，實質上根本就不是一路的。嵇康確影響了阮籍，而且這一影響亦不可謂不重要，但是嵇康的真精神卻在這一影響過程中完全走了調，至少我們在阮籍身上是看不到真正嵇康之痕跡的。而很不幸的，嵇康雖是竹林玄學的領袖人物，但他並未直接對後世發生影響，竹林玄學的影響主要是通過阮籍、向秀而產

〔註85〕牟宗三先生對阮籍此一奇特的性情，有極透闢的討論，參見牟先生前引書，頁 288～290。

〔註86〕此義亦請詳見前引拙文〈齊物論釋〉相關段落，見《鵝湖月刊》第 230 期，頁 47～48。

生的，其中尤以阮籍為大宗，這當然就使嵇康的影響力更加曲折而隱晦了。不過此乃後話，請容下文再申論。

第三節　向秀的思想及其與嵇康思想的關係

　　向秀和嵇康的私人情誼是很確定的，但以現存材料來看，向秀的面貌卻相當模糊。首先，他的家世出身，生卒年月均無可考〔註 87〕，我們所能拼湊起來的認識，大概只有他和嵇康、呂安曾在一起隱居了相當時日，當嵇康死後，他旋即應舉出仕，武帝泰始時，他歷官黃門侍郎、散騎常侍，晉書本傳謂其居官，不過容跡而已，而後亦死於任上。其留傳的著作只有〈難養生論〉和〈思舊賦〉是完整的，另外可確定的是他曾注莊、注易。這些著作若以思想的角度而論，〈思舊賦〉和易注都不重要，《世說》亦謂其易注「未若隱莊之絕倫」〔註 88〕，而今天殘存的幾條佚文，也不含思想性，故可置勿論。至於他的莊子注，依今人的勾稽輯佚，則大約還保存了超過兩百條的佚文，這對理解向秀的思想，自然是有大幫助的。一般而言，我們也可以將向秀的思想區隔為前後兩期，〈難養生論〉代表的是他的前期想法，莊子注則表現了他的後期思想。之所以能夠作此區隔，主要是因為〈難養生論〉只反映了出自名教的世俗觀點，其中並不含著任何玄論之故。當然，如其本傳所說，也可能有人認為向秀之作〈難養生論〉，只是為了「發嵇康之高致」，乃故作俗情之論；但若說向秀是在已認同了嵇康的觀點下，故意作此違心之辯難，恐怕也太失之矯情了吧！因此謹慎的說法還是認為應將此文歸入其前期思想為宜〔註 89〕。

　　不過在進入向秀實質思想的討論前，筆者多少還是得先交待一下我對有關向郭莊子注這一公案的看法。今天的玄學學者，為郭象辨誣者似乎頗多，從實際的材料上看，恐亦難以絕對坐實郭象剽竊之名。王叔岷先生云：

　　　今據莊子釋文、列子注、及他書所引，詳加纂輯，得向有注郭無注
　　　者四十八條，向郭注全異者三十條，向郭注相近者三十二條，向郭

〔註 87〕湯一介先生以向秀生於 227 A.D.，卒於 280 A.D.，參見《郭象與魏晉玄學》，頁 58。

〔註 88〕《箋疏》，頁 206，〈文學篇〉注引〈向秀別傳〉。

〔註 89〕許杭生先生《魏晉思想史》，頁 171 亦云：「向秀難養生論一文，似應作在他的莊子注以前，文中尚無多少道家思想的影響，而儒家思想較濃。」

> 注相同者二十八條，列此明證，然後知郭注之與向注，異者多而同者少，蓋郭雖有所採於向，實能推而廣之，以自成其說者也。豈僅自注秋水至樂二篇，及易馬蹄一篇而已哉？……蓋向秀亦本崔譔之義，述而廣之，與郭象本向注述而廣之者實同，則獨加郭象以竊名，不亦冤乎？〔註90〕

雖然王先生之輯佚未盡詳備，但綜觀今天所有的輯佚資料，王先生的論點大致是可信的，如此自然反證了《世說》所載確有不盡不實處。然而筆者亦以為，向郭注莊的性質原和其它訓詁式的古注，如崔譔等所作，實有不同。若只是訓詁式的注解，則確如王叔岷先生所說：「亦時有偶同之例，兼有不得不同之例」〔註91〕，此同不必意味任何意義。然而向郭之注莊原本即是義理性的注解，因此即使郭象確經精細之處理，故可逃開剽竊之名，但若其義理方向完全一致的話，則恐亦難脫侵犯智慧財產權之譏也。然則實際情形究竟如何呢？關於這點，以事涉向秀思想實質內容，故請容後再論。以下筆者即擬先簡述向秀前後兩期的思想。

就向秀前期思想而言，從〈難養生論〉所透露者來看，它大抵只是最素樸的功利主義式的論點。依其論點，他原則上承認人的自然之性，只是欲望之表現，初不含著價值性，所以「嗜欲，好榮惡辱，好逸惡勞，皆生於自然」，「富貴，天地之情也」「人含五行而生，口思五味，目思五色，感而思室，飢而求食，自然之理也」，「生之為樂，以恩愛相接。天理人倫，燕婉娛心，榮華悅志；服饗滋味，以宣五情；納御聲色，以達性氣。此天理自然，人之所宜，三王所不易也」是也〔註92〕。在這基礎上，出之於社會功利性的要求，他乃主張「富與貴，是人之所欲也；但當求之以道義。在上以不驕無患，持滿以損儉不溢」〔註93〕。他也即依此而肯定情與智的作用，所謂「人受形於造化，與萬物並存，有生之最靈者也。異於草木；草木不能避風雨，辭斤斧。殊於鳥獸，鳥獸不能遠網羅，而逃寒暑。有動以接物，有智以自輔，此有心之益，有智之功也。……有生則有情，稱情而自然，若絕而外之，則與無生同」是也〔註94〕。在這樣的功利性考量下，他亦可以承認「節哀樂，和喜怒，適飲食，

〔註90〕王叔岷先生〈莊子向郭注異同考〉，《莊學管闚》，頁114～115。
〔註91〕王叔岷先生〈莊子向郭注異同考〉，《莊學管闚》，頁130。
〔註92〕以上四段引文，分見《校注》，頁162、164、166～167。
〔註93〕《校注》，頁163。
〔註94〕《校注》，頁162。

調寒暑」〔註95〕這一限度之內的養生，除此而外則不許焉。

綜觀此一想法，則此時之向秀顯然並不能理解嵇康之由宗教意識和價值論立場所說的養生。他的思路甚清晰，亦符合常識，大抵順俗情而想者，多能同意其論點。而我們若由張叔遼的〈自然好學論〉來看的話，此一觀點恐怕也正是名教中人的普遍看法。換言之，此時的向秀顯然是接受名教之思想的。不過向秀作此文的時間，應該已是在和嵇康一起歸隱之後，也就是應已在嘉平之後。如果此時向秀基本上仍是接受名教之思想的，則他之歸隱，恐怕就決不是為了任何政治立場的考量〔註96〕。另一方面，向秀居然能認同於這樣一個不具任何價值理想意味的俗情觀點，而不見其生命內在的掙扎，這也不禁令人懷疑其理想性的強度。阮籍在〈樂論〉中固也認同於當時一般說的名教，但無論如何，他總還是由理想性的一面在考量問題，這和向秀是絕對不相類的。因此，看來向秀固是個聰明又「好讀書」之人，但究其生命的本質，恐怕也還不脫是個俗情中人也，而他之歸隱，或者也只能歸之於某種浪漫之欣趣吧！

然而向秀終能追隨嵇康，又不能不說是他的慧眼。嵇康對向秀的生命和理境而言，似乎均發生了定盤針的作用，尤其嵇康因著向秀的論難，而有了〈答難養生論〉這篇最重要的大文章之後，此文的主要觀點幾乎全盤成為向秀注莊的主脈絡〔註97〕，我們便可看出嵇康對向秀的關鍵性影響。由此，我們乃能進而論及向秀的後期思想。

關於向秀的後期思想，筆者想先從他和郭象的義理方向是否一致這個問題談起。在今天幾乎所有為郭象辨誣之論者皆以為，他們兩人的義理方向是不一致的。王叔岷先生首發此難云：

> 由二氏注文之出入，以推其旨趣，亦大有逕庭。即如前舉達生篇郭
> 注「同是形色之物耳，未足以相先也」，向注多「以相先者，唯自然

〔註95〕《校注》，頁161。
〔註96〕呂安也是個顯著例子，安和康弘私交甚篤，每相思輒千里命駕，乃是事實。安父昭，依《魏志・杜恕傳》所載，曾任鎮北將軍，並領冀州，注引《世語》云：「長子巽，字長悌，為相國掾，有寵於司馬文王」（俱見頁461）、《箋疏》，頁769，〈簡傲篇〉注亦引《晉陽秋》云呂安為「冀州刺史招之第二子」。綜合這些資料，則呂安實乃世家出身，且家族與司馬家實有深厚關係，嵇康亦曾與呂巽交好，這些都顯示，安之歸隱實在不太可能是基於政治因素。
〔註97〕牟宗三先生在疏解〈答難養生論〉時曾屢屢表示此意，可參看。見《才性與玄理》，頁330～337。

也」二句，而歸趣遂殊。蓋向氏立論，常持有不生不化之主宰，故謂自然為「形色之物」之先，觀其「若使生物者亦生，化物者亦化，則與物俱化，亦奚異於物？明乎不生不化者，然後能為生化之本」之說，其理益著。郭氏則重在物之自生自化，觀其「誰得先物乎哉？吾以自然為先之，而自然即物之自爾」之說，其理益明。自然既為「物之自爾」，則物之外自無所謂主宰矣。又如「故天也者，萬物之總名也。莫適為天，誰主役物乎？故物各自生，而無所出焉，此天道也」「死生出入，皆欻然自爾，自爾耳，無所由，故無所見其形也」，並可證郭之旨與向迥別。〔註98〕

這一觀點在後來諸如何啟民、湯一介先生等人的作品裡皆有所發揮，湯一介先生並進而推論云：「竹林時期向秀的思想正是正始時期王弼『貴無』向元康時期郭象『崇有』的過渡」〔註99〕，王葆玹先生亦支持類似推論，但他卻有另外的詮釋，他說：「向秀思想乃是由本體論到存在論的中間環節。過去人們常覺得對向秀思想不易把握，有人以為他的思想與郭象完全一致，另有人以為他的思想乃是沿襲王弼。其所以有種種不同的解釋，乃是由於向秀思想本身就是矛盾的，是不統一的，其中既有本體論的成分，也有存在論的成分」〔註100〕。其中前一半的說法，王先生仍延續了前此諸人的論點，也就是認為向秀思想有如王弼一致的部分，但很有意思的則是他可能是大陸學者中，頭一位放棄以有無這一組範疇來詮釋郭象的人。他雖然並未能引入任何哲學論證，來證明他借用存在主義以說向秀、郭象的合法性，但他似乎已嗅到了一個重要的訊息。亦即他可能以為向秀和郭象思想中的實踐取向，似乎並不宜用本體論式的崇有、貴無等概念來說。這當然是個重要的轉向。不過無論如何，王先生仍然還是認為向秀和郭象有著不同的義理方向。

然而筆者以為如果我們順著王葆玹先生的思考方向往回問，假如向秀真的是在提供一條由本體論跨向所謂的存在論的路子，則他還會像王弼一般地看待「自然」這個概念嗎？王先生所謂存在論的說法固然未必站得住腳，他所提供的論證也的確有些一廂情願，而不見得有什麼哲學意義，但這並不影

〔註98〕王叔岷先生前引書，頁130。

〔註99〕湯一介先生《郭象與魏晉玄學》，頁158。許杭生先生亦有相同說法，參見《魏晉思想史》，頁162。

〔註100〕王葆玹先生《玄學通論》，頁536。

響我們的提問。這也就是說我們真有必要將向秀和王弼牽上關係嗎？從王叔岷先生開始，他們所據以區隔向郭思想者，便只有這麼一條證據，但若是前述問題並不成立的話，則我們還能區隔向郭之義理方向否？

　　現在的問題乃只在一點上，亦即向秀是怎麼說「自然」這個概念的？一般論者所注意的主要是《列子‧天瑞》和〈黃帝〉兩篇中引向秀的兩段話，茲再錄之如下：

> 吾之生也，非吾之所生，則生自生耳，生生者豈有物哉？故不生也。
>
> 吾之化也，非物之所化，則化自化耳，化化者豈有物哉？無物也，故不化焉！若使生物者亦生，化物者亦化，則與物俱化，亦奚異於物？明夫不生不化者，然後能為生化之本也。〔註101〕
>
> 同是形色之物耳，未足以相先也。以相先者，唯自然也。〔註102〕

許多人大抵皆注意到向秀所說的「自生、自化」義，和郭象的說法是一致的。郭象說自生、自造之處頗多，不煩詳引〔註103〕。但郭象並未說不生不化為生化之本。所謂「不生不化」，當即指自然，這是無可疑的，換言之，向秀以為自然即是生物之本。這說法就字面形式上看，確和夏侯玄、何晏、王弼之說一致，因此論者遂以為向秀之說出自王弼，其所謂之自然乃是一個本體論的概念，它指向一種「造物主」之思路。而另一段話中，向秀之語恰比郭象多出了「以相先者，唯自然也」這幾個字，偏偏這幾個字剛好表示了自然為「形色之物」之本的想法；可是郭象在〈齊物論〉注中，明白反對造物主的說法〔註104〕，是以論者也以為郭象之刪除上述幾個字，乃是刻意為之，意在否決由自然以生物的想法。如上的論證，看起來似乎是頗近理的，無論王弼所說的自然是不是一個本體論式的概念，大概都不至於影響到上述論證。然而我們卻也有必要考慮一個問題，亦即如果說「無為有之本」的確乃是王弼之首出命題的話，對向秀而言，自然為生化之本是不是也是向秀的首出命題呢？除非我們能證明這點，否則王弼和向秀說法，其表面的一致性便不一定真具有意義。因此我們有必要

〔註101〕楊伯峻先生《列子集釋》，頁3。

〔註102〕楊伯峻先生《列子集釋》，頁30。

〔註103〕《莊子集釋》，頁50，郭象注云：「無既無矣，則不能生有，有之未生，又不能為生。然則生者誰哉？塊然而自生耳。」又頁111，象注云：「明眾形之自物，而後始可言與造物耳」皆是。

〔註104〕《莊子集釋》，頁111，郭象有一辯論云：「請問：夫造物者，有耶無耶？無也，則胡能造物哉？有也，則不足以物眾形。」

比較全面地考察一下，向秀通常在什麼脈絡裡使用自然這個概念？

以下茲先引述一下向秀關於自然的重要說法：

1. 《列子・黃帝》注所引云：「得全於天者，自然無心，委順至理也。」〔註105〕

2. 同篇注所引云：「萌然不動，亦不自止。與枯木同其不華，死灰均其寂魄，此至人無感之時也。夫至人之動也天，其靜也地，其行也水流，其湛也淵嘿。淵嘿之與水流，天行之與地止，其於不為而自然一也。今季咸見其尸居而坐忘，即謂之將死；見其神動而天隨，便謂之有生。苟無心而應感，則與變升降，以世為量，然後足為物主，而順時無極耳，豈相者之所覺哉？」〔註106〕

3. 同篇注所引云：「任其自然而覆載，則名利之飾，皆為棄物。」〔註107〕

4. 同篇注所引云：「居太沖之極，皓然泊心，玄同萬方，莫見其跡。」〔註108〕

5. 同篇注所引云：「醉故失其所知耳，非自然無心也。」〔註109〕

6. 〈大宗師〉「翛然而往」條下，〈釋文〉所引云：「自然無心而自爾之謂」。〔註110〕

上述由佚文輯出的五條有關自然的說法，連同「皓然泊心」這一近似的用法，毫無疑問皆指某種工夫境界而言。其中有三處皆提及「自然無心」，亦即自然是由無心來規定，無心者，委順之謂也。故它純是心上之事，由此而說至人之無感。無感者，非真無所感也，所謂「萌然不動，亦不自止」，這表示至人用心之無感，非指心之不動，亦非指心之不止，由此雙遮，而知此心非心理意義之心也。此心無動相，亦無止相，它只是物來斯應，「與變升降，以世為量」而已，然則此心豈非即同於嵇康所說之「神」乎？這也就是說，向秀所意指之心，實際上乃是指一個純粹自由、自在，而無任何牽纏之主體自己。由此主體之純然的在其自己，回歸其自己，而說無心，於是由此回歸而顯主體

〔註105〕楊伯峻先生《列子列釋》，頁31。
〔註106〕楊伯峻先生《列子列釋》，頁44。
〔註107〕楊伯峻先生《列子列釋》，頁44。
〔註108〕楊伯峻先生《列子列釋》，頁45。
〔註109〕楊伯峻先生《列子列釋》，頁31。
〔註110〕郭慶藩《莊子集釋》，頁229。

之自在相,此即所謂自然也。然則,如果向秀在其他所有地方使用此詞時,皆同指某種主體實踐工夫的境界,那麼他可能在說自然與物之關係時,忽爾讓自然變成一個非主體的造物主之類的概念嗎?哲學地說,這兩個思路是完全搭不在一起的,因為若真從造物主與被造物的關係上看,則它恰是「他然」而非自然也。換言之,「自然為生化之本」這個命題,看來決不應是向秀的首出命題,因為若非然者,則向秀其它地方的自然義皆將不可解,這當然會造成更大的問題。既然如此,則我們便不見得連繫得上王弼和向秀的關係,當然由此證據以區隔向郭的說法也勢必面臨考驗。

上述說法當然也還有啟人疑竇的地方,即無論如何,向秀「自然為生化之本」的命題,總還是一個具有宇宙論意義的命題;如果我們否認它作為首出命題的可能性,而認為它應是隸屬於某種主體實踐下的導出命題,則又如何涵容此一命題的宇宙論意義呢?關於這樣的懷疑,則筆者以為牟宗三先生所說的「境界型態的形上學」,仍是解決此一疑竇的最好方法,也就是說「自然生萬物」之生,乃是一種「不生之生」,它是由主體之向自我歸返,以讓開一步,不挫折萬物,以讓萬物自生自成的方式來成全萬物,遂由此一主體之實踐境界倒映回去,而說一種不生之生,並將此一境界轉化為一種宇宙論之表述,這樣便能將上述命題消融為某種主體實踐之境界也。牟先生云:

> 道之生萬物,既非柏拉圖「造物主」之製造,亦非耶教之上帝創造,且亦非儒家仁體之生化。總之,它不是一能生能造之實體。它只是不塞不禁,暢開萬物「自生自濟」之源之沖虛玄德。而沖虛玄德只是一種境界,故道之實現性只是境界型態之實現性,其為實現原理亦只是境界型態之實現原理,非實有型態之實體之為實現原理也。故表示「道生之」的那些宇宙論的語句,實非積極的宇宙論之語句,而乃是消極的,只表示一種靜觀之貌似的宇宙論語句。此種宇宙論之語句,吾名之曰「不著之宇宙論」。〔註111〕

依這樣的理解模式,則我們並沒有必要把一切宇宙論的表述,皆視為實體性之創造也。只是牟先生以為王弼之說道生萬物時,即已涵蘊了此一型態的形上學,可是筆者以為這一理境實必須等到向秀始告完成,這也就是說我們不應把向秀的後期思想,視為是由王弼到郭象的過渡;向秀和王弼儘可能形式上相近的表述,但其背後的義理型態則完全不一樣,這是第一個必須注意的

〔註111〕《才性與玄理》,頁 162。

地方。其次，如果向秀對自然為生化之本的表述，背後乃是一套境界型態形上學的話，則是不是有此一表述，便不構成決定向郭義理方向之同異的因素，然則取消了這一區隔因素之後，我們其實有相當充足的理由，將向郭的思想根本當成是同一系統。於是我們也就從根源處解決了一重公案。

解決向郭這重公案，其最重要的意義，其實乃在確認一件事情，亦即向秀思想的核心，必須從主體之向自在自足之自我回歸這一價值實踐的立場來考慮。關於這點，我們還可以有更多的證據。如《莊子‧庚桑楚》「趎勉聞道達耳矣」下，〈釋文〉引向注云：「僅達於耳，未徹入於心也」〔註112〕；〈養生主〉「而神欲行」下，〈釋文〉引向注云：「從手放意，無心而得，謂之神欲」〔註113〕；《文選》嵇康〈養生論〉注引向秀云：「虛其心，則純白獨著」等等〔註114〕，向秀一再提及「無心」「徹入於心」，這思路是很顯然的。尤其最重要的，則是《世說‧文學》注所引的那段向郭逍遙義：

> 夫大鵬之上九萬，尺鷃之起榆枋，小大雖差，各任其性，苟當其分，逍遙一也。然物之芸芸，同資有待，得其所待，然後逍遙耳。唯聖人與物冥而循大變，為能無待而常通。豈獨自通而已，又從有待者不失其所待，不失則同於大通矣。〔註115〕

此段文與今存郭象之注文字雖略有不同，意思則完全一致，劉孝標直指為向郭逍遙義，可見此義實出於向秀。依此義，則向秀實以為能得逍遙者，有兩種情形，一是有待者能得其性分之條件，如大鵬之得巨風之類，始可逍遙；二是聖人可以依憑於一切條件而無所待，亦即一切條件，聖人皆可因之而得逍遙也。且聖人亦可順一切有待者之條件，而與一切有待者同其逍遙。然而無論是那一種情形，逍遙都是不離開條件的，因此所謂的逍遙，絕對不是從條件之泯除上著手，而是從安於其當得的條件上著手，既是從安、從任、從順上著手，這自然是從心上而說心之不撲著於任何條件，亦即我們平常所說之「知足」也。然亦須知，真正的知足，必是一主體之行為〔註116〕，它決不

〔註112〕《莊子集釋》，頁779。
〔註113〕《莊子集釋》，頁120。
〔註114〕《昭明文選》卷五十三，頁743。
〔註115〕《箋疏》，頁220。
〔註116〕牟宗三先生《才性與玄理》，頁182～183云：「真正之逍遙決不是限制網中現實存在上的事，而是修養境界上的事。」它是「直就至人之心越此依待而顯各物圓滿自足之逍遙」，這乃是一種「心止即一切皆止之主體中心」的方式。牟先生說道家依本於「主體中心」者，這說法是極有見地的。

是指對外欲之克制這一心理性的意志行為，這兩者之間當甚易區別，不煩詳論。換言之，向秀在如上的說法中，其實已深刻地將其思想定位在某種主體之價值實踐上了，而其所欲實踐的價值即是自然，即是逍遙。

以上，筆者大體描述了向秀後期思想的基本內容。毫無疑問地，此一思想內容和「玄學的嵇康」之核心內容，就概念言，乃是完全一致的。這也就是說向秀的確不愧為一位善讀書者，他能夠完全放下前期的思想，因著嵇康之啟發，而充分且不走作地將嵇康之具原創性的意見，忠實地表現在莊子注中，這是他非常了不起的地方。在理解嵇康的程度上，向秀無疑是遠超過阮籍的。然而筆者以為，向秀和嵇康間亦有一個不容忽視的歧異點，即在對名教的態度上。我們得問的是，這個歧異點是如何產生呢？

有幾條資料都說明了向秀並不認為自然和名教是有衝突的。最有名的一條，即《世說‧言語》注所引秀與司馬昭對答的一段話，子期云：「常謂彼人不達堯意，本非所慕也」〔註117〕，意即向秀自謂箕山之志本非所慕，如達堯意則未必須慕隱者，堯雖處廟堂欠高，而實與隱者之精神無異也。此意顯然即為郭象「堯實冥矣」之所本。就向秀此語之效果言，堯自然代表了名教中之聖人，因此他這話等於在告訴司馬昭，自然與名教是不二的。後世有不少人以為，此語可能是秀自污之辭，然而若照子期在莊子注中所說，則恐怕也並不能證明他是為了自污以避禍的，如《列子‧黃帝》注引向云：

> 變化頹靡，世事波流，無往不因，則為之非我；我雖不為，而與群
> 俯仰。夫至人一也，然應世變而時動，故相者無所用其心，自失而
> 走者也。〔註118〕

既然至人是要與群俯仰的，則他自然不必出世，以此而言，向秀會以堯為「自然」之人格的最高標準，自也不令人意外。另外，謝靈運在〈辨宗論〉中亦說：「向子期以儒道為一」〔註119〕，這一記載當亦足以作為有力的旁證也。

然而上述說法，其實是有問題的，何以言之呢？原則上說，在人格境界實踐逍遙、自然的價值，自不必預設任何特定的現實條件，因為它只是主體自由地自我抉擇的問題，而任何現實條件固均有形成困擾此一抉擇的可能，

〔註117〕《箋疏》，頁 79。
〔註118〕楊伯峻先生《列子集釋》，頁 46。
〔註119〕《全宋文》卷卅二，頁 6，謝靈運〈辨宗論〉〈答法勗問〉語。

卻並無絕對扼阻抉擇的決定論條件，所以隱者可能逍遙，廟堂之人亦可能逍遙，這是沒有問題的。相反的，假如硬要預設任何現實條件以為逍遙的先決條件，比如說預設隱居始能逍遙等等，則這一現實條件卻必然反而構成無法逍遙的因素，因為此一條件必將形成一種外求的壓力也，這也是《莊子·逍遙遊》說宋榮子「猶有未樹也」的原因。而且究極來說，人生世間，必是與群俯仰的，人並無絕對離群索居的可能，因此若要論逍遙的實踐，則必然得以人群為基本場域，這是很容易理解的，當然這也並未排除相對而言是離群索居者，其逍遙之可能，只要他並不將逍遙和此一現實條件作成必然的掛鉤即可。如果從這一角度來解讀向秀的說法，倒也沒有問題，即使嵇康也不會反對此一說法，如其〈答難養生論〉云：

> 聖人不得已而臨天下，以萬物為心，在宥群生，由身以道，與天下同於自得。穆然以無事為業，坦爾以天下為公，雖居君位，饗萬國，恬若素士接賓客也。雖建龍旂，服華袞，忽若布衣之在身。故君臣相忘於上，蓋民家足於下；豈勸百姓之尊己，割天下以自私，以富貴為崇高，心欲之而不已哉？〔註120〕

此意至為顯然。然而我們卻須注意，嵇康並不因此而說儒道為一，自然與名教不二；他仍然要說越名教而任自然，為什麼如此呢？因為即使身處名教之中，並不一定表示他不能逍遙，但若某人真在名教中而得逍遙，這必表示此人在價值論上選擇了自然這一價值，而同時放棄了名教這一價值。以此而言，在價值論的立場上，自然與名教是不能為一的，這並不因為我們可以假名教這一現實條件以踐履自然，遂謂二者為一的。因此，假如向秀真因主張堯實冥矣，遂說儒道為一的話，則他便顯然混漫了價值論的分際。由此，我們也看到了嵇向二人的歧異點。

然則，此一歧異點是如何產生的呢？筆者以為，其原因恐怕仍不外是由於將自然與名教這一區分，又從價值論的性質滑轉為意識型態的性質所致。由於此一誤認，遂使向秀以為既然名教並不妨自然的實踐，則自然和名教這兩個意識型態自亦不應有任何歧異，於是自不必站在自然的立場上去反名教也。從這裡當然也就透露了一個訊息，由於向秀只在這一點上和嵇康唱反調，那麼我們自也很容易想到，它恐怕正是由於嵇向二人出身背景有異的原故吧！如前文所論，向秀原即是名教中人，那麼他會刻意地主張這點，就一

〔註120〕《校注》，頁 171。

點也無足為奇了。不過我們亦須知，向秀之所以在理解自然與名教之關係時會出現上述滑轉，其實亦是由嵇康有以啟之，只不過向秀的滑轉更厲害了一些而已！嵇康雖亦時將自然滑轉為意識型態的概念，但至少在他自覺地進行價值實踐時，還能清楚地掌握此一分際，但向秀對此一分際的把握，顯然並不像嵇康那麼準確。

也正因為向秀的滑轉更厲害了，它乃有可能產生一個完全始料未及的影響，那就可能將嵇康通過宗教意識，所賦予自然這一概念的價值論意義，給模糊掉了。向秀在某個意義上，固然比較像是個「知解宗徒」，這本來就會影響到他的實踐精神，不過這還不太關緊要，至少在莊子注中，他的理解原則上仍是準確的。但是一旦當他在某些狀況下，又把握不住「自然」作為一個價值論概念的意涵，則必然會使「自然」所意味的主體實踐精神，受到進一步的模糊。此一現象在向秀身上雖猶不顯著，但它對後來的玄學發展，的確產生了一個非常不好的影響，甚至導致完全走失了「玄學的嵇康」中最富意義東西，這當然是十分不幸的。關於這點，我們有必要進至下一節的討論。

第四節　名士風度的形成和竹林玄學精神的變化

我們一般所謂「名士」這一特殊的人格姿態，無疑是在玄學影響下所出現的一類人格典型，但我們所意指之名士究竟該如何定義呢？它又是在什麼樣的玄學思想影響下而產生的呢？若考名士一詞，則它當非起於魏晉。《後漢書‧方術傳》蔚宗之論云：

> 漢世之所謂名士者，其風流可知矣。雖弛張趨舍，時有未純；於劇
>
> 情修容，依倚道藝以就其聲價，非所能通物方，弘時務也。〔註121〕

這一義的名士，自是東漢名教流風，黨人清議下的產物，清議中彼此以名相高，故有所謂「刻情修容，依倚道藝」之說也。此可謂名士之第一義，而名士之所以為名，純以符不符合名教來規範。但此義之名士，似與我們平常所意指之名士不相符合，它只是指某人是否為眾所公認符合名教之價值規範而已，無論他能否通方濟時，總還只是指世俗意義下的有名之士。

上述第一義名士，到了魏初，隨著時勢的轉移，其意義似乎也有了轉

〔註121〕《後漢書》卷八十二上，頁 972。

變，其原因或者當和清議形式的轉變有關。袁宏嘗作〈名士傳〉，以夏侯玄、何晏和王弼為正始名士〔註 122〕，此一說法大概當時諸人也都能接受吧！而何王和夏侯泰初何以能成一時名士呢？這恐怕和他們在清談上的傑出表現有密切的關係。正始清談乃是清談史上聲光最盛的一段時日，這是一般人所公認的〔註 123〕。而他們這幾個人又是當時談坐上最享盛名的翩翩佳公子，可能正是因此而使他們得享重名。《世說·文學》注引〈文章敘錄〉云：「晏能清言，而當時權勢，天下談士多宗尚之」這是何晏為當時談坐之翹楚的明證〔註 124〕。至於夏侯玄是否曾預談坐，雖乏明證，但《魏氏春秋》謂其「風格高朗，弘辯博暢」〔註 125〕，而〈傅子〉亦以玄為何晏等人之「宗主」〔註 126〕，應也足以表示他在清談中的領袖地位。而王弼在當時雖僅是弱冠少年，但《世說·文學》云：「何晏為吏部尚書，有位望。時談客盈坐，王弼未弱冠往見之，晏聞弼名，因條向者勝理語弼曰：此理僕以為極，可得復難不？弼便作難，一坐人便以為屈。於是弼自為客主數番，皆一坐所不及。」〔註 127〕這段話尤可證弼在清談中的聲名。雖然何王在學術上亦有大成就，但就當時言，他們最被稱道的，畢竟還是在清談上的表現。這例如說《世說·賞譽》所云：「衛伯玉為尚書令，見樂廣與中朝名士談議，奇之曰：自昔諸人沒以來，常恐微言將絕，今乃復聞斯言於君矣」〔註 128〕，衛瓘是曾預何晏之談坐者，他之津津樂道於此，當可想見時人的評價，後來「正始之音」亦成兩晉人仰慕的對象〔註 129〕，凡此均可證何王等人能成名士之原由也。然則很顯然的，魏初所謂的名士，已不再是指清議推重的人物，而是指清談之領袖了，這遂成了第二義的名士。當然推考其源，這兩義的名士雖來自不同的評價標準，但其間亦有明顯的遞嬗軌跡，此即源自清議和清談的血緣關係。於此，筆者無意介

〔註 122〕 《箋疏》，頁 272，〈文學篇〉注。

〔註 123〕 關於正始清談，參見何啟民先生《魏晉思想與談風》，頁 74～102。唐翼明先生《魏晉清談》，頁 190～207。

〔註 124〕 《箋疏》，頁 196。

〔註 125〕 《箋疏》，頁 285，〈方正篇〉注引。

〔註 126〕 《魏志》卷廿一〈傅嘏篇〉，頁 557，裴注所引。

〔註 127〕 《箋疏》，頁 196。

〔註 128〕 《箋疏》，頁 434。

〔註 129〕 《箋疏》，頁 450，〈賞譽篇〉注引〈衛玠別傳〉，王敦云：「昔王輔嗣吐金聲於中朝，此子今復玉振於江表，微言之緒，絕而復續。不悟永喜之中，復聞正始之音。」

入清談是否乃由清議直接轉來的爭議〔註130〕，不過有一點是不容否認的，亦即清議和清談在某一意義上，均是當時士人競標身價的工具。即此一點，我們便可看到清議和清談在演變上的關係，以及時代風會的轉變。

不過，這第二義的名士也似乎很快就走過了歷史舞台，接下來的名士，照袁宏所說，即是七賢人物。然而七賢是如何取得名士之身價的呢？七賢當然多數都談不上合於清議的標準；正始之後，清談之音響亦驟歇；七賢人物也非都有學術的貢獻，那麼七賢是如何聳動一時之視聽的？於此，我們得先再澄清一點：如前所論，筆者原則上並不以為七賢乃是一特定的群體，而且七賢中在曹魏時即有顯赫聲名者，似乎也只有嵇阮二人，因此七賢之所以能得名士的評價，其實反映的恐怕是晉以後的標準，這和前兩義的名士是不同的。所以我們其實很可以將袁宏所說的中朝名士之評價標準，作為當時評價七賢的依據。而事實上也有證據顯示，在所謂的中朝名士中，確有人是以他們心目中七賢之人格風標為自己之立身標準的〔註131〕，這就表明了竹林名士和中朝名士間，確有較緊密的關係。因此我們確有理由依據標準較清晰的中朝名士，來返而觀察竹林名士。那麼，中朝名士的評價標準是什麼？

關於中朝名士的評價標準，我們可依袁宏所舉諸人的一般評價，來嘗試作一歸納：

1. 裴楷：依《世說·賞譽》所載，鍾會、武陔俱以「清通」目之，這大略是一定評。〔註132〕

2. 樂廣：虞預《晉書》云：「清夷沖曠，加有理識……在朝廷用心虛淡，時人重其貞貴」。〔註133〕

3. 王衍：王戎目之云：「自然是風塵外物」〔註134〕，虞預則謂之云：「以清虛通理稱」。〔註135〕

〔註130〕一般論者，如青木正兒、陳寅恪、唐長孺等人，皆主張清談源於清議，這看法幾有成定論之勢，然唐翼明先生前引書之第一章曾有詳辨，以為清談和清議乃是兩回事，在該書余英時先生之序中，余先生亦表示了相同看法，可參看。

〔註131〕如《箋疏》，頁513，〈品藻篇〉注引鄧粲《晉紀》云：「鯤與王澄之徒，慕竹林諸人，散首披髮，裸袒箕踞，謂之八達。」

〔註132〕《箋疏》，頁419、426。

〔註133〕《箋疏》，頁87，〈言語篇〉注引。

〔註134〕《箋疏》，頁428，〈賞譽篇〉語。

〔註135〕《箋疏》，頁85，〈言語篇〉注引虞預《晉書》。

4. 庾敳:《世說·雅量》云:「庾子嵩縱心事外,無跡可閒」〔註136〕,
   袁宏《名士傳》則云「敳不為辨析之談,而舉其旨要」。〔註137〕
5. 王承:袁宏《名士傳》云:「承沖淡寡欲,無所循尚」〔註138〕,
   《江左名士傳》云:「承言理辯物,但明其旨要,不為辭費,有識
   伏其約而能通」。〔註139〕
6. 阮修:《名士傳》云其「好老易,能言理。不喜見俗人,時誤相
   逢,即舍去。傲然無營,家無儋石之儲,晏如也。〔註140〕
7. 衛玠:其〈別傳〉云:「玠少有名理,善易老(案:他處又作莊
   老),自抱羸疾,初不於外擅相酬對。時友歎曰:衛君不言,言必
   入真」。〔註141〕
8. 謝鯤:《晉陽秋》謂其「性通簡,好老易」〔註142〕,《江左名士
   傳》則云:「鯤通簡有識,不修威儀,好〔老易,〕跡逸而心整,
   形濁而言清。居身若穢,動不累高」。〔註143〕

另有一段綜合性的資料,亦值得錄之於如下,〈晉諸公贊〉云:

> 于時侍中樂廣、吏部郎劉漢(漢)亦體道而言約,尚書令王夷甫講
> 理而才虛,散騎常侍戴奧以學道為業,後進庾敳之徒皆希慕簡曠。
> 顗疾世俗尚虛無之理,故著崇有二論以折之。才博喻廣,學者不能
> 究。後樂廣與顗清閒欲說理,而顗辭喻豐博,廣自以體虛無,笑而
> 不復言。〔註144〕

綜合上述資料,形式上說,諸人雖皆長於清談,但他們之所以得成名士,重
點卻並不在談坐上的言辯表現,而是在人格表現上的清通簡曠、超邁脫俗;
因此就一般意義言,像裴顗、王澄之類,當都屬名士之流亞〔註145〕,但誠如

〔註136〕《箋疏》,頁353。
〔註137〕《箋疏》,頁444,〈賞譽篇〉注引。
〔註138〕《箋疏》,頁173,〈政事篇〉注引。
〔註139〕《箋疏》,頁510,〈品藻篇〉注引。
〔註140〕《箋疏》,頁207,〈文學篇〉注引。
〔註141〕《箋疏》,頁210,〈文學篇〉注引。
〔註142〕《箋疏》,頁210,〈文學篇〉注引。
〔註143〕《箋疏》,頁475,〈賞譽篇〉注引。
〔註144〕《箋疏》,頁202,〈文學篇〉注引。
〔註145〕如《箋疏》,頁355,〈雅量篇〉即以裴顗與王衍等「皆當時名士」,又頁438,
        〈賞譽篇〉注亦引〈王澄別傳〉,謂澄為「當今名士」。

王玄批評其叔王澄所謂「何有名士終日妄語」〔註146〕，裴頠之辭喻豐博，恐怕也正是他在名士評價上終遜裴楷一籌的原故吧！王衍、裴楷常說：「與樂君言，覺其簡至，吾等皆煩」〔註147〕，可見「簡」這一標準之重要，由簡而可說簡明、簡約、簡淡、簡傲諸義，這些意思乃合成名士之規格也。

　　另外，我們亦須注意一點，上述諸人雖多好老莊，而由「簡」這一標準所表現的人格姿態，卻未必定然和老莊思想有關。比如說我們看到裴楷的例子，他出身自儒學世家，雖因時代風會，他不可能不曾涉獵老莊，但如《世說・任誕》所載楷往弔阮籍母喪之事云：「阮方外之人，故不崇禮制；我輩俗中人，故以儀軌自居」〔註148〕，則楷無疑仍以禮教自居。觀楷一生，並無宅心事外之行，他絕對是個名教中人，因此戴逵所謂「若裴公之制弔，欲冥外以護內，有達意也，有弘防也」的說法〔註149〕，恐怕不免是推論過度的。而且裴頠著〈崇有論〉，的確頗足以表現其門風家業，由此論來看，我們實在很難把裴氏一門也視作是玄學中人也。

　　據上所述，我們亦得一窺當時之人慕七賢為名士之標準，比如說「王戎簡要」〔註150〕，山濤「幽然深遠」〔註151〕、「淳深淵默」〔註152〕，嵇康「性不偶俗」之類〔註153〕，其實的確都可歸到一個簡字之上。因此，我們也可以說，由簡之一字而構成了名士的第三義。這是很特別的一義，對比於名士的前兩義，它不再是以某種德行的典範或是才智的典範為標準，而是以某種人格姿態為標準，這遂使名士成為一種純審美的品題。而一般來說，此一義的名士才真正是我們平常所意指的名士，這可以說是狹義的名士，但卻也是最重要的一類名士；由於這類名士只涉及某種特定人格姿態的審美品題，因此我們乃常名之曰「名士風度」。而基本上說，唯其是一純審美的問題，是以它並不涉及嚴格的哲學立場問題，但它不能說和一些特定的「思想態度」無關。

〔註146〕　《箋疏》，頁825，〈輕詆篇〉語。
〔註147〕　《箋疏》，頁435，〈賞譽篇〉注引《晉陽秋》語。
〔註148〕　《箋疏》，頁734。
〔註149〕　《箋疏》，劉注引戴逵之論。
〔註150〕　《箋疏》，頁419、420，〈賞譽篇〉語。
〔註151〕　《箋疏》，頁422，〈賞譽篇〉語。
〔註152〕　《箋疏》，頁423，〈賞譽篇〉注引顧愷之〈畫贊〉語。
〔註153〕　《昭明文選》卷廿一，頁310，顏延年〈五君詠・嵇中散〉注引《晉陽秋》之語。

於是底下筆者想說明的是名士風度究竟表現了那些思想態度？而這些思想態度又是從什麼樣的哲學立場而來的呢？

在前文中，我們看到所謂名士風度，其實可以一個簡字來概括。但所謂簡，也可以概分為幾個不同意思：就人格姿態言，它可以指簡明通達，不煩不膩，也可以指簡淡脫俗、不惹塵事，復可以指簡略形跡、不事檢點之類。我們依這幾個不同意思，恰好可以為這類名士作一劃類，就第一義言，在中朝名士中大略相當於裴楷，他大概是模擬於山濤這一型人格而說的。這一義的人格常較有治世才，在世俗事業、人際關係上通常容易有所表現，但在價值觀上則是較從俗的，類似〈崇有論〉之類的觀點，便經常反映著他們的思想態度。至於這類思想態度，雖然也必然受到特定文化氛圍的制約，但大概是遍存於一切時代、一切社會的；它常直接來自於一般常識哲學的立場，因此也是最沒顏色的。這類人格姿態之被重視，原則上並不依賴任何特定文化價值觀之強調，但另兩類恐怕就不是如此了。

就簡淡脫俗、不惹塵事這一義所引生的人格型態言，在中朝名士中大略指樂廣、王衍、庾敳、王承、阮修、衛玠等人，儘管這些人中亦有輕重抑揚，樂廣、王衍大概既是此型人格中的領袖，亦是典型，而庾敳、阮修等人則稍偏於狷介，但大體而言，他們仍有其一致性，而他們基本上也是模擬於當時人心目中嵇康、向秀和王戎的人格而說的。大體來說，這類人格實近乎隱者之人格，如袁宏《名士傳》云：「敳雖居職任，未嘗以事自嬰，從容博暢，寄通而已。是時天下多故，機事屢起，有為者拔奇吐異，而禍福繼之。敳常默然，故憂喜不至也」〔註154〕，類似描述，其實正近於莊子所說「大隱隱於市朝」的型態。這種人格自不可能有真正之事功可言，雖然就人格型態言，每個時代皆不免有此類人格，但它之所以能成一時之欣趣，卻恆必須決定於某一特定的思想態度和文化氛圍也。這一文化氛圍，未必涵蘊著什麼深刻的思想內涵，卻必然和由於老莊之流行所烘托而起的一種對隱者悠然自在之審美趣味的嚮往有關，這是無可疑的。而如果根據此一思想態度，進一步追問其哲學立場之來源時，則我們顯然必須注意到向秀思想的影響。關於這點，一個很明顯的根據，即是樂廣那句「名教中自有樂地」的名言〔註155〕。樂廣此語大抵是持此人格姿態者所共許的思想態度，它大概即意味隱於名教之中，

〔註154〕《箋疏》，頁447，〈賞譽篇〉注引。
〔註155〕《箋疏》，頁24，〈德行篇〉語。

而此隱即表示有種特殊的審美意趣，故稱之為樂地也。而這樣一種隱於名教之中的思想態度，不正是「堯實冥矣」觀點的直接延伸嗎？於是我們乃看到竹林玄學對名士風度的第一類直接影響。

至於另一類脫略形跡的人格形態，在中朝名士中則以謝鯤為代表，這一型的人格所表現的大概就是縱酒狂放，不事名行，毫無疑問的，這型人格乃是模擬於阮籍、劉伶、阮咸等人之人格而說的。大概而言，這類人格方諸前一類人格，無論就其人格型態，或是基本的思想態度言，其實皆有近似性。他們亦近乎隱者，但卻是以一弔詭之姿態而出現的隱者，唯其弔詭性，故使這一人格姿態成為一種對反於人文世界的天地之棄才，因此它不獨不足以成事功，而且根本就是反事功。此種人格居然亦成一時之欣趣，必是由於前文所述之特殊的文化氛圍之偏激化所致也。這一文化氛圍的偏激化，雖亦是由嚮往於悠然自在之審美趣味的思想態度裡產生，但其趣味基本上卻是走調的，這也就是說悠然自在和狂放間，其實是存在著張力的，但唯此張力，遂使自在成為一種「浪漫的自在」。而即在此一浪漫的偏向中，使此一類名士風度和前一類名士間，有了一些思想態度上的差異。順著這一思想的態度而溯其哲學立場的來源，則誠如王隱《晉書》所謂的「其後貴游子弟阮瞻、王澄、謝鯤、胡毋輔之徒，皆祖述於籍，謂得大道之本」〔註156〕，顯然阮籍為此一思想態度提供了最充分的理論基礎。於是我們復又看到竹林玄學對名士風度的另一類影響。

以上，筆者通過了對狹義之名士類型的檢討，確認了各類名士風度，其哲學立場的來源為何。這其中，第一類的名士風度其實是可以忽略的，此乃因為它並不顯任何文化氛圍之特色，也不顯較具意義之思想內涵的原故。而另兩類名士風度，其哲學立場無疑皆源於竹林玄學；但我們亦說，這兩類名士基本上並無嚴格的哲學思考，而僅有某種思想態度，此一思想態度原則上亦只是植基於某種審美欣趣，那麼我們便必須問從竹林玄學演變到名士風度的過程中，竹林玄學的精神究竟有沒有變化？如果有的話，其變化又是什麼？

首先，就狂放型的名士之與阮籍思想的關係而言，雖然說阮籍思想中確已含著「浪漫的自在」這一美感趣味，但誠如戴逵〈放達為非道論〉所云：「若元康之人，可謂好遯跡而不求其本，故有捐本徇末之弊，舍實逐聲

〔註156〕《箋疏》，裴注所引。

之行……然竹林之為放，有疾而為顰者也；元康之為放，無德而折巾者也」〔註157〕，可見當時之人即已對狂放型名士和阮籍之間境界之高下甚為了然，但問題是這一變化的內容為何呢？有一條資料甚值得注意：《世說·任誕》云：「阮渾長成，風氣韻度似父，亦欲作達。步兵曰：仲容已預之，卿不得復爾。〔註158〕此條下注引戴逵〈竹林七賢論〉云：「籍之抑渾，蓋以渾未識己之所以為達也。後咸兄子簡，亦以曠達自居。父喪，行遇大雪，寒凍，遂詣浚儀令，令為它賓設黍臛，簡食之，以致清議，廢頓幾三十年。是時竹林諸賢之風雖高，而禮教尚峻；迨元康中，遂至放蕩越禮」。戴逵的說法很有意趣，他明確指出阮籍的放達實有深意，這是很深刻的觀察。但此一深意為何呢？一般皆以為實係政治考量，但若真是基於反司馬家，則阮籍似無阻止阮渾的充足理由，而且阮籍縱有如此苦衷，不方便對外人講，卻也斷無連自己兒子亦不可說的理由。因此，阮籍若真有深意，則它也似不應從任何外在因素上索解；而如果順前文有關阮籍思想的討論，倒是有一點很可以解釋此一深意。在前文中，筆者曾說明了後期的阮籍一直深陷於由虛無感所導致的存在危機中，而由於孫登和嵇康的啟發，使他一直掙扎在人文世界和原始的蒼茫之間。他既希慕於原始蒼茫的自在，又似乎也雅不願與世情絕裂，這遂使他的生命一直處於某種拉扯與撕裂中。而由這種存在的危機所產生的隱痛，其實是很難言宣，或即使說了，人亦莫之能解，此誠所謂雖在父兄不能以遺子弟的。然而可以斷言的是，阮籍大概決不希望其子亦走上此路，這也許就是阮籍之所以要阻止阮渾也放浪形骸的深意所在吧！

如果筆者前文的解讀無誤的話，則阮籍的放達實有極深沉的存在感受為背景，因此他的種種無視禮教的行徑，實不能簡單地解釋為對名教的批判，它其實只是源自於自己內心掙扎與撕裂，所故意表現的一種怪誕姿態而已，我們唯有從這一姿態背後所深藏的隱痛裡，才能真正走進他的精神世界。然而存在的極限情境，豈是人人皆能經驗到的呢？關於這點，存在主義者早已論之詳矣，不煩贅述。而恐怕亦即由於此故，命定地將使阮籍難覓解人。劉伶是和阮籍相當親近，表面行徑上也最為類似的了。但從其〈酒德頌〉來看，他所謂的大人先生那裡還有一種企慕於原始蒼茫的浪漫性呢？由此而言，即使劉伶也很難說他對阮籍內心的曲折能了解幾分，他只不過把握住了某種形

〔註157〕《全晉文》卷一三七，頁4。
〔註158〕《箋疏》，頁735。

式的浪漫性而已；但以他對「貴介公子、縉紳處士」的描繪，則多少還在「禮教尚峻」時保留了一些對名教之批判性，這可能是劉伶還較元康諸人可取的部分吧！浸假以及元康王澄、謝鯤諸人，顯然不但不懂阮籍的真精神所在，甚且連劉伶對名教之批判性亦一概不知了。於是他們的放達遂成無目標的縱恣，在這縱恣中也許亦有些擬似之浪漫的、無根的美感，但亦最多只是如此而已。所以就這一類型的名士風度而言，它根本就是對阮籍的效響，也是對竹林玄學的完全走作也。

對於狂放名士的「荒唐的、形式的浪漫性」，即使是思想態度和他們相近的另一類名士也完全看不過去。在上引〈七賢論〉之後，戴逵復云：「樂廣譏之曰：名教中自有樂地，何至於此？樂令之言有旨哉！謂彼非玄心，徒利其縱恣而已」。其中「彼非玄心」的批評，自是狂放型名士無可逃的。然而像樂廣他們就真有玄心嗎？於是我們乃必須進而論及樂廣這一型名士和向秀思想的關係。

廣義地說，郭象的思理其實正反映了樂廣這一型名士的思想態度，《世說·賞譽》云：「郭子玄有俊才，能言老莊。庾敳嘗稱之，每曰：郭子玄何必減庾子嵩」〔註159〕，以庾敳對郭象思理如此之推重，當可為證也。而如我們前文已證明的，郭象的《莊子注》，其基本思路和向秀是完全一致的，因此我們當可據此而進一步勾聯上樂廣這一型名士和向秀思想的關係。綜觀郭象注的整個系統思路，大致是集中在「玄冥獨化」和「跡冥圓融」這兩個概念上。前一概念無疑是核心所在。而所謂玄冥獨化，事實上即是指「物任其性，事稱其能」的主體實踐而言，〈養生主注〉云：「冥極者，任其至分」〔註160〕，〈人間世注〉云：「任性直通，無往不冥」，「率性而動，動不過分」〔註161〕等皆可證。就此義言，其思理甚精，也確甚統貫，而它是本於嵇康、向秀之義，亦甚顯然，因為它和向秀之逍遙義實無差異也。後一概念則是對玄冥獨化之主體實踐所踐履之人格境界，所作之進一步舖展。在這一概念中，郭象主要在表達「應跡」之不可無，此義清楚地表達在〈逍遙遊〉、〈德充符〉、〈應帝王〉和〈在宥〉等注中，如他藉「天刑」之說，而云名跡之立乃為順物、無礙於冥之義時云：「今仲尼非不冥也，顧自然之理，行則影從，言則響隨。夫順物，則

〔註159〕《箋疏》，頁435。
〔註160〕《莊子集釋》，頁115。
〔註161〕《莊子集釋》，頁151、184。

名跡斯立，而順物者非為名也。非為名則至矣，而終不免乎名，則孰能解之哉？故名者影響也；影響者，形聲之桎梏也。明斯理也，則名跡可遺」〔註162〕，〈大宗師注〉中亦一再表示「遊外者依內，離人者合俗」之旨〔註163〕，這都是極精警而透闢的說法。不過筆者以為，上述之義基本上仍是本於向秀，因為此義大體可以〈應帝王注〉中的一段話來概括，所謂「變化頹靡，世事波流，無往而不因也。夫至人一耳，然應世變而時動，故相者無所措其目，自失而走。此明應帝王者無方也」〔註164〕是也。然而這段話明白是抄自向秀注的（案秀注前文曾引及），所以我們可以推論跡冥圓融之義亦來自向秀。

然而有一個狀況亦值得注意。一般而言，就今存的向秀注佚文來看，秀注大抵皆扣緊莊子原文而說，即使有所引申發揮，亦少有離開原文之語脈者。如果這一特色真是向秀注之體例的話，則我們便會發現，郭象注常有一些比較逸出原文語脈的發揮。筆者頗為疑心這一部分即是郭象述而廣之的主要部分。如果這一假設並不離譜的話，則我們便得注意〈逍遙遊〉「藐姑射之山」以下一段話的注文。在此注文中云：

> 此皆寄言耳。夫神人，即今所謂聖人也。夫聖人雖在廟堂之上，然其心無異於山林之中，世豈識之哉？徒見其戴黃屋、佩玉璽，便謂足以纓紱其心矣；見其歷山川，同民事，便謂足以憔悴其神矣；豈知至至者之不虧哉？〔註165〕

這段話看來是比較難扣住原文辭句的，也許它可以視作是郭象的發揮吧！當然原則上說，誠如筆者在上一節論向秀之類似說法時，即已曾指出的，我們的確並不能排除廟堂之人逍遙之可能。就此義而言，郭象之注自也並未背離嵇康、向秀之大原則。但郭象注在語義上，卻極易予人一種感覺，即唯廟堂上之聖人，始真能逍遙，這就不免有問題了。蓋嚴格言之，廟堂之人的確可以不受黃屋玉璽之纓紱，但在語言表述上，此語卻須有重要前提，因為廟堂之人之所以能無異於山林，必是他在價值實踐上，自覺地選擇了「自然」這一價值，而必須知道的是，此一選擇本身其實是近乎宗教實踐的；如果略去了此一前提，而直言廟堂之聖人足以冥其跡，則勢必會形成某種程度之混漫也。

〔註162〕《莊子集釋》，頁206。
〔註163〕《莊子集釋》，頁271。
〔註164〕《莊子集釋》，頁305。
〔註165〕《莊子集釋》，頁28。

　　當然，人亦可辯說，這只是語氣輕重間的問題，郭象也許是明白此一前提的。但我們卻必須注意到樂廣「名教中自有樂地」這句話。此語實有相同的問題，亦即此語本身並不能算錯，但它實必須奠基於前述的前提之上，如果少了此一前提，則這句話亦必將形成大混漫。然而他們真有此警覺嗎？從實踐上看，郭象的儇薄無行，固無論矣！以莊子之學的實踐性格，又豈僅是智悟上的事呢？而就算郭象在智悟上是一流的，但以他身處廟堂實踐上之不堪，我們能相信他真有某種價值實踐上的自覺嗎？不過無論如何，郭象在當時的評價，畢竟還不在嚴格意義的名士之列，那麼那些名士又如何呢？他們是如何看待這所謂「樂地」的呢？我們且看以下幾條記載：

1. 《晉書‧王戎傳》云：「戎以晉室方亂，慕蘧伯玉之為人，與時舒卷，無蹇諤之節。自經典選，未嘗進寒素，退虛名，但與時沈浮，戶調門選而已。」〔註166〕

2. 《晉書‧王衍傳》云：「口不論世事，唯雅詠玄虛而已。嘗因宴集，為族人所怒，舉樏擲其面；衍初無言，引王導共載而去，然心不能平」，又云：「累居顯職，後進之士莫不景慕放效，選舉登朝，皆以為稱首。矜高浮誕，遂成風俗焉」，「雖居宰輔之重，不以經國為念，而思自全之計」，後衍為石勒所擒，竟復為勒「陳（晉）禍敗之由，云計不在己」，傳又云：「自說少不豫事，欲求自免，因勸勒稱尊號。勒怒曰：君名蓋四海，身居重任，少壯登朝，至於白首，何得言不豫世事邪？破壞天下，正是君罪。」〔註167〕

3. 《晉書‧樂廣傳》云：「值世道多虞，朝章紊亂，清己中立，任誠保素而已，時人莫有見其際焉。」案：《晉書斠注》引錢大昕《廿二史考異》云：「趙王倫之篡位，廣與滿奮、崔隨進璽綬於倫，可謂之清己中立乎？」〔註168〕

4. 《晉書‧庾敳傳》云：「敳有重名，為搢紳所推，而聚斂積實，談者譏之。」〔註169〕

〔註166〕《晉書》卷四十三，頁853。
〔註167〕《晉書》卷四十三，頁855～857。
〔註168〕《晉書》卷四十三，頁862。
〔註169〕《晉書》卷五十，頁955。

彼等諸人俱是最富清望之輩,這些名士,我們固無法以忠義之標準責之,但難道所謂的「樂地」就只是與時浮沉、不豫世事、清己中立,甚至是思自全之計、聚斂積實而已嗎?這如何能讓人相信他們真有發自於主體意識的價值自覺呢?然則即使是名士之徒,也一樣絲毫不能把握自然與名教之價值論分際,浸假當然也就使自然成為名教之意識型態的護身符矣!王衍以三語辟阮修〔註170〕(案:或作王戎與阮瞻),這是標準的依「自然」之「意識型態性」以戶調門選的例子。當「自然」淪落至此,則「樂地」又何能不變質呢?於是,從向秀所啟的滑轉之機,至此遂變本加厲矣!而竹林玄學的精神亦遂在名士風度的發展中,逐漸蕩然無存了。

* * *

至此,筆者大抵已循玄學史角度,述明了由竹林玄學發展為名士風度的問題。在這一敘述中,筆者的重點乃是以嵇康為核心,來觀察其思想的質變過程。筆者尤其關切的,更是「玄學的嵇康」是如何在歷史的流變中走了調的。就此而言,嵇康自己多少是要負些責任的;由於「歷史的嵇康」和「玄學的嵇康」之間,多少有些模糊地帶,致使他在思想的表達上不免產生了一些煙幕,這當然是他的不幸,也是整個玄學史的不幸。筆者始終以為,嵇康最具原創性的思想,乃在於他的宗教關懷上,他亦以此而將「自然」發展為一個含具終極關懷的價值,這不只是能探莊子的驪珠,也可以說是對莊子學調適上遂的發展,就此而言,嵇康的創造力對現代來說,也還是有著重要意義的。可惜的是,他並沒有發展出足夠清晰的語言來表達他的思想,時代也沒給他充足的條件,甚至繼踵者根本就把握不住他的精髓,洵致成了他思想的質變。一個詭異的時代,扼殺了一個具有原創力的心靈,時耶?命耶?所好的是,終於還有向郭接上了他的啟發,至少相當忠實條暢地舖陳了莊子原來的風貌;即使向郭終於沒能如嵇康一般,提供莊子一條開展的道路,但至少是完成了守先待後之工作的。即此一點,玄學在中國思想史中,便沒有交了白卷,也讓嵇康精神留下了一個重見天日的契機。至於嵇康的宗教關懷與日後道教思想的演變之間,究竟還可以發展出什麼樣的論題,自然就非本文所能及的了。

〔註170〕此事見《箋疏》頁207,〈文學篇〉。但《晉書》則繫於〈阮瞻傳〉,見卷四十九,頁934。此例甚有名,故不錄原文。

　　不過，筆者以為嵇康思想中尚有一個面向未表。關於這點，我們還必須再回到名士風度的討論上。前面我們曾說，名士風度的背後，原則上乃是純粹的審美問題。不可否認的，由於名士風度的品藻，的確促成了中國藝術各層面的大躍進，因此之故，幾乎所有關於魏晉美學思想的著作，均將這一躍進直接和玄學的發展相掛鉤，然而這樣的看法有沒有問題呢？筆者以為此一看法縱然不為無故，但似乎並不能窮盡其中的曲折，其原因實乃出在不能準確區分「美」和「美感」這兩個概念的原故，何以言之呢？如果我們從一個最簡單的角度來看，在元康前後的名士品藻中，論其品題形式，固然是承襲自東漢清議的題目，但其實質意義卻已有了一些改變。若撇開一些朝廷品題和中正任官之關聯性的話，則許多品題實已轉成對人物風姿純美感的品藻。依《世說・容止》所載，此一風氣的確大興於西晉以後，如潘岳、裴楷等都是美姿儀的一時名士〔註171〕，衛玠的故事尤其有趣，〈容止篇〉載其事云：「衛玠從豫章至下都，人久聞其名，觀者如堵牆。玠先有羸疾，體不堪勞，遂成病而死。時人謂看殺衛玠」〔註172〕，然則類似的對姿儀之審美，又和玄學何干呢？而即使是對人格儀型的品題，如我們前文所論，所謂名士風度率得一個「簡」字。這樣的審美標準固然的確和玄學有關，然而我們亦已辨明，名士之崇尚「簡」這一風標，事實上根本就只是建立在對「自然」這一價值的幾重滑轉上，於是「尚簡」遂只成了一種浪漫美感的享受，而和任何終極價值的追求無涉了。關於這點，我們可以庾敳的〈意賦〉這篇短文為例，其文云：

> 至理歸於渾一兮，榮辱固亦同貫；存亡既已均齊兮，正盡死復何歎？
> 物咸定於無初兮，俟時至而後驗。若四節之素代兮，豈當今之得遠？
> 且安有壽之與夭兮，或者情橫多戀；宗統竟初不別兮，大德亡其情
> 願。蠢動皆神之為兮，癡聖惟質所建；真人都遺穢累兮，性茫蕩而
> 無岸；縱驅於遼廓之庭兮，委體乎寂寥之館。天地短於朝生兮，億
> 代促於始旦；顧瞻宇宙微細兮，眇若豪鋒之半。飄颻玄曠之域兮，
> 深漠暢而靡玩；兀與自然并體兮，融液忽而四散。〔註173〕

子嵩此文固是有感而發，其〈本傳〉云：「敳見王室多難，終知嬰禍，乃著意

〔註171〕見《箋疏》，頁610～612，裴楷號為玉人，潘岳、夏侯湛並稱連璧。
〔註172〕見《箋疏》，頁614。
〔註173〕《晉書》卷五十〈庾敳傳〉，頁954～955。

賦以豁情，猶賈誼之服鳥也」〔註174〕，然而此一寄懷境界中所言之「自然」，很顯然地依然只是氣化之自然。換言之，〈意賦〉大體只是阮籍〈達莊論〉的濃縮版而已。庾敳的生命自然並不像阮籍之充滿存在的苦痛，故他並無佯狂式之放達，但他最終所企慕的，依舊只是一種由原始之蒼茫所透映而出的浪漫美感，而不是任何價值之貞定。庾敳此例其實具有相當的代表性，亦即名士風度之各型態，其實皆是以類似對蒼茫之浪漫的企慕為依歸的，此所以他們終只是天地間之「棄才」也。

　　然而筆者以為，魏晉以下藝術精神的大躍進，其實並不如此膚淺，尤其隨著畫論的演進，到了宗炳等人時，他們大抵已不再從浪漫的美感中來看待自然了。如宗炳的〈畫山水序〉所云：

　　　峰岫嶢嶷，雲林森眇，聖賢應于絕代，萬趣融其神思，余復何為

　　　哉？暢其神而已。神之所暢，孰有先焉？〔註175〕

其中所暢之神，乃是從「神超理得」上而說。這一義之下所理解的自然，又豈是名士風度中所意指的自然呢？然則這裡豈不正埋伏一個美學思想史上的大問題嗎？像宗炳之類的思想究竟源於何處呢？筆者以為，如果真想解開此一問題，我們便有必要注意〈聲無哀樂論〉這篇大文章，在它之中其實蘊涵著從「玄學的嵇康」所衍生出來的一個極奇特的面向。這個面向也許並不是嵇康最關切的部分，但無心插柳，這一面向卻似乎成了嵇康思想被發揮得最徹底的一個面向。這也許就是思想史之最詭異處吧！為此，我們乃須進至下一章的討論。

〔註174〕《晉書》卷五十〈庾敳傳〉，頁955。
〔註175〕《全宋文》卷二十，頁9。

第四章　嵇康的美學世界

　　在第二章中，筆者曾提及〈養生論〉和〈聲無哀樂論〉這兩篇文章，共同組構成了「玄學的嵇康」之最主要內容。所謂「玄學的嵇康」，乃是奠基在一個特定的宗教意識上，以追求主體之向自足自在之自己回歸這樣一個價值，為其終極關懷之謂。關於此義，筆者已藉〈養生論〉作了充分的說明，但〈聲無哀樂論〉在「玄學的嵇康」之形構過程中，究竟扮演了什麼角色，則尚未論證。對此一問題的釐清，筆者以為一則足以確定此文的思想定位問題；此外，由於此文明顯涉及到最基本的美學問題，因此它也很確定地提供了一條建構嵇康美學的進路。平心而論，界定好這兩個層面的區隔是重要的，因為即使在西方，美學作為一個獨立的問題意識，也是很晚近的事，這當然並不表示早期的人不思考美學問題，只是這些問題恆必須隸屬於其它價值論的層面之下而已。同樣地，吾亦不以為嵇康是有意識地在思考獨立的美學問題，甚至中國整個樂論的傳統，也都不能從純美學的角度來看；在這些不同的樂論中，其實亦有一個本質的共同點，亦即樂總是被當成「內聖外王」結構中的重要一環，這就表示了中國早期的樂論傳統，它背後實有另一類的價值關懷。以此，我們自必須將〈聲無哀樂論〉納入嵇康更基本的價值意識中來考察，並將其中所蘊涵的美學命題視為導出命題才是。所以在本章中，筆者首先必須關照著嵇康基本的問題意識，以論〈聲無哀樂論〉的主要思想意涵，其次乃是嘗試由此勾勒出它所蘊涵的美學世界，從而得以結合上一章最末所提出的問題，以完整評估嵇康思想的價值與影響。

第一節 〈聲無哀樂論〉詮釋進路的檢討

〈聲無哀樂論〉是篇古代罕見的巨構，而關於它的詮釋進路也是相當紛亂的。嵇康愛琴，琴藝亦絕佳，這大概是無庸置疑的事，廣陵散的典故自古即膾炙人口，他的〈琴賦〉序云：「少好音聲，長而翫之」，向秀亦說他「博綜技藝，於絲竹特紗」〔註1〕，都是明證。然而他在此論中關於樂理的論辯，卻似乎是相當不合常情的，何以言之呢？這其中當然確有許多極不恰當的推論，但我們若不要太在意一些嵇康推論的不善巧，而只著意於其基本論點的話，則此文有一個基本的論辯云：

> 夫殊方異俗，歌哭不同；使錯而用之，或聞哭而歡，或聽歌而感。
> 然而哀樂之情均也；今用均一之情，而發萬殊之聲，斯非音聲之無
> 常哉？然聲音和比，感人之最深者也。勞者歌其事，樂者舞其功。
> 夫內有悲痛之心，則激切哀言；言比成詩，聲比成音；雜而詠之，
> 聚而聽之。心動於和聲，情感於苦言，嗟歎未絕，而泣涕流漣矣。
> 夫哀心藏於內，通和聲而後發；和聲無象，而哀心有主。夫以有主
> 之哀心，因乎無象之和聲，其所覺悟，唯哀而已。〔註2〕

窺其意，則嵇康似是以為和聲乃是一純客觀之物，哀樂只是附隨於此和聲之物上，而非由和聲而引發，亦即和聲本身是完全沒有人情之色澤的。因此，嵇康的整個論辯，乃可歸結於「和聲無象，故無涉於哀樂」這一個命題之上。

然而純樂理地說，嵇康上述的論辯，究竟有沒有道理呢？有不少論者以為此一論辯存在著嚴重的錯誤，如陳戰國先生云：

> 嵇康的〈聲無哀樂論〉不僅否定了自然音響、人的歌哭具有感情色
> 彩，同時也否定了音樂所具有的感情色彩；不僅否定了音樂中蘊含
> 著演奏家的情感，也否定了音樂是作曲家思想與情感的結晶。他之
> 所以犯這樣的錯誤，從理論上講，主要原因是混淆了自然音與音樂
> 的本質區別。嵇康把音樂看成是樂音按照一定次序的排列，這當然
> 是對的，問題是按照一定次序排列起來的樂音所構成的音樂，從本
> 質上講已經不同於自然音了。〔註3〕

〔註1〕《全晉文》卷七十二，頁5，向秀〈思舊賦〉語。
〔註2〕《校注》，頁198～199。
〔註3〕許抗生先生等《魏晉玄學史》，頁229～230。

而嵇康何以會犯下如此的錯誤呢？其原因即在於他們以為嵇康此文原則上仍只是為了反映某種特殊的意識型態立場，亦即由「和聲無象」所追求的「無聲之樂」，乃是表示寒門階級所追求的一種反壓迫的無為之治〔註4〕。可是這樣的詮釋進路一則並沒能真從樂理的論證上，提出足夠的證據來指陳嵇康的錯；再則，其論點間似亦不免有矛盾，如任繼愈即云：

> 嵇康把音樂簡單地看作聲音，所以說「聲無哀樂」。他沒有認識到音樂和其它藝術作品一樣，有它的階級性、社會性。因為音樂是經過藝術加工的聲音，是經過有一定階級立場的人來安排的音調和節奏，並且是為一定的社會政治服務的。〔註5〕

假如說嵇康連音樂的階級性都不曾認識到的話，那麼他又如何可能將此文視為是某種意識型態的表達呢？因此，筆者以為這樣的詮釋進路恐怕是不可取的。

　　另外，牟宗三先生則也有一個矛盾的說法，他一方面以為〈聲無哀樂論〉乃是嵇康依其哲學心靈，而展現出的一種客觀的和聲之美，他說：

> 和聲當身之純美觀及其特色也。「託大同於和聲，歸眾變於人情」，使和聲當身從主觀人情禮樂教化之糾纏中得解放，此種「客觀主義之純美論」亦為極有意義者。〔註6〕

然而另一方面他又從樂理的層次否定嵇康這一客觀主義的可能性，如他所說：

> 聲音固是以「和」為體，哀樂固是主於心，因感而發。然問題是在：聲音是否只是「和」之一通性？是否尚有具體而各別之色澤？聲音本身固無所謂哀樂之情，然豈因此即無具體之色澤？此則不易撥無者。和之通性即在具體色澤中表現，具體色澤亦總附離於具體之聲而與和之通性為一。如高亢、低沉、急疾、舒緩、繁雜、簡單、和平、激越等，皆具體色澤也。此亦可謂和聲之內容。……如聲音有具體之色澤，則所謂哀樂因感和聲而發，哀樂之情與和聲之色澤間亦必有相當的關係。……然則經由和聲之色澤而感哀樂，或經由和聲之色澤而徵知某種事物，亦非可輕易否定者……傳統之觀點即依此而說聲音有情矣。嵇康不分聲音之通性與殊性，故其論辯常多糾

〔註4〕參見任繼愈編《中國哲學史》，頁202。
〔註5〕參見任繼愈編《中國哲學史》，頁198。
〔註6〕牟宗三先生《才性與玄理》，頁355。

纏不清，亦不恰當。〔註7〕

然則牟先生又當如何面對此一矛盾呢？

同樣地，曾春海先生的詮釋進路，也如牟先生一般，存在著類似的矛盾。他一方面引述李澤厚等的說法，將「和」當成一個本體論的概念，並將之歸屬給樂，從而推論說：

> 聲樂至和的本體具有潛在的、無限可能的形上屬性。因此，就道家
> 的存有論而言，美即是契合永恆相的真實。互古常存的道之真實，
> 其體性即原天地之美，藉萬物資以開顯發表，不但表露了真實義，
> 也展示了無盡的美意。對道家而言，美與真互為表裡，係道的二重
> 屬性。換言之，兩者恆一體俱呈。蓋存在者的真實性，若能以自足
> 自發的方式來開顯道，當下即展露了美。美就是自然，亦即是真，
> 而真或自然的義諦在於道生動而豐富的顯露映發。〔註8〕

這說法固然較之牟先生是進了一步，但就其將自然之和當成一真實而客觀的本體言，則和牟先生客觀主義的論調仍是一貫的。而曾先生另一方面亦云：

> 聲之個別聲有其分殊的自然體性，分殊的個別聲不會自行組合成一
> 純自然的樂曲。樂曲係由作曲家靈活的運用樂理，巧妙地將分殊的
> 個別音組合成具有節奏變化及整體秩序性、統一性的和諧狀態。換
> 言之，和樂之和是人將個別的自然聲，透過人的創造性之加工而成。
> 音樂的創作動機、意向及水準是脫離不開作樂者生命內在的心理意
> 識，及其與所處的外在際遇、氣氛之相互關係。〔註9〕

這等於又從樂理上否決了將和視為一個客觀本體的可能性，然則這豈不是個問題嗎？

筆者以為，戴璉璋先生亦有一個近似於曾先生的說法，他亦以為嵇康是將和視為一個客觀的本體論概念，他說：

> 他（嵇康）認為音聲之作是本於天地氣化之自然。……五音與五色
> 一樣，都是天地間陰陽變化所形成的。音聲一旦形成，就有它自己
> 的體性，不因後來的遭遇而有所改變。這體性究竟是什麼呢？嵇氏
> 說「音聲有自然之和」，「聲音以平和為體」。這使我們想起上文提到

〔註7〕牟宗三先生《才性與玄理》，頁349～350。
〔註8〕曾春海先生《嵇康》，頁181。
〔註9〕曾春海先生《嵇康》，頁170。

過的老莊以來的自然觀。嵇氏從氣化之本然這裡說音聲之自然，又
從音聲之自然這裡說和，說聲音之體。這與他在性命自然這裡說
和，說養生之道有一致的理趣。聲音既以平和為體，則能呈現平和
之體的音聲就稱為和聲。和聲在八音克諧中呈現，也在五聲協調中
呈現，此外聲音的猛靜、曲調的變化都可以呈現和聲。依嵇氏的看
法，音聲之和既出於自然，則「無係於人情」。這是他主張聲無哀樂
的主要理由。和聲既然無係於人情，則它也就「無象」。這是說它沒
有任何象徵意義。所以嵇氏反對世俗認為「文王之功德與風俗之盛
衰皆可象之於聲音」的說法。從和聲無象這裡，嵇氏契悟了玄理。

由和聲是音聲盡其自然體性的表現這一點，我們可以推知：和聲之
所以有弘大的感人動物的作用，正是由於自然的和理本為萬物所共
具，天地萬物本為太和一體，所謂與人和，與天和，人物彼此都可
經由和理而互相感通。〔註10〕

像這樣一種詮釋進路，姑且先不論其是否恰當，若它真要貫徹下去的話，則
顯然首先便得從樂理上克服前述的矛盾，換言之，亦即必須先從樂理上提供
一套論證，來說明「和聲無象，故無涉於哀樂」這一命題的有效性才行。然而
此一說明是可能的嗎？曾春海先生有一段話云：「樂中上品係能表現聲律本身
的和諧及純粹的美感，是藝術上的造詣高深，哀樂只是人情感生活的屬性，
與至樂表現出音樂美感的屬性係不同範疇。」〔註11〕筆者以為這段話中，多
少已經透出了一些論證的可能方向，但可惜的是他並未能真正提出一套完整
的論證，因此我們仍得問，從樂理上應如何理解至樂的範域呢？

　　筆者必須承認，關於此一論證，實在涉及了音樂美學中相當專門的部分，
而這是筆者鮮少涉獵的。所幸的是，近人已有不少這方面的討論，尤其張節
末先生在《嵇康美學》一書中，假借嵇康與漢斯立克（E. Hanslick）的比較，
提供了一個相當精彩的論證，今即借助他的說法，來為牟、曾、戴諸先生的
說法補上必要的樂理說明〔註12〕。依張先生所述，漢斯立克在《論音樂的美》

〔註10〕戴璉璋先生〈嵇康思想中的名理與玄理〉，《中國文哲研究集刊》第四期，頁
　　　　243～244、247。
〔註11〕曾春海先生《嵇康》，頁171。
〔註12〕就筆者知見所及，錢鍾書先生早在《談藝錄》中已提及嵇康和漢斯立克論點
　　　　的近似性，參見該書，頁348。此後如蔡仲德先生《中國音樂美學史》等亦同
　　　　意此一論點（參見該書，頁605～606），近人論此者頗多，不煩一一具引。

一書中，和嵇康之主張有一個出發點的一致性，亦即認為音樂之美完全無涉於任何主體的感受。這樣的看法自然並非否決主體所擁有的審美能力，而只是主張音樂之美有其客觀的一面而已。張氏云：「漢氏所主張的美的客觀性，是針對主觀情感而言的，他並不否認審美主體另有一種理智的直觀能力來享受音樂的美，並產生審美的愉悅」〔註 13〕，如此的主張固然頗有別於常情的認知，但亦確有其思理在。

順張先生的整理，漢氏從一種客觀主義的立場出發，希望從某種認識論的角度，來確立音樂之真與美的獨立於任何主觀評價的必然連繫關係。漢氏自然知道，作為音樂的兩大成素之旋律與和聲，它乃是人文性的東西，而音樂美的產生，即在這些樂音的「運動形式」之中。漢氏云：

> 音樂美是一種獨特的只為音樂所特有的美，這是一種不依附、不需要外來內容的美，它存在於樂音以及樂音的藝術組合中。優美悅耳的音響之間的巧妙關係，它們之間的協調和對抗、追逐和遇和、飛躍和消逝，這些東西以自由的形式呈現在我們直觀的心靈面前，並且使我們感到美的愉快。〔註 14〕

即在這樂音的運動形式中，出現了音樂之真與美的聯繫。而漢氏亦進一步表明，這裡所說的音樂之真，它和「自然法則」──亦即聲音頻率之和諧律動這一自然律──之間存在著一定的「祕密聯繫和親和力」〔註 15〕。由它們，即共同組成了音樂之不變的本質。進一步說，音樂家固亦有其自己的情感世界，這也是任何創作不可少的成素，但這個成素並無涉於音樂性本身；音樂之音樂性永遠只來自於依那原始的和諧而有的樂音之律動形式，故漢氏乃有一名言云：「音樂的內容就是樂音的運動形式」〔註 16〕。

張先生以為，漢氏這一關於音樂本質的說法，和嵇康的思想是完全一致的，這包括嵇康亦以為音樂必須服膺於自然律，亦即「自然之和」，而即在順此自然之和中，樂音依律呂之規律而運動，由之而形成音樂等等〔註 17〕，可

〔註 13〕張節末《嵇康美學》，頁 140。
〔註 14〕漢斯立克著，楊業治譯，《論音樂的美》，頁 49。
〔註 15〕漢斯立克著，楊業治譯，《論音樂的美》，頁 52～53。
〔註 16〕漢斯立克著，楊業治譯，《論音樂的美》，頁 50。
〔註 17〕如《校注》，頁 212，嵇康云：「律呂分四時之氣耳，時至而氣動，律應而灰移，皆自然相待，不假人以為用也。上生下生，所以均五聲之和，敘剛柔之分也。」

見嵇康認知音樂的方式，和漢氏實可謂異代而同調。筆者以為，張先生此一類比式的比較，確實是相當深刻的。

　　進一步而言，從審美主體上說，吾人亦可對音樂採取一種評價，但漢氏以為，這一審美的評價並非來自於音樂家或聽眾自己的主觀情感，而是來自於一種「純觀照活動的幻想力」〔註18〕。依張先生的解釋，所謂幻想力乃是「一種稱為注意傾聽的直觀，就是對一些樂音形式的連續觀察」〔註19〕。這也就是說，我們不是把自己的情感參與到樂音的律動中去，而是單純通過對樂音律動形式之體察，來對音樂進行審美的評價。關於這點，漢氏有一相當深刻的說法云：

> 音樂不是通過所謂激情的描寫來引起我們的同情。我們以愉快的精
> 神、平靜的胸懷，真誠忘我地欣賞著在我們面前流動的作品，並且
> 更深刻地體會到謝林所說的「美的崇高的超然性」。音樂使我們清醒
> 的心靈感到內心的快樂，這是最高尚、最健康，並且不是能輕易做
> 到的傾聽音樂的方式。〔註20〕

漢氏此一由幻想力以傾聽音樂的說法，誠如張先生所指出的，它和嵇康之由「躁靜專散」而說音樂之聆賞，確是如出一轍，而我們亦的確不能將躁靜等等視為是情感的表現，它實在只是一種對律動之觀照也〔註21〕。由這樣一種傾聽的方式，它自然會要求於審美主體，必須儘可能以虛靜的方式隔離自我情感的糾纏，以進入某種純粹觀照的境界，於是它也必然會引出某些工夫論式之要求，這是必須注意的。

　　不過，儘管漢氏已將情感因素排除在音樂性本身之外，但亦必須說這只是表示情感和音樂性不構成本質的、必然的、穩定的聯繫而已，一段急切、狂熱的旋律究竟是表示憎恨或激情，其間不存在必然的關係。而我們要拿什麼感情加到某段樂句上去，這是隨我們自己解釋的；但我們必須知道，無論怎麼解釋，它都只構成聆賞音樂時的「非審美」感受而已〔註22〕。就這個意

〔註18〕漢斯立克著，楊業治譯，《論音樂的美》，頁18。

〔註19〕張節末《嵇康美學》，頁149。

〔註20〕漢斯立克著，楊業治譯，《論音樂的美》，頁92。

〔註21〕牟宗三先生在前引書，頁353中曾云：「聲音之體盡於舒疾，此舒疾為強度字，內可含有許多其他之色澤，不只是抽象之廣度字。」是牟先生以為，舒疾躁靜中必內含著情感之色澤。此恐非嵇康之意。

〔註22〕關於此義，詳見漢斯立克前引書第二章「情感的表現不是音樂的內容」，頁27～30的討論。

思而言，張先生亦以為嵇康和漢氏的論點是一致的。然而張先生以為，漢氏提及此一問題，旨在將非審美的部分驅逐出去，但嵇康卻以比較寬容正面的態度，來正視聆賞音樂對感情的調理功能，因此嵇康乃能正面肯定音樂之移風易俗的功能〔註23〕。

　　以上筆者大抵簡述了張先生所作的比較，從此一精闢的比較中，我們可以發現的確可以引漢斯立克的論證，來從樂理上證成嵇康的論辯。換言之，即使從論辯的邏輯上說，誠如不少人指出的，嵇康的許多類比性論證，充滿著詭辯的特質〔註24〕，但若略過這些邏輯上的瑕疵不看，則嵇康通過他在琴藝上的造詣所產生的樂理思維，的確是可以取得某種理性上之效度的。因此，牟宗三、曾春海等先生從樂理上對嵇康所作的批評，便也不一定是正確的，筆者以為，無論我們是否同意嵇康乃至漢斯立克對樂理的說法，至少嵇康依然是有理由堅持其立場的。於是，我們也可以逕行取消此一批評，而直接即以漢氏的論證，來支持牟、曾、戴諸先生另外所作之客觀主義的判斷，這樣也就能解消掉牟、曾二先生說法中的矛盾了。而按照如上對漢斯立克理論的說明，我們也很容易看到，「自然之和」作為音樂之本質，它事實上就是一個本體論的概念，這當然也就提供了曾、戴二先生極佳的論據。

　　然而，就算我們可以在樂理上將嵇康的論辯疏理清楚，給它一個理性上客觀的定位，是否就代表此一詮釋進路真足以掌握嵇康此文的意旨了呢？這裡其實存在著一個基本的問題：大概沒有論者會簡單地認為嵇康只是為了當一個音樂哲學家而已，牟宗三先生說嵇康此文只是表達了一種「客觀主義的純美論」，這大概是一時的不審之辭吧！嵇康豈會只是個寡頭的，以音樂審美為第一義的客觀主義者呢？然而嵇康寫此文究竟意欲何為呢？如果我們假設嵇康的思想有其一貫性的話，則恐怕便不應將此文和嵇康的問題意識作割裂式的處理。換言之，此文的詮釋進路至少不應和「玄理」有任何矛盾處。此一立場似乎也是多數論者的主張，如戴璉璋先生即以為此文表現了對玄理的慧識〔註25〕；另一方面，嵇康亦在此文最後直接表示了他作此論所追求的「無聲之樂」之理想，乃在企慕於「崇簡易之教，御無為之治」的境界〔註26〕，

〔註23〕參見張節末前引書，頁157～161之討論。

〔註44〕如吉聯抗先生《嵇康聲無哀樂論譯注》便直接以「詭辯」來說嵇康的許多論辯。牟宗三先生前引書亦以為「其論辯多不堅強」（頁355）。

〔註25〕參見戴璉璋先生前引文，頁243～248。

〔註26〕關於〈聲無哀樂論〉的最後一部分，的確有些問題，因為嵇康在此文的前七

如果這一追求並非基於任何意識型態之目的的話，則我們便只能說此文確是企慕於玄理這一人文理想。然則，我們乃有必要要求嵇康此文的樂理和玄理必須是相容的，但實際上它們真能相容嗎？

　　現在問題的關鍵乃在兩點上，一是由前述之樂理中所說的「自然之和」，它和玄理中所意指之「自然」是否是一致的呢？其次則是由自然之和所導出的音樂性，它在通過審美主體之聆賞時所需要的虛靜工夫，和追求玄理之自然境界所需之工夫是否一致呢？就前者言，由樂理所說的自然之和，它所意指的乃是自然律本身的和諧性。張節末先生云：

　　　　自然作為審美的對象，它具有客觀的規律性，這是自然美的基礎，
　　　　當人們對自然進行審美觀照，直觀地意識到自己已經把握了自然的
　　　　規律，就會產生自由感。這種自由從本質上講是合乎自然規律的自
　　　　由。〔註27〕

這段話如扣著此文，當是指在聆賞音樂時，通過對樂音運動形式之把握，以進入自然之和時，即完成一種對音樂之自然美的審美，並由之而體會到一種自然之感。但這說法是有問題的，依康德的說法，能把握到自然之規律性，至多只能產生一種合目的感，它並不是什麼自由感〔註28〕。在合乎自然規律中，其實是沒有自由可言的。換言之，如依我們前文所曾提過的莊子之自然義來看，則「自然之合」恰是一種「他然」，它和玄理所意指之自然，恰成一種背反關係。換言之，由樂理而說的「自然之和」根本就和由玄理而說的「自然」無法相容〔註29〕，那麼這不就產生大問題了嗎？

　　　　部分幾乎都在否決音樂的移風易俗功能，但最後一部分卻忽然轉而肯定此一功能。蔡仲德先生前引書即以為「第八部分與前七部分之間確有矛盾之處，但都貫穿『聲音以平和為體』的思想，其基本觀點還是一致的。」（詳論見該書，頁580～581）但蔡先生完全不能解釋它何以「既矛盾又一致」。

〔註27〕張節末《嵇康美學》，頁11～12。

〔註28〕參見康德《判斷力之批判》「引論」第五節，牟宗三先生譯本，頁133～134。又康德亦說審美判斷之某種消極的自由感，但這種感覺並不由把握自然之規律性而來，它是源自於遠離一切利害關心而生的。參見譯本，頁174。

〔註29〕今天一般論者，大抵皆以為嵇康此文表現了道家的音樂思想，但幾乎所有論者皆不曾看出「自然之和」和由玄理而說的「自然」不能相容。如曾春海先生前引書，頁181云：「音樂的最高本體『和』超越了現實社會的實用性，亦超越了反映人主觀哀樂情思的表現性」，這自然是可以如此說的，但曾先生繼而又云：「它是不偏執於表現個體精神的一種無限自由的永恆相」，這就不知道如何證成了。在律動形式的自然諧和中，筆者完全看不出如何能使主體進

再則，聆賞音樂所需要的虛靜工夫，嚴格來說，它只是指對一些外在情感之牽纏的撥除，以使審美主體得以專注於樂音的律動上而已，所虛所靜者，並非針對此主體之自身而言，這顯然也和我們前文曾論及的，追求玄理之自然境界所需的工夫完全不一樣，因為後者的工夫純指主體之向自在自足之自己回歸而言，這是完全不能混同的。由這兩點綜合來看，則顯然的事實乃是，我們並無法從此文的樂理跨入到此文的玄理。這也就是說，就算前引之牟、曾、戴、張諸位先生，頗能相應地把握嵇康此文的樂理部分，同時還能進一步給出理性的詮釋，但他們的詮釋進路卻依然不可能掌握此文的真正意旨。然則這豈不是出了大問題嗎？我們有什麼辦法能夠化解此文所出現的樂理和玄理之緊張關係呢？

第二節 〈聲無哀樂論〉的主要思想意涵

在上節中，我們簡單析論了嵇康在〈聲無哀樂論〉中所表示的樂理，但我們亦說，樂理部分決不能視作是此文的主要關懷，嵇康此文的真正關懷，仍必須回溯到他基本的問題意識之上。於是我們乃看到此文因此而出現的一種緊張關係。現在的問題是我們有沒有可能化解此一緊張關係呢？坦白說，筆者對化解此一緊張的可能性，其實是持著相當悲觀的態度，因為存在於嵇康之樂理與玄理之間的，根本就是一種本質的矛盾，既是矛盾，又如何化解？因此，筆者仍傾向於一種解釋方式，亦即嵇康在此文中還是和〈釋私論〉等文一般，對自然一詞出現了意義上的嚴重滑轉。筆者自然知道，如此的理解方式，幾乎是對反於今天所有關於嵇康音樂美學之討論的，然而筆者以為，唯有以此解釋方式，並通過對傳統樂論一個基本形式框架的引入，我們才有可能比較一貫地看出此文在嵇康整體思想中的分位，外此則都將不免使嵇康此文喪失思想之創發性，而只成一類似阮籍〈達莊論〉之不成熟作品也。如果我們並不想讓我們的詮釋，竟至喪失了嵇康在玄理上之創發性的話，那麼筆者此一理解方式便是必要的。於是筆者乃必須先介紹一下我打算引入的理解框架。

此一框架即是《禮記・樂記》所說的「聲、音、樂」三分的結構，這是一個無論是在哲學或是美學上都有特殊意義的結構。〈樂記〉云：

入無限自由的永恆相，難道能超越於實用和主觀之情思，便意味能進入無限自由嗎？道家所意指的自然顯然並不如此淺薄。

人心之動，物使之然也。感於物而動，故形於聲。聲相應，故生變；
變成方，謂之音；比音而樂之，及干戚羽旄，謂之樂。

樂者，通倫理者也。是故知聲而不知音者，禽獸是也；知音而不知
樂者，眾庶是也。唯君子為能知樂。是故審聲以知音，審音以知樂，
審樂以知政，而治道備矣。……知樂則幾於禮矣。

聖人作為父子君臣，以為紀綱。紀綱既正，天下大定。天下大定，
然後正六律，和五聲，弦歌詩頌，此之謂德音；德音之謂樂。〔註30〕

這幾段引文有兩點是特別值得注意的，其一是此一區分並非由〈樂記〉所首
創，音與樂之二分，事實上早可見諸春秋以前的古文獻，如《左傳昭公廿一
年》伶州鳩所云「音，樂之輿也」即是〔註31〕，後來「鄭聲」、「鄭衛之音」
和「雅樂」的分別，更是大家耳熟能詳的，《荀子・樂論》亦云：「先王貴禮樂
而賤邪音」，「齊衰之服，哭泣之聲，使人之心悲。……姚冶之容，鄭魏之音，
使人之心淫；紳端章甫，舞韶歌武，使人之心莊。故君子耳不聽淫聲……」
〔註32〕綜合這些文獻，其區分雖有詳略不同，但大體可以確認的是，聲和音
構成一組意義，而樂則代表另一組意義，同時，此一區分也幾乎和中國音樂
思想同其久遠。其中，聲和音雖大體可以互用，但時代越晚，則越傾向在兩
者間形成一些差別，如〈詩序〉即云「情發於聲，聲成文謂之音」是也〔註33〕。
如此遂成聲、音、樂三分的結構。

另外，更值得注意的則是這三分的結構，其區分的標準究竟為何？如按
上引文中所說，乃至〈詩序〉的說法，則聲和音的區分大抵是明確的，聲既是
指人心之感物，亦即人情之應物而表現，遂因喜而笑，因怒而斥，因哀而哭，
故云「聲相應，故生變」也。換言之，聲乃指相志於情緒活動而有的發聲，以
此而言，有情緒表現的自亦包括人之外的許多高等動物，故引文中亦云禽獸
知聲。至於音則非禽獸所知，這是因為音比聲又多了一個限制條件，即它必
須「成文」或「成方」，亦即它必須具備人文性，而有人文性之聲，顯然即是
指我們今天一般所謂的「音樂」，也就是英文之「music」。而就這兩者言，音
的重要性無疑是遠大於聲的，我們甚至可以說，離開了音的聲是不具什麼意

〔註30〕以上三段引文，分見《禮記注疏》，頁 662、665、691。
〔註31〕《左傳注疏》，頁 867。
〔註32〕以上兩段引文，見王先謙《荀子集解》卷十四，頁 630～631。
〔註33〕《詩經注疏》，頁 13。

義的，是以聲這概念乃經常吞沒於音中，而聲音之區隔亦隨之而泯。但音和樂的區分又是如何呢？這似乎就比較費思量了。

　　就〈樂記〉的說法言，「比音而樂之，及干戚羽旄，謂之樂」，有人即從這字面意思而說樂乃是可配以樂器之演奏及舞蹈者〔註34〕，但坦白說，這一講法是毫無意義的，桑間濮上之音豈不可以配舞乎？那麼，何謂樂呢？〈樂記〉說它是一種「德音」，德音是可以「正六律、和五聲，弦歌詩頌」的，也就是說樂本質上還是一種音，但卻是又得加上一個重要條件的音，此一條件即是「聖人作為父子君臣，以為紀綱」，也就是「通倫理」之謂。以此字面來看，則樂即是一種能綱紀人倫之音，但這話究竟該如何理解呢？李澤厚、劉綱紀的《中國美學史》把它說成一種「由之可以體會出某種社會政治倫理道德的音」，並申論說：

> 樂雖是人的情感的一定形式的表現，但卻不是任何一種情感的形式
> 表現，而是倫理性的社會情感的表現。不論在任何歷史時代，也不
> 論藝術所表現的情感的具體內容如何，真正的藝術作品所表現的情
> 感都不是動物生理的情感，而是具有普遍的社會性的情感。〔註35〕

這說法自然是清楚多了，他將樂音之綱紀人倫理解成一種「倫理性的社會情感的表現」，這就〈樂記〉的文字看，的確是有相當解釋效力的，換言之，依如此解釋方式，樂音之音實具有特定之情感內容，它儘可沒有固定的律動形式，但任何律動形式都只能連繫著此一情感內容，而不能有所踰越。然而如此一來，豈不就立刻會捲入音樂理論之根本論戰中去了嗎？試問什麼樣的律動形式會和某一特定的情感內容，形成必然的對應關係呢？

　　關於上述問題，筆者了解在今天許多音樂理論的論戰中，其實是還不曾有定論的，這也就是說我們恐怕還很難從此一層次來準確論定樂之內涵。不過，我們也必須注意到〈樂記〉界分音與樂的模式，和《論語》之論樂似乎並不一致，然則我們應如何看待此一不一致的現象呢？《論語》論樂，如子之聞韶，餘音繞樑，這當然表示音樂性仍是樂之必要條件。但孔子亦說：「人而不仁，如樂何」、「樂云樂云，鐘鼓云乎哉」，這表示樂除了在音樂性之外，尚必須有「仁」以為充分條件，那麼什麼是仁呢？在李澤厚等人的詮釋裡，他

〔註34〕曾春海先生前引書，頁 151 即云：「對照樂音而配以樂器的演奏及舞蹈，則成
　　　　就了嚴格義的樂。」
〔註35〕《中國美學史》第一卷，頁 401。

們仍將仁理解為某種倫理性的社會情感〔註36〕，若真是如此的話，則《論語》和〈樂記〉之論樂自有其一貫性。然而仁這一概念適合作如此之理解嗎？就今天一般對儒家的理解脈絡，恐怕很少人會支持此一詮釋方式；仁作為孔子思想的核心，比較恰當的理解，似乎還是應將它當成是一「主體性」之概念才是〔註37〕，否則孔子的創造力，他在中國文化乃至終極價值關懷之主導地位，便可能皆只被矮化成一位社會道德家而已，這當然是不妥當的。而如果仁只適合理解為某種主體性的話，則仁作為樂之充分條件，即意味著樂較諸音更應加上主體之價值自覺這一先決條件，這表示樂更要涉及到人格價值乃至於終極關懷的層面。很明顯地，這一層面對比於前一層面，乃是一虛的、第二序的層面，它是一種價值論上的規範性說法。因此我們可以說《論語》之論樂，原則上是比〈樂記〉論樂更高一層的，它指出了樂在價值論上的標準；亦即儘管樂與音俱須服從於音樂性的法則，但若缺乏了主體價值自覺這一層次，便不可能使音進入到樂的層次，至於這一自覺究應通過什麼形式來表現（〈樂記〉基本上是從此一層面立論），則大抵不是《論語》所關切的論題，這也就是說《論語》之論樂不必是〈樂記〉之論點外的另一規定，而是提於〈樂記〉之上之更本質的規範。於是我們乃可以明確看到樂與音在另一層次上的區別。

　　筆者以為，音和樂這一層次的區別，在莊子中其實也有完全一致的說法。《莊子·齊物論》之「人籟、地籟和天籟」之對比，是很有意義的。依莊子之說，人籟乃指比竹，地籟則指眾竅，就音樂言，這大概相當於聲、音兩概念，應無可疑，但天籟呢？天籟顯然是莊子所追求的最高境界之音，也就是說它顯然涉及了「樂」的層次，但它是什麼樣式的音呢？在〈齊物論〉中，莊子其實從未正面表達天籟之音的具體形式是什麼，換言之，莊子並未作〈樂記〉論樂這一層次的表達，他只是說：「夫吹萬不同，而使自己也。咸其自取，怒者其誰耶」〔註38〕，這說法當然是很奇怪的。依這幾句話，它至多只

〔註36〕《中國美學史》第一卷，頁126～130。
〔註37〕劉述先先生在〈孟子心性論的再反思〉一文，曾提及芬格雷（H. Fingarette）《孔子》一書，主張只從行為主義的觀點來看禮儀的意義，也就是說仁這個概念不應當作「心」來看，是孟子才開始強調主體性意義的心。此書雖引起震動，但劉先生在該文中已作了辯正，可參閱。詳見《孟子思想的哲學探討》，頁75～78。
〔註38〕《莊子集釋》，頁50。

消極地表示了天籟之音並不離眾竅、比竹之外，而另成一類音樂，但它又不同於眾竅比竹，這不同在哪裡？關於這點，牟宗三先生有一段相當精闢的詮釋云：

> 蓋「人籟比竹是已，地籟眾竅是已」，皆有物有指，而當子游問及天籟，則子綦卻並無可指以示之，只說「夫吹萬不同，而使其自己也，咸其自取，怒者其誰耶」？此只以疑問語句暗示之。此即示：天籟並非一物，只是一「意義」，一「境界」。此意義，此境界，即就「吹萬不同」之自己、自取而暗示之，故即「自然」也。「自己而然，謂之天然」，背後並無一怒發之者使之如此。……（郭注）下即申明此天籟之自然直接所函之意義，即自生、自在，而化除因果方式下之他生、他在與他然。吾人必須先知此自生、自在，乃是繫於主體之境界，即「自己無待，一切無待；自己平齊，一切平齊」之境界。不可落於因果方式下，追求自生自在究如何而可能。即不可當作一客觀問題而辯論之。〔註39〕

此即是說天籟本質上在表示一個主體之自足、自在而無待的意義境界。這個境界可不可以相應於某類特的表現形式，當然可以另外斟酌，但莊子顯然確是由一個「主體的境界」上，來定位天籟，並以之區別於人籟和地籟。此一思路和上說《論語》論樂的思路，無疑是一致的。由此，也相當清楚地顯示了，在中國傳統的樂論中，無論其家派如何，的確均曾在音和樂之間作過明確的界分，而且對音和樂在義理層次上的定位，亦的確有其一致性。

以上，筆者大致說明了傳統樂論「聲音樂」三分的架構。筆者以為這一架構對理解〈聲無哀樂論〉，實有其關鍵性，這不只是因為哲學上的理由，更重要的是，在此文中，嵇康根本就是依照這一參考框架在思考整個問題，其證據請看如下之引文：

> 夫天地合德，萬物資生，寒暑代往，五行以成。故章為五色，發為五音，音聲之作，其猶臭味在於天地之間；其善與不善，雖遭遇濁亂，其體自若而不變也。豈以愛憎易操，哀樂改度哉？
>
> 及宮商集化，聲音克諧，此人心至願，情欲之所鍾。
>
> 古人知情不可恣，欲不可極，因其所用，每為之節；使哀不至傷，

樂不至淫，斯其大較也。〔註40〕

這三小段文字幾乎不用說明，便可看出它們正是相應於「聲、音、樂」這三個概念的。而筆者之所以刻意將這段話區分為三個小段落，即為了明確突顯嵇康的論述意旨果然是在上述架構中。於是，我們乃可以毫不猶疑地依此參考框架，來理解嵇康在此文中所表示的主要思想意涵。當然，最重要的部分無疑是在論樂一部分上。

如果我們依據這樣的詮釋進路，便會很快地發現到前此所有論者，不是忽略便是錯解了此文中一些關鍵性的段落。何以言之呢？比如說下引的兩個段落：

夫曲用每殊，而情之處變，猶滋味異美，而口輒識之也。五味萬殊而大同於美，曲變雖眾亦大同於和。美有甘，和有樂，然隨曲之情，盡於和域，應美之口，絕於甘境，安得哀樂於其間哉！〔註41〕

夫會賓盈堂，酒酣奏琴，或忻然而歡，或慘爾而泣，非進哀於彼，導樂於此也。其音無變於昔，而歡感並用，斯非吹萬不同耶，夫唯無主於喜怒，無主於哀樂，故歡感俱見。若資偏固之音，含一致之聲，其所發明，各當其分，則焉能兼御群理，總發眾情耶！由是言之，聲音以平和為體，而感物無常；心志以所俟為主，應感而發。然則聲之與心，殊塗異軌，不相經緯，焉得染太和於歡感，綴虛名於哀樂哉！〔註42〕

這兩段話依一般的講法，大體都是朝向著樂理式的理解，亦即以為樂曲之律動形式原有其自然的和諧性，這一和諧性是純客觀的，它自成一「和域」，而和任何主觀之情感無涉，故云：「曲變雖眾亦大同於和」、「聲音以平和為體，而感物無常」也。這樣的說法在順通文句上，固亦頗順適，然而假如說我們真以為嵇康只是在追求這一客觀之和諧性的話，則他在〈琴賦〉中的一些意思便將不可解。比如〈琴賦〉云琴可「導氣神氣，宣和情志」，「齊萬物兮超自得，委性命兮任去留」，「性絜靜以端理，含至德之和平」〔註43〕，這也就是說嵇康顯然也把琴藝視為養生之一個法門，但琴何以能如此呢？難道說追求

〔註40〕《校汪》，頁197～198。
〔註41〕《校汪》，頁216。
〔註42〕《校汪》，頁217。
〔註43〕以上三句話分見《校注》，頁83、96、106。

音樂之客觀和諧性，就足以養生嗎？就音樂之聆賞言，我們如真要能進入律動的形式以捕捉其和諧性，固然的確需要有某種實踐工夫，以將我們和一些情欲之牽纏作一隔離。然而這樣的工夫和嵇康在〈養生論〉中的說法是不一致的，在前文中，我們曾引及嵇康之說云：「知名位之傷德，故忽而不營，非欲而強禁也；識厚味之害性，故棄而弗顧，非貪而後抑也」，這表示養生的工夫，並非只是和情慾之暫且隔離，若然者，則我們便無法說可由對音樂之客觀聆賞，以進至養生之境界。由此來看，則我們便得懷疑上引的兩段話，是否適合用樂理式的進路來理解。

然而若不以樂理式的方式來理解，又當如何理解呢？筆者以為我們得注意到引文中的幾句話，即「無主於喜怒，無主於哀樂」和「心志以所俟為主」等說法，它們和〈養生論〉「愛憎不棲於情，憂喜不留於意」以及〈釋私論〉「心無措乎是非」之說的一致性。在前文中，筆者曾比較詳細地討論了「愛憎不棲於情」之類的說法，並以為若真要證成此一「不棲」，則它必牽聯到主體價值自覺的活動。而如果說嵇康之思想真有其一貫性，又「無主於喜怒」之類的說法也的確不適合只理解為消極地與喜怒暫時隔離一下的話，則我們恐怕便得說所謂的「和域」、「太和」所描述的，並不是指音樂之客觀的和諧性，而是指一個主體自足無恃之境界。換言之，我們乃必須由「樂之第二序意義」上來理解嵇康之說和，亦即和乃是通過主體實踐所顯示的一個價值，而不是從樂理上所顯示的一個音樂本體論之概念也。這也就是說嵇康仍是在論樂，只是他是從一虛的、價值論的層次在論樂而已，依前所述，此一論樂的觀點不只不曾越出傳統樂論的範疇，而且是完全回歸到了莊子之天籟義上。由此我們也可看出嵇康思理的敏銳。

奠基在上述的詮釋進路上，我們乃可以更合理地證成嵇康所說樂可以移風易俗的觀點。原來傳統儒家的樂論，無論是荀子也好、〈樂記〉也好，甚至如〈聲無哀樂論〉中秦客的論點，其實都很方便說明一套禮樂教化論，因為他們直接將音樂和感情構成一種樂理上的必然聯繫，這當然很方便論證樂之移風易俗。然而嵇康純樂理部分的主張，卻很難將樂和移風易俗勾聯在一起。何以言之呢？依嵇康在樂理上的說法，聆賞音樂既必須摒絕一切主觀感情的介入，也就是說必須讓審美者進入某種隔離的狀態，始能捕捉音樂之純美，如此而言，音樂之審美和社會這一層面又有何干呢？這也是何以漢斯立

克要完全否決音樂的社會功用之故〔註 44〕。然則如果只純從樂理的角度來理
解此文，則豈不是等於迫使嵇康的移風易俗論陷入尷尬狀態嗎？當然，如張
節末先生亦有另一論證方式，他認為嵇康乃將情感區分為外在的社會的情感
和純然審美的情感，前者固然和音樂沒有內在的必然聯繫，甚至它是必須被
隔離於音樂審美之外的，但「審美情感卻有著自然的基礎，它與音樂的自然
之和具有內在的和必然的相應關係，這時候，主客觀在根源上是統一的。以
和諧的審美情感為中介，哀樂之情可以與音樂的自然之和發生外在的和偶然
的聯繫」〔註 45〕。這也就是說自然之和固無關乎哀樂，但它卻可以感發哀
樂，而依此所感發的哀樂就不只是純然的哀樂，而是「在和諧的心境裡」所
感受的哀樂，這就使情感回歸於和諧，因此，自然之和乃對道德形成一種外
在的潛移默化之促進作用。換言之，道德的促進並不一定要通過道德意識的
自覺，它亦可在音樂審美中達成。張先生即將這種移風易俗論，依此一論證
而名之曰「美善二元並濟」的模式〔註 46〕。然而這樣的論證是妥當的嗎？

　　依照如上的論證，其問題是很顯然的。如果說在聆賞音樂時，我們因直
接進入律動的形式中，從而觸發一些哀樂之情，這當然很可以想像，如我因
聞一首深沉低迴之旋律，而念及故去的親人之類。但當此情被勾起之後，音
樂之自然之和是不否必能發揮某種洗滌的作用，以使情感歸於和諧呢？嵇康
〈琴賦〉說：「是故懷戚者聞之，則莫不憯懍慘淒，愀愴傷心，含哀懊咿，不
能自禁……」〔註 47〕既是不能自禁，便未必有和諧之可言。再者，此情固可
說是在和諧中被勾起，但此情一旦被勾起，他便可能會離開音樂之諧和，從
而無論此情是否能被調諧無平，它皆已與自然之和無涉了，然則又如何能說
音樂的自然之和足以促進道德呢？此外，張先生復假嵇康和康德的類比，而
將自然之和類比到「自然之合目的性」之上，從而依據康德以合目的性原則
溝通自然、自由兩界的方式，而認為自然之和亦可由自然跨向道德界，使之
成為一個「評價的標準」，因而亦具有「價值論的意義」〔註 48〕。坦白說，此
一比附是有些不倫的，音樂的自然之和講的是音樂律動的自然諧律，它是由

〔註44〕關於漢斯立克強調音樂之審美不應和什麼道德的影響相聯繫的討論，參見漢
　　　　氏前引書第五章，頁 85～96 的討論。
〔註45〕張節末先生前引書，頁 66。
〔註46〕張節末先生前引書，頁 69～72。
〔註47〕《校注》，頁 106。
〔註48〕參見張節末前引書，頁 124。

純然經驗的自然律所翻上來的一個概念，這概念通過一種純感覺而感受著，
這和康德之由反省判斷所自發之超越原則而說的合目的性，並由之而連繫到
「終極目的」，有多少相干〔註49〕？因此，筆者並不以為張節末先生的論證，
足以證明可由樂理的角度來完成嵇康的移風易俗論。相反地，筆者以為音樂
的自然之和可以是個本體論的概念，但卻不應成為任何道德評價的標準。
以此而言，我們恐怕是很難由樂理的角度來證成嵇康式之「移風易俗，莫善
於樂」的。

　　但是如果我們從主體之自足無待上來說樂之「和」，這情形就不一樣了。
因為由此而說的和，它所顯示的並不是音樂形式的客觀性，而是一個人格境
界。此一人格境界固未必具有道德的內涵，但既涉及人格性，而風俗也必是
由人格所共成的，則若說所有人皆能企慕於自足無待之人格境界，自然足以
使風俗淳厚。這也就是說嵇康若是由心性論意義上的主體實踐，來論證其移
風易俗論，而不是由純粹之音樂審美上來建立其論據，則自可充分證成其說。
關於這點，其實嵇康是有自覺的，如其所云：

　　樂之為體，以心為主，故無聲之樂，民之父母也。至八音會諧，人
　　之所說，亦總謂之樂。然移風易俗，不在此也。〔註50〕

則嵇康不是明白指出，他並不是由樂之八音會階，也就是由樂之自然之和上
來說移風易俗嗎？以此而言，無聲之樂原不該直接由樂理之「和聲無象」上
來理解，無聲之無顯然乃是詭辭之遮撥義，換言之，無聲之樂不是一個客觀
義上純然律動之和諧，而是直接繫屬於主體，由主體之自足無待這一價值實
踐而反顯之樂的境界，這也才能說「樂之為體，以心為主」，否則「心」之義
必將落空也。根據此義，主體自在自足的價值自覺才真是樂之移風易俗論的
主眼所在，而審美意義上所說的樂的自然之和遂只成此一主體自覺的表現而
已，故嵇康云：

　　和心足於內，和氣見於外。故歌以敘志，舞以宣情。然後文之以采
　　章，照之以風雅，播之以八音，感之以太和；導其神氣，養而就之；
　　迎其情性，致而明之。使心與理相順，和與聲相應；合乎會通，以

〔註49〕這裡筆者所懷疑的是一點，即聆賞音樂這一審美活動，是否可被視為是康德
　　　　所謂的「反省判斷」？即使康德自己，亦頗貶視音樂在其理論中的價值，這
　　　　是因為音樂的感覺性太強，而理性太弱的原故，然則我們又豈宜誇張這點。
　　　　康德關於音樂的說法，參見《判斷力之批判》譯本，頁 370～379。
〔註50〕《校注》，頁 223。

　　　濟其美。故凱樂之情，見於金石，含弘光大，顯於音聲也。〔註51〕

這表示聲音之和只是相應於內在之和心而來，而不是由音樂之審美而引起內在和諧之心境也。此一和心在嵇康看來，正是移風易俗的根據所在，故我們也可以明確地指出，它乃是那自在自足之主體也。

　　當然就現實言，移風易俗不可能寄望於人人皆能有此主體之自覺，於是一些現實上必要的安排施設，也是不可少的，嵇康云：

　　　夫音聲和比，人情所不能已者也。是以古人知情之不可放，故抑其
　　　所遁；知欲之不可絕，故因其所自。為可奉之禮，制可導之樂；口
　　　不盡味，樂不極音；揆終始之宜，度賢愚之中，為之檢則。使遠近
　　　同風，用而不竭，亦所以結忠信，著不遷也。〔註52〕

這段話中很有意思的一點是，嵇康透露了音聲和比、八音會諧並不是他最終的追求，他承認音樂的自然之和是審美的最高境界，它亦為人情之所趨，但嵇康顯然是把這一人情所趨放在第二義上，是追求至樂之和音，基於現實之安排而「因其所自」者。此猶莊子所云「以刑為體，以禮為翼」之義〔註53〕，刑與禮皆是至人之因任所作之方便設施也。郭象〈逍遙遊注〉所云：「夫唯與物冥而循大變者，為能無待而常通。豈獨自通而已哉！又順有待者，使不失其所待，所待不失，則同於大通矣」〔註54〕，其義實與嵇康此段所說有異曲同工之妙。換言之，亦即只追求於樂理之最高境界者，其實還是有待者，但能得主體之自足無待者，依然還是得通過一些安排施設，以使有待者不失其所待，然後彼此各安其位，以共赴最後之逍遙大通之境，這自然也就是嵇康所追求之「和域」也。因此，嵇康自能綜合這兩者，而完成其移風易俗論的完整論證。而且窺此義，嵇康似亦有由此以安排儒家式之樂論觀點的意圖，他將儒家樂論安排在第二義的層次上，而以類同莊子天籟義之主體自在自足為其樂論的第一義，這裡當然是隱含著某種形式之判教意圖的。於此，我們亦可看到嵇康此文另一層面的用心，它還是必須回歸於「越名教而任自然」這一命題來理解的。

　　至此，我們應已可充分看出此文的主要思想意涵。嵇康當然用了很大的

〔註51〕《校注》，頁222。
〔註52〕《校注》，頁223。
〔註53〕《莊子集釋》，頁234，〈大宗師〉。
〔註54〕《莊子集釋》，頁20。

力氣，在建構其樂理的理論。不過此文真正的論題卻是在音樂如何能移風易俗上，而此一論題依嵇康的看法，它卻一定要通過主體之價值自覺，以完成向自在自足之主體自己回歸之實踐才能夠達成。這也就是說，此文的主要思想意涵，仍是一個由主體實踐而說的玄理的問題。於是我們也就證明了此文的確和〈養生論〉共同組構了「玄學的嵇康」之主要內容，這是他整體宗教意識、終極關懷中不容割裂的一部分，如〈琴賦〉之歌云：「凌扶搖兮憩瀛洲，要列子兮為好仇，餐沆瀣兮帶朝霞，眇翩翩兮薄天遊，齊萬物兮超自得，委性命兮任去留，激清響以赴會，何絃歌之綢繆」〔註55〕，可見嵇康的確將音樂視為養生之一本質工夫，因此，我們自也不應忽視他的基本關懷，而遂只以審美問題視之也。

然而最後我們亦仍須正視一個問題。如前所論，嵇康之樂理與玄理之間，是有根本的矛盾在，但嵇康對於此一矛盾，則似乎同樣不曾自覺。如他所說：

> 且夫咸持六莖、大章韶夏，此先王之至樂，所以動天地、感鬼神。今必云聲音莫不象其體而傳其心，此必為至樂不可託之於瞽史，必須聖人理其絃管，爾乃雅音得全也。舜命夔擊石拊石，八音克諧，神人以和。以此言之，至樂雖待聖人而作，不必聖人自執也。何者？音聲有自然之和，而無係於人情；克諧之音，成於金石，至和之聲，得於管絃也。夫纖毫自有形可察，故離瞽以明闇異功耳。若以水濟水，孰異之哉？〔註56〕

這一辯論大體而言，是合於嵇康所說的樂理的，其實音聲的自然之和，純是客觀的，它不獨不必聖人自執，其實也不必待聖人而作。然而若從至樂所顯示的玄理一面看，則就完全是另一情況了。我們可以說，唯聖人乃真能有至樂，因為至樂正顯示一種聖人、至人的人格境界也。看來嵇康的確在這兩個層面間有滑轉，以至他纏夾了我們前面所說的「樂的兩個層次」。這一纏夾依然導源於「自然」這一概念的歧義，由此一歧義，我們已看到它造成了嵇康兩個破裂的面向，乃至於後來的許多影響，於此則又形成了他在樂理和玄理上的一些混淆，說來也是很有意思的。就因一個觀念的歧義，竟爾產生了如此大的影響，恐怕也是思想史中少見的吧！不過如果能準確把握其概念分際，

〔註55〕《校注》，頁96。
〔註56〕《校注》，頁208。

則嵇康真實的創造力還是不可掩的。但現在我們亦可再追問一點，如果嵇康真混淆了樂的兩個層次，那麼樂的玄理這一層次又當如何落實到樂理這一層次上來呢？甚至我們還可問，它可不可能落實到樂理層次上來表現？就儒家言，姑不論〈樂記〉的樂理是否正確，它在第一序和第二序上的說法，至少還是一貫的，因此其問題還不大。然而在嵇康，甚至在莊子，這問題可就大了，因為我們可追問，這世間真的會有莊子所意許的天籟之音嗎？對於這個問題，筆者必須坦白承認，我在音樂上的腹笥實在太窘，因此實在想不到其可能性在那裡，也許如林谷芳先生等可以為我解惑吧！我亦真誠地期待天籟之音的出現。

可是，上述問題如果拉到其它藝術領域，則就有另一番天地了，於是我們將由之看到，從上述思想中所衍生出來的嵇康美學，對爾後藝術發展的重大影響。因此我們必須進至本書的最後一節。

第三節　嵇康美學及其影響

從上述討論中，我們可以看到〈聲無哀樂論〉的主要思想，固然仍必須擺在嵇康終極關懷的宗教意識上，但它無疑是蘊涵著美學意義的。現在的問題是應該如何來了解嵇康的美學？

照一般的看法，大體皆是以音樂為核心，來定位所謂的嵇康美學，因此所討論的主要也是音樂的本體、音樂與審美以及音樂的功用等問題。筆者原則上也同意，如果將〈聲無哀樂論〉孤立起來看，則此文的大半篇幅確是在討論這些論題，然而嵇康的美學真適合只用這些論題來概括嗎？筆者以為，就算這樣的詮釋不能說是錯的，甚至也可以引漢斯立克的說法以提供此一詮釋的論證基礎，但我們也會立刻發現此一義的嵇康美學是極為孤寂的〔註 57〕，千古以來，幾乎沒有任何人紹述嵇康的音樂美學，這不是很可怪的事嗎？假如此文早隨嵇康而湮沉，則猶有可說，但此文明明乃是流傳甚廣的「言家口實」，然則我們能想像其義居然會沉淪終古而無解人嗎？更何況，依前文的論點，若嵇康美學真只是依樂理而說的一套，則它和玄理間便存在著根本的矛盾，那麼它又如何能成為玄學氛圍下的言家口實呢？難道這些後世的玄學論

〔註57〕如李澤厚、劉綱紀等之《中國美學史》第二卷，頁 270 即云：「嵇康的聲無哀樂論對後世的影響看來並不顯著」。

者都無法辨別其間的義理分際嗎？然則其間豈非有極難索解者？

　　關於此一問題，筆者以為今天的詮釋者之所會將嵇康美學理解成此一風貌，其實是不自覺地受了西方美學的影響所致。近代的西方美學，原則上乃是以美感經驗為核心，循一條廣義的認識論路子以展開，這路子越到後來，走向越偏，甚至連美感經驗這一概念亦要取消，但大體來說，近代美學這套對反於形上學的經驗主義路數，是至為明顯的。此一路數也深刻地影響了近代的中國美學界，如朱光潛先生在《文藝心理學》中開宗明義即云：

> 近代美學所側重的問題是「在美感經驗中我們的心理活動是什麼樣」？至於一般人所喜歡問的「什麼樣的事物纔能算是美」一個問題還在其次。這第二個問題也並非不重要，不過要解決它，必先解決第一個問題；因為事物能引起美感經驗纔能算是美，我們必先知道怎樣的經驗是美感的，然後纔能決定怎樣的事物所引起的經驗是美感的。〔註58〕

以朱先生在中國美學的開山地位，他這一立場的影響自然至為深遠，儘管他的美學思想後來遭致了極其強烈的批判，甚至他本人亦逐漸修改了原初的立場〔註59〕，然而基本上，即使是反對他的人，也並未改變此一路數，比如李澤厚先生即云：「美學科學的哲學基本問題是認識論問題，美感是這一問題的中心環節」〔註60〕，可見這一路數的確從根本上決定了近代中國多數美學家的思考模式。

　　在這樣的思考路數之下，他們當然並非不思考什麼是美這樣的問題，只是美的問題多半只成了第二義的問題而已，它主要的內容，若借用李澤厚的說法，大約即包括了「審美對象」和「審美性質」這兩類〔註61〕。前者大概是屬於主觀面的問題，如著名的「直覺說」、「距離說」、「表現說」之類；後者則主要是指客觀面的問題，如種種由古代「偉大的理論」（The Great Theory）衍生而來的形式說之類，即使亦有由之涉及美的本體者，也大多只是由這些概念作一形而上的後返而說，因此它也並未改變上述的基本路數。於此，敏感的人當會很快察覺到，今天一般詮釋嵇康美學的思路，確實是根源於此

〔註58〕《文藝心理學》，頁3。
〔註59〕關於朱光潛先生後期的美學思想，參見趙士林先生《當代中國美學研究概述》，頁13～22。
〔註60〕李澤厚先生〈論美感、美和藝術〉，《美學論集》，頁2。
〔註61〕參見李澤厚先生《美學四講》，頁54～55。

一路數的。它們基本上認為嵇康問題的出發點乃是聆賞音樂時的美感經驗，由此以規範出在音樂欣賞中情感的地位，音樂審美的性質，以至於將自然之和推上來成為音樂的本體。然而這樣的思考路數真適合用來詮釋嵇康美學嗎？

筆者以為，如此的詮釋路數最大的問題，即在於它無可避免地會將玄理的內容排除在嵇康美學的內容之外，從而使嵇康美學和他整體思想成為一種割裂狀態。無庸置疑地，這樣的詮釋路數不可能是理想的進路，然而可不可能有一種路數足以將玄理亦涵括進其美學中呢？而若有的話，此一路數是否又會排除掉樂理的部分呢？由於嵇康的樂理和玄理存在著根本的矛盾，因此這一夾逼式的尷尬看來是不可免的，於是就詮釋言，這似乎就成了一個選擇的問題，那麼我們究竟是要取樂理而捨玄理，以使嵇康美學成為其整體思想中完全孤離的一部分呢？抑是取玄理而捨樂理，以使嵇康美學喪失某方面經驗的基礎呢？就筆者而言，如果事實上並不可能有真正理想的詮釋進路，則我是寧取後者的，這原因除了上面已述明的理由外，更是由於唯有如此我們才能為此後的藝術發展，找到思想上的來源的原故。以此，我們現在必須考量的乃是有沒有一種進路，來將玄理結合進嵇康美學之中呢？

純美學地說，這個時候的重點當然不能再是以美感經驗為核心了，因為玄理涉及的是主體的自身，而不是什麼現實之對某對象的美感。那麼我們要從美學的那一層面來考量此一問題呢？筆者以為李澤厚先生對「美的本質」這概念的提法，是很值得參考的〔註62〕。他將這一概念視為是「審美對象」、「審美性質」之外的美的第三個含義，他說：「如果要問這些審美性質是為何而來的，美從根源上是如何產生的，亦即美從根本上是如何可能的，這就是美的本質問題了」〔註63〕，由此可見，美的本質和審美性質等根本不是同質的概念，審美性質的意思是針對美感這個概念而發的，但美的本質所直接追問的則是「美是什麼」？我們如何可以規範性地認識美？李先生云：

> 所謂「美的本質」是指從根本上、根源上、從其充分而必要的最後
> 條件上來追究美。所以，美的本質並不就是審美性質，不能把它歸
> 結為對稱、比例、節奏、韻等等；美的本質也不是審美對象，不能

〔註62〕參見李澤厚先生《美學四講》，頁57～65。
〔註63〕參見李澤厚先生《美學四講》，頁54。

把它歸結為直覺、表現、移情、距離等等。〔註64〕

這也就是說，美的本質這一追問必須迫使我們進入到一個古老的、由柏拉圖即已開始的哲學問題裡去，去問「美的本身」是什麼。當然，如所週知的，這類問題在分析哲學的潮流中，早被當成是一個假問題而取消掉了，然而無論這個問題在語言上是多麼地不嚴格，可是它作為一個緊密地牽繫著生命內涵的問題，則恐怕並不是那麼容易被取消掉的。因此筆者原則上仍贊成必須追問此一問題，而且也認為李澤厚先生的追索方法，對於解決本文的問題，有很重要的參考價值。

關於「什麼是美」這個問題，一直是十九世紀上半葉以前西方美學最核心的問題，而它的解答大體是連繫著一套形上學系統的，因此它或者是一個理型（Idea），或者是個絕對理念，或者是無目的的合目的性等等。像這樣林林總總而又莫衷一是的解答，當然會使人產生無比的困惑，究竟那個是對的呢？在這些解答中，坦白說它們固然都也持之有故，言之成理，但若換個角度看，這些概念也幾乎都是無從證實也無法否證的。以此，筆者乃以為李澤厚先生的規範性說法，有一種特殊的意義。

李先生的說法，基本上是來自馬克斯《一八四四年經濟學——哲學手稿》中「自然的人化」這個概念。這個概念在大陸的美學界，可以說具有基石的作用，不過李先生大概是最能發揮此一概念，並賦予它新義的了〔註65〕。他說：

在我看來，自然的人化說是馬克斯主義實踐哲學在美學上的一種具體的表達或落實。就是說，美的本質、根源來於實踐，因此才使得一些客觀事物的性能、形式具有審美性質，而最終成為審美對象。

這就是主體論實踐哲學〈人類學本體論〉的美學觀。〔註66〕

他在這裡引進了一種特別的實踐義，並由之以經驗地證實「自然的人化」作為美的本質，其意義所在，這是必須注意的。因為按照這樣的論證，他將有可能為此一規範性說法奠定更合理的基礎，而不必只停留在形而上的玄想中〔註67〕。

不過，筆者在肯定李先生的說法之餘，也想簡單地指出，從自然人化的

〔註64〕參見李澤厚先生《美學四講》，頁 54～55。

〔註65〕參見趙士林先生前引書，頁 45～51。

〔註66〕《美學四講》，頁 57。

〔註67〕李澤厚此義請詳其〈美學三題議〉（《美學論集》，頁 160～201），《批判哲學的批判》，頁 522～531。

社會實踐義，來建立主體論實踐哲學的美學觀，恐怕還是有大問題的。這問題簡單說只是一點，即任何意義的社會實踐若不以存在的實踐為前提，必將導致主體的無窮異化，從而也就將導致主體論實踐哲學的崩解，如此自然也會導致美的本質之規範的落空。關於這點，詳細的論證自然是必要的，不過限於本文題旨，因此筆者並不擬在此多費筆墨，我只想引述拙作《儒家圓教底再詮釋》中的一段說法，在該段說法中，筆者所針對的雖是哈伯瑪斯，但問題則是完全一致的。拙文云：

> 一個通過溝通論辯而來的道德原則，固然可以在無強制的狀況下為我所接納，但哈伯瑪斯所謂的無強制，是指在溝通過程之內外，皆不存在任何或隱或顯的壓迫性力量，然而我們仍可問，即使任何造成「扭曲的溝通」的宰制性力量皆拿掉了之後，我就真是真心誠意地接納了這一義務，而「由仁義行」了嗎？這裡會不會仍存在著某種如海德格所謂的「常人的宰制」，因而使我們僅是以「閒談」、「好奇」之類的存在狀態在參與此一論辯過程呢？也就是說扭曲的溝通並不僅僅來自於意識型態的宰制，或是超我對本我的壓抑，它也可以是向來屬已的在世存在之於日常狀態下的沉淪，沉淪而為一個非任何主體意義的「常人」，每個人都是「他人」。〔註68〕

依此一論證，則社會實踐的主體儘管可以試圖努力逃開各種宰制，但他在面向主體本真之自己時，仍是很容易異化的。若是如此，則李澤厚先生恐怕便得再進一步考慮一下，從「自然的人化」來建立主體論實踐哲學的妥適性。

　　因此，筆者打算針對李先生的說法，作一些簡單的修正。原則上，筆者仍然同意必須由主體論實踐哲學上來建立美的本質，因為唯其如此，才可使此一討論脫離形上系統的羈絆，而使美的本質可以通過實踐以證實。但我不以為自然人化之實踐，乃是美的本質之第一義說法，因為這一實踐仍須依本於主體存在地向本真之自己回歸的這樣一個條件，所以美的本質之更根本說法，恐怕便必須落在「主體之向本真的自己回歸」這樣一個存在的實踐上，於是我們可說，什麼是美呢？美即是主體之回返於本真的自己之謂也。

　　以上，筆者以極其簡略，並幾乎略過所有論證的方式，交待了美學可以有的另一種思考進路。我們兜了這麼一個圈子，至此，筆者的意圖當已可清楚地表達出來了，亦即就美學的意義而言，嵇康的玄理也恰好表達了美的本

質；換言之，我們也就依著此一新路數，結合了嵇康所說的玄理，而完成對其美學的另一類新詮釋。誠然，由於美的本質和審美性質、審美對象是不同質的觀念，因此對美的本質即使作出了如此具規範性的規定，也並不代表它可同時對審美性質等作出規定，這也就是說，此義的嵇康美學的確不一定能將樂理的部分涵括進去，如此自然是個遺憾。不過，如果純從美感上來看，這問題倒也可以有另外的觀點，何以言之呢？

　　如果我們承認嵇康在樂理的部分，和漢斯立克的思路有相當的一致性，那麼我們便也得注意到他們之間一項重要的差別。如前所述，漢氏固然採取了一個純客觀主義的觀點，但這並不表示漢氏反對音樂和情感有重要關係，這就如《里曼音樂辭典》所說的「音樂的內容就是樂音的運動形式這句富有才思的誇張話，並不是要把情感從藝術創作和藝術作品的效果中排除出去；它反對的寧可說是把情感錯誤地牽扯到科學中去，即牽扯到對音樂創作規律的科學認識中去」〔註69〕。漢氏此一觀點和嵇康也是一致的。然而依如此的觀點，我們應如何看待情感在音樂中的正確位置呢？漢氏對此曾有一段描述說：

> 演奏者能夠通過他的樂器把當時正控制著自己的情感直接表露出來，在他的演奏中注入他內心的狂風暴雨、熾熱的渴望、活潑的力量和歡樂的情調。親切的體內感覺通過我的指尖直接把內心的顫慄傳向琴弦或拉響著弓弦，或者在歌唱中唱出聲音，使我的情調能夠在演奏中按照個人最獨特的方式傾吐出來。主觀精神在這裡直接化為樂音，產生聲響的效果，而不是默然地用樂音來塑造形式。作曲家的創造是緩慢的、間歇性的，演奏家是不停的、一氣呵成的；作曲家是為了永恆，演奏家為了滿溢的頃刻。樂曲是被塑造的，演奏是被我們體驗的。音樂在再現中表現了情感的流露和激動的一面，它把閃電式的火花從神祕的深處招引出來，使之飛躍到聽眾的心上。〔註70〕

大概有專業性樂器演奏或聆賞經驗者，皆會同意此一描述。這種情感當然不一定有現實的牽聯，也就是說它並不同於我們一般所說的情緒活動，而音樂的美感也就在這種內心的顫慄、情感的滿溢中湧現出來。它也許可以是平和的，但也可以是暴烈的、熾烈的、沉鬱的等等。不一而足，這就呈現了多類的

〔註69〕漢斯立克前引書附錄二，頁 129。
〔註70〕漢斯立克前引書附錄二，頁 73。

美感。然而，嵇康在對演奏乃至聆賞之描述中，固亦承認樂音和一類特殊情感的關聯，如云：

> 齊楚之曲多重，故情一；變小，故思專。姣弄之音，恠眾聲之美，會五音之和，其體瞻而用博，故心侈於眾理。五音會，故歡放而欲愜。然皆以單、複、高、埤、善、惡為體，而人情以躁靜專散為應。譬猶遊觀於都肆，則目濫而情放；留察于曲度，則思靜而容端。此為聲音之體，盡於舒疾；情之應聲，亦止於躁靜耳。〔註71〕

他以樂音之舒疾和情感之躁靜對舉，這說法和漢斯立克並無不同，情之躁靜，依嵇康的用法，它和喜怒等情緒活動並不相同，原則上它是直接關聯著美感的情感。可是，當嵇康在進一步描述音樂的美感時，卻又不由躁靜上論，這是很可怪的。他把這些躁靜之情，同收之於「和」這一個美感之上，所謂「曲變雖眾，亦大同於和」是也。這意思在〈琴賦〉中亦有更意象化的描述。〈琴賦〉在描繪了曲變與種種情感之牽繫後，卻也並不由這些情感上來說美感，而卻說：「非夫曠遠者，不能與之嬉遊；非夫淵靜者，不能與之閑止；非夫放達者，不能與之無吝；非夫至精者，不能與之析理」〔註72〕。這裡仔細想來，寧非可怪嗎？音樂的美感何以只能與某一類特殊人格姿態者共享呢？這就美感言，坦白說，是說不通的。而如果我們一定要給它一個解釋，則恐怕嵇康所理解的音樂的美感，根本就有另外一個來源，亦即它根本就是來自於玄理，而非音樂本身。這主要是因為如果我們把「主體之回返於本真的自己」規範為美的本質的話，由此一美的本質之實踐，它本身就會由主體中流露出一種自在的人格美感，這也就是所謂「曠遠、淵靜、放達」之人格美感，而這不正可解釋嵇康之以和為最根本之美感的原故嗎？平心而論，這裡的確顯示了〈聲無哀樂論〉基本論點之不一貫，但也暴露出了一點，即嵇康之美學的確是比較適合用筆者之新路數來詮釋的。

　　如前文所說，筆者之所以考慮依此路數以詮釋嵇康美學，尚有一個重要理由，亦即我們可以因此而找到此後藝術發展的思想來源。關於這個問題，所涉及的層面自然甚廣，也遠非本文所能及，為免旁生枝節，筆者擬僅針對決定魏晉以後藝術發展——主要是繪畫與文學——的兩個主要概念，也就是「神」與「氣」這兩個概念，作一美學上簡單的勾勒。徐復觀先生曾將這些概

〔註71〕《校注》，頁216。
〔註72〕《校注》，頁104～105。

念的發展，歸本於莊子精神，並以為竹林名士的風度，扮演了最重要的銜接
角色〔註73〕。筆者以為徐先生此一觀察自有其敏銳處，然似乎猶嫌粗略了一
些，若就美學思想之流衍言，則不得不歸本於嵇康之創造性貢獻也。以下，
我們即先針對神與氣之美學牽聯作一概念史的考察，以明其內涵上具有的關
鍵性意義的轉變。

　　關於神與氣這兩個概念的美學牽聯，顯然必須由曹丕《典論‧論文》說
起。曹丕是第一個將氣這個兩漢最流行的概念引入文學理論的人。就概念史
言，氣概念的來源自然甚早，而在兩漢，這概念更被發展到最高峰，兩漢人
大抵以它來表達大宇宙以至小宇宙一切生機之源，曹丕則正是立基在此義
上，而進一步將之推衍到文學上。所謂「文以氣為主」，乃至於說徐幹有「齊
氣」〔註74〕，以及〈與吳質書〉說劉楨有「逸氣」等〔註75〕，依郭紹虞的說
法云：

> 此數節中所言之氣，兼有兩種意義。所謂「氣之清濁有體，不可力
> 強而致」者，是指才氣而言；曰「齊氣」曰「逸氣」云者，又兼指
> 語氣而言。蓄於內者為才性，宣諸文者為語勢，蓋本是一件事的兩
> 方面，故亦不妨混而言之。〔註76〕

則曹丕之意亦甚簡單，即文章體勢實受才性所左右，吾人亦可因此而形成一
個基本的審美範疇，而此一範疇亦幾乎可直接聯繫於清議式的人物品鑒，於
是郭紹虞乃云：「丕、植則不過應用此觀念（即清議之人物臧否）以論文學而
已」〔註77〕。

　　類似這樣，將氣引為一個審美範疇者，幾乎已成為當時的風氣，如劉劭
也是個顯著的例子。他說：

> 物生有形，形有神精；能知精神，則窮理盡性。性之所盡，九質之
> 徵也。然則平陂之質在於神，明暗實在於精，勇怯之勢在於筋，彊
> 弱之植在於骨，躁靜之決在於氣，慘懌之情在於色，衰正之形在於
> 儀，態度之動在於容，緩急之狀在於言。〔註78〕

〔註73〕參見徐復觀先生《中國藝術精神》，頁 150～157。
〔註74〕《全三國文》卷八，頁 10～11，《典論‧論文》。
〔註75〕《全三國文》卷七，頁 6，〈又與吳質書〉。
〔註76〕郭紹虞先生《中國文學批評史》，頁 77。
〔註77〕郭紹虞先生《中國文學批評史》，頁 79。
〔註78〕劉劭《人物志》，〈九徵〉第一，頁 4。

我們必須注意這段話中所涉及的幾個概念，即形與精神。如果照漢人習用的說法，這裡實有一種二分的關係，形乃指外表之樣態，精神則指內在的質性；《淮南子‧原道》云：「夫形者，生之舍也；氣者，生之充也；神者，生之制也」〔註79〕，此一說法實即後來「形」與「精氣神」二分之所本，寖假遂為道教之徒言養生之主要概念。照道教的說法，精氣神實為同質而不同層者，此義我們在前文中已曾看過，亦即精乃指精血而言，氣則指人之氣息生機，神則尤指氣之清通言，如說人之神采也；這是一種比較偏於生理性的說法，而劉劭顯然也是借用了這個說法。因此，孔才所謂的九徵，與前五者顯然屬於內，後四者則屬形、屬外。就前五者言，它大約即配比著金木水火土之「五物」而說，所謂「金筋、木骨、水血、火氣、土肌」是也。這五者可廣義而說為氣，劉劭云：「容之動作，發乎心氣」〔註80〕，表示所有容動皆由心氣而發，其實即是由五物而發；由心氣而細分，遂成筋骨氣肌血，或說是筋骨氣神精也。既然容動之形皆由心氣發，故云：「形有神精；能知精神，則窮理盡性」，這表示精氣神也成了人格品鑒的主要概念。劉劭這樣的用法，很難說不是受到了曹丕的啟發，只是曹丕乃是將氣當成一個文學的審美範疇，而劉劭則是將精氣神當成一個人格美的審美範疇而已。這一現象自然是值得注意的。

關於劉劭這一用法，筆者以為有一點必須特別提出來討論的，就是精氣神之同質性這個問題。當精氣神發展為人格品鑒之主要概念時，它亦即由原來較偏於自然生理性的意義中，加添進了一些先天之人格質性的內容，於是我們乃能在後來的人倫鑒識中，看到了諸如「精神」、「神氣」、「骨氣」、「風神」之類的說法。而一般來說，就如神、氣之原意——即神乃指氣之清通言——當它用到人格品鑒之中時，神和氣的用法往往也有相應的表現，即氣由一種生命之生機而轉成人格質性之向度，而神則由生機氣息之清通而轉成由人格質性所透映出之人格神采。它們的用法儘管微有不同，但皆是指先天人格質性之範疇則無疑。而這些概念之於魏晉人倫鑒識中所起的主導作用，則是有目共睹的。按照這樣的理解，則筆者必須指出，徐復觀先生所謂「當時藝術性的人倫鑒識，是在玄學、實際是在莊學精神啟發之下，要由一個人的形以把握到人的神；也即是由人的第一自然的形相，以發現出人的第二自然

〔註79〕《淮南子》卷一，頁17。
〔註80〕劉劭《人物志》，〈九徵〉第一，頁3。

的形相,因而成就人的藝術形相之美」〔註81〕,這說法其實是不正確的。因為人倫鑒識之由形以把握神,乃是依形與精氣神之二分而來,因此人格品鑒之神乃是一個先天人格質性之範疇。但莊子之說神或精神,如我們前文所曾提及的〈刻意〉篇之說法,它乃純是由「主體實踐」義上而說,所謂「平易恬淡,則憂患不能入,邪氣不能襲,故其德全而神不虧」是也〔註82〕,這和人倫鑒識之說神,顯然乃是絕對不能混同的兩回事。

然而神、氣之作為人格美的審美範疇,其意義亦在變化中,其中最值得注意的幾個變化,首先乃是顧愷之的說法。《世說·巧藝》云:「顧長康畫人,或數年不點目睛。人問其故,顧曰:四體妍蚩,本無關於妙處。傳神寫照,正在阿堵中」〔註83〕,這段有名的典故,實標識著由人倫鑒識之審美的直接跨入藝術創作中。就這點言,顧愷之的藝術創作理念基本上完全本於人格品鑒的原則,並無任何踰越。傳神固亦必須本於形,但神乃是內在之質性,因此它必須通過特殊的藝術營造,乃能顯現出來,此即所謂「以形寫神」。不過無論如何,此處所謂的神終還是一個客觀的範疇,也就是說顧愷之並沒有直接更動由人倫鑒識而來的神的意義。但由於他所從事的,畢竟已不是直接的人格品鑒,而是藝術創作;既是藝術創作,則神之捕捉往往就不能如人格品鑒所作的較客觀之品賞,而必須有藝術家更多的主觀參與。因此,我們必須注意到他的另一說法:

> 凡畫,人最難,次山水,次狗馬,台榭一定器耳,難成而易好,不待遷想妙得也。〔註84〕

所謂「遷想妙得」這一原則,究竟該如何理解,固可有爭論〔註85〕,但保守些說,它至少表示了顧愷之已注意到了藝術創作中,無可避免之主觀參與的問題。

顧愷之這一想法,固然並未直接牽動到神、氣意義的改變,但我們如果由「遷想妙得」直接聯繫到劉彥和「神思」的說法上,便會看到其間一些變化的軌跡了。《文心》之強調神思,並以之為創作之首要原則,所謂「文之思也,

〔註81〕徐復觀先生前引書,頁157。
〔註82〕《莊子集釋·刻意》,頁538。
〔註83〕《箋疏》,頁722。
〔註84〕張彥遠《歷代名畫記》卷五,頁7引顧愷之《魏晉勝流畫贊》。
〔註85〕關於此一爭論,有人引「移情說」來解釋,有人則以形象思維說之,詳參林同華先生〈論顧愷之及其繪畫美學思想〉,《中國美學史論集》,頁81~83。

其神遠矣。故寂然凝慮，思接千載；悄焉動容，視通萬里。吟詠之間，吐納珠玉之聲；眉睫之前，卷舒風雲之色；其思理之致乎」，這無疑是相當強調藝術家主觀參與藝術形象之創造的論點，此一論點推至其極，即是「思理為妙，神與物遊」也〔註86〕。而值得我們注意的是，神的意義已完全轉從藝術家的主觀面來說了，這當然和顧愷之「傳神」的用法是不一致的。

　　然而筆者以為，由顧愷之到劉勰的發展尚不是最值得關注的，更重要的則是由顧愷之到宗炳的發展。也就是由「傳神」到「暢神」的差別。我們都知道，中國的山水畫和山水文學，乃是一脈而生的，它們幾乎也就誕生於此時。就山水畫言，無論是創作還是理論，顧愷之當然都是重要人物，他的〈畫雲臺山記〉，一般都以為乃是山水畫之祖。但平心而論，顧愷之對山水畫的定位，和後世對山水畫的看法，其實尚有一段差距，這就如同謝靈運的山水詩和陶淵明的對比一般〔註87〕。然則何以會如此呢？關於這點，如果純就畫論而言，其實是不難理解的。依照顧愷之「傳神」的論點，他在〈畫雲臺山記〉中所經營布置的山水之形，乃為了顯示一種峻偉奇險、幽遠而神祕之「神」，但這個神亦並非山水本身之神，而是為了烘托畫面主角張天師之神。換言之，顧愷之儘管已充分明瞭山水經營之妙，但他在山水上之遷想妙得，卻仍只是將之視為人物畫之附庸，並以之來傳人物客觀之人格神采而已。這當然尚未能使山水畫取得獨立的地位。

　　以此之故，我們乃有必要特別揄揚宗炳對山水畫的思想。就山水畫而言，它自亦有形似之一面，〈畫山水序〉云：「今張綃素以遠映，則崑閬之形可圍於方寸之內。豎劃三寸，當千仞之高；橫墨數尺，體百里之迴。是以觀畫圖者，徒患類之不巧，不以制小而累其似，此自然之勢。如是則嵩華之秀，玄牝之靈，皆可得之於一圖矣。」〔註88〕但宗炳所主張「患類之不巧」的形似，所謂「以形寫形，以色貌色」者，卻並不是以形似為山水畫追求的目標；他也並不特別強調通過畫家主觀「遷想妙得」、「神思」式的經營布置，以由形似以寫山水之神。相反地，宗炳對山水之形似的了解，乃是「旨徵於言象之外者，可心取於書策之內」，也就是通過形似以追求那在「言象之外者」。這樣

〔註86〕以上兩段引文，見楊明照先生《文心雕龍校注》，頁195。
〔註87〕如徐復觀先生即指出，顧愷之此作只是以雲臺山作為張道陵超度門人故事之背景，而非著眼於「雲臺山自身之意味」，故算不得是真正的山水畫論，參見其前引書，頁237。〈畫雲臺山記〉見《歷代名畫記》卷五，頁9～10。
〔註88〕《全宋文》卷二十，頁9。下文所引段落亦同，不另注明。

的思考當然有些奇特。很顯然地，形似和言象之外者，這兩者乃是異質性的
東西；換言之，山水畫的目標根本就不在山水之形內，那它的目標在那裡呢？
宗炳云：

> 夫以應目會心為理者，類之成巧，則目亦同應、心亦俱會；應會感
> 神，神超理得，雖復虛求幽巖，何以加焉？又神本亡端，栖形感類，
> 理入影跡，誠能妙寫，亦誠盡矣。

這是一段甚富思理的文字。依此說，山水畫之「類之成巧」，也就是山水的形
似，可以引起人之應目會心，進而足以「感神」，但何謂感神呢？他說：「雖復
虛求幽巖，何以加焉」，則所謂的感神之神顯然已脫離了形，而成為一個獨立
的東西了。它就是由形之應目會心所欲求之理，這個理是飄忽的，形只不過
是其寄託處而已，故云「神本亡端，栖形感類，理入影跡」也。那麼這個神究
竟應如何理解呢？它是個什麼樣的理？於此，我們乃必須特別注意「神超理
得」這句話，亦即神是通過超而出現的，超什麼呢？消極地說，當然是指超
於形，但超於形而入於什麼呢？關於這點，宗炳其實有明白的表示，他說「山
水以形媚道」，而此道即「聖人含道應物」之道，也就是「凝氣怡身」之道，
換言之，神是在超越於山水之形而入於凝氣怡身之道中山現的。由此而言，
整個山水畫所追求的目標，乃根本就不是客觀的山水，而是必須由山水異質
性地跳躍進畫者另一層次的追求，也就是實踐地完成凝氣怡身之境界。然後，
宗炳說，此一實踐乃是通過「澄懷味象」而達致的，然則這不就和莊子乃至
嵇康所說的養神之義管歸一路了嗎？因為真正的「澄懷」，必是「愛憎不棲於
情，憂喜不留於意」之主體實踐工夫也。

　　據上所論，則宗炳顯然已認識到了，山水畫所追求的，既非形似的美感，
也不是要以形來寫神，而是越出山水之外，以追求主體的澄懷境界，他即將
此一追求稱之為「萬趣融其神思」、「暢神」，如是，則宗炳所說之神，寧非即
指主體而言了嗎？毫無疑問的，這是神之意涵在美學牽聯上的關鍵性轉變。
對比而言，顧愷之所說之神，仍不悖於人倫鑒識所說的一種客觀人格質性義
之神；而劉勰所說神思之神，雖已開始強調主觀性，但只是在指出藝術家對
創作的決定性地位，因此它和前者原則上仍是在審美的意義上說的。但宗炳
所說之神，則顯然已不再能從審美的意義上說了，如果依照前述對審美對象、
審美性質和美的本質之區分，則宗炳顯然將山水畫之神規範在美的本質這一
層次上，這就山水畫論而言，當然是一個重要的里程碑。

　　以上我們大抵就是神這一概念的美學牽聯而說其發展，而氣這一概念的發展其實亦有類似處。氣這個概念的美學牽聯，從曹丕、劉劭開始將它確立為文學和人格的審美範疇起，即一直指謂著客觀、先天的人格質性，以及由之而引起的文章體勢。此義大抵通貫於諸如《文心》、《詩品》等文學批評中，而無本質的變動。郭紹虞云：「至混合作者才性與文章體勢而未易分別指出者，則劉勰文心所指出的神與氣二字是」〔註89〕，這大體是正確的。而就氣這一概念的發展言，比較上更值得注意的，恐怕要屬於謝赫的說法了。在中國的畫論中，「謝赫六法」是擁有典範地位的。這六法中，撇開技巧性的問題不談，則大概就以「氣韻生動」這一法具有最重要的地位〔註90〕。那麼何謂「氣韻」呢？關於這個問題，徐復觀先生曾有相當精闢的考證，依其論點，「韻和骨氣之氣一樣，都是直接從人倫品鑒上轉出來的觀念，是說明神形合一的兩種形相之美」〔註91〕，亦即氣和韻原則上乃是兩個概念，當然若論其語源，它們應該都還是從氣分化出來的，而此一分化，大抵乃以氣特指人格之力度，而以韻指人格之流暢度言，故在人倫鑒識上，氣多與骨連言，韻則多與風連言也。也大概就因此一分化，謝赫乃可將之轉而論畫，而一方面以之指謂畫之力度與流暢，亦可由之而指謂畫面主題（案：主要還是以人物畫為主，氣韻一詞，一直到唐張彥遠《歷代名畫記》，還只是用來品評人禽鬼神之類）之品格。以此而言，則氣韻生動一原則確實類乎顧愷之的傳神說，鄧椿和楊維楨的說法並不謬也〔註92〕。但就像宗炳對神這一概念的發展，我們在氣這一概念的發展中，也可看到同樣的軌跡。荊浩在〈筆法記〉中云：「畫者畫也，度物象而取其真。物之華，取其華；物之實，取其實。不可執華為實。若不知術，苟似，可也；圖真，不可及也……似者得其形遺其氣，真者氣質俱盛」〔註93〕，此一說法和宗炳之辨山水之形神，實有異曲同工之妙。

〔註89〕郭紹虞先生前引書，頁124。
〔註90〕這六法出於謝赫《古畫品錄》，包括「氣韻生動、骨法用筆、應物象形、隨類賦彩、經營位置、傳移模寫」，（文見《歷代名畫記》卷一，頁15），後五法大概皆就技巧問題而言。
〔註91〕徐復觀先生前引書，頁178。
〔註92〕鄧椿《畫繼》論畫之一法「曰傳神」，復云：「畫法以氣韻生動為第一」，楊維楨〈圖繪寶鑑序〉云：「傳神者，氣韻生動是也」。二說轉引自徐復觀先生前引書，頁160、162。
〔註93〕關於荊浩〈筆法記〉，徐復觀先生有一詳細之考證及校勘。此處及下文所引文字，俱本於徐先生之校勘。參見其前引書，頁276～299。

而圖之真如何能得呢？荊浩云：「嗜欲者生之賊也，名賢縱樂琴書圖畫，代去雜欲」，則要入圖之真，不也和宗炳說「澄懷味象」一致嗎？荊浩以六要——即氣韻思景筆墨——來取代謝赫六法，表面上頗有雷同處，但氣之一字實如宗炳之說神，已轉出主體實踐之意味，可見其有自有一定之思理也。然以此義之轉折較晚，故不擬細論。

茲再回到宗炳之論神。嚴格言之，他之所以會用此一角度來規範山水之神，其直接的來源，當然來自於他的佛學思想。宗炳在〈又答何衡陽書〉中云：

> 夫火者，薪之所生；神非形之所作，意有精麤。感而得形，隨之精神；極則超形獨存，無形而神存，法身常住之謂也。〔註94〕

依此說，宗炳顯然是主張神不滅的，而神即是法身。這思想就佛學言是否妥當，姑且不論；但可以確定的是，宗炳此說大約是依本於慧遠的說法。慧遠曾云：「夫神者何耶？精極而為靈者也，……神也者，圓應無生，妙盡無名，感物而動，假數而行。感物而非物，故物化而不滅；假數而非數，故數盡而不窮」〔註92〕，此一典型的神不滅論，在慧遠辯破心無義後，是很聳動一時的，必須注意的是，慧遠此義未必合於內典，據《高僧傳》所載，遠公本即是格義之大師，〈慧遠傳〉云：

> 年廿四，便就講說。嘗有客聽講，難實相義，往復移時，彌增疑昧。遠乃引莊子義為連類，於是惑者曉然。是後安公特聽慧遠不廢俗書。〔註96〕

可見慧遠是喜以莊子義為連類的，這一格義的作法，如僧叡云：「格義迂而乖本，六家偏而不即」〔註97〕，看來慧遠以形盡而神不滅，的確是較合道家義，而遠於性空之旨的，神若不滅，如何還能說緣起無自性呢？據此，則我們也實可說，宗炳之義的源頭，其實還是得回到玄學中來索解。然則宗炳以主體實踐的方式來說神之美學意涵，我們若不連繫於嵇康的美學，又到那裡去尋找源頭呢？

於是，我們乃由此看到了嵇康美學的一項重大影響。在中國的文論、詩

〔註94〕《全宋文》卷二十，頁7。

〔註95〕《全晉文》卷一六一，頁11，慧遠〈沙門不敬王者論・形盡神不滅五〉之語。

〔註96〕慧皎《梁高僧傳》卷六，頁136。

〔註97〕僧叡〈毗摩羅詰提經義疏序第十四〉，《大正藏》卷五十五，《出三藏記集》卷八，頁59。

論、乃至畫論，宗炳的思路無疑是具有典型意義的，以此而言，嵇康美學更幾乎滲透到了後世各層面的藝術發展中，這恐怕也是嵇康所始料未及的吧！他原想在養生這一論題上發展其終極關懷，結果此途倒是聲光甚晦；但沒想到他將在養生論上所悟得的智慧，轉用到美學的層面上，卻也並不是在他最關心的音樂上，而是在其它藝術上大放異彩，這大概是中國思想史上最讓人啼笑皆非的案例了。但無論如何，筆者還是必須在本文的最後說，嵇康儘管有不成熟處，但作為玄學史上最富原創力，也最有影響力的思想家，他應該是當之無愧的。

結 論

　　誠如本書前言所已指出的，對知識份子而言，魏晉時期實在是個再好不過，也再壞不過的時代了。往好的一方面說，由於士族不但分享了政權，甚至進而擁有了政權，於是它乃在理論上形成了一種機會，讓文化理想和世俗政權得以緊密結合。這一機會，如果放眼於整部國史，乃至是世界歷史，它都是極其罕見的，甚至是唯一的一次良機。如果照艾森希塔（S. N. Eisenstadt）的說法，知識份子群體作為「超越俗世」理想的擁有者，它與俗世之間恆存在著一種基於「救贖」之擔負而生的緊張關係〔註1〕，則魏晉時期真的是一次消解此一緊張，讓俗世成為某種文化理想完全的展現所之歷史契機。說實在的，這真是知識份子群體展現其文化創造力的一個千載難逢的良機。

　　然而歷史事實卻很不幸地告訴了我們，魏晉的士族顯然並未掌握此一歷史契機。我們看到，「名教」作為知識份子長期醞釀而成的文化理想，卻在它最應展現其文化創造力時，迅速地墮落成了比之俗世更庸俗的意識型態。於是，當文化的理想只成為一種文化的傲慢時，士族政治往往成了一種更形封閉的權力壟斷，而這一壟斷卻又得以假理想之名為之，這誠然是最大的不幸。在這樣一個大環境下，坦白說，知識份子鮮少是不扭曲的。於是我們可以看到魏晉乃至南朝的知識份子，一方面擁有著最幽雅的文化生活，在駢四儷六中享受著最豐富的文化饗宴，但另一方面，在制度的建構上，乃至在更深沉的文化理想創發上，卻幾乎交了白卷。因此，我們也或者可以這麼說，魏晉時期的黑暗其實並非來自於異族的入主中原，而根本就來自於士族本

〔註1〕 參見艾森希塔〈知識份子──開創性、改造性及其衝擊〉一文，《中國歷史轉型時期的知識份子》，頁1～9。

身，這一事實誠然是有著絕大之諷刺意味的。陳寅恪先生每歎賞於此一時期文藝創作之自由〔註2〕，我們當然可以同情他夫子自道的心境，但卻也不得不指出，當時的自由恐怕正如同維多利亞時期英國上流社會的幽雅，但誰又知道當時下層人民的血淚呢？

　　以此原故，處理魏晉時期的思想和思想家，乃有一根本的艱難，我們不得不正視他們的扭曲，同時也必須了解，他們的扭曲並不能解釋為單純的「政治壓迫」，因為他們並不是處於和政權相對立的地位，也不只是被吸納於官僚體制的一員，而根本就是各個統治集團的成員。在這狀況下，當他們遭遇到政治上不公平的對待時，往往只表示了他們在奪權鬥爭中的失敗，而並不能皆解釋為政權對知識份子的壓迫與摧殘。於是這便帶來了一種處理上的迷霧，一種來自其思想之意識型態性的迷霧。我們應如何謹慎地撥開這重迷霧，而看到他們思想的原創性，這遂成為處理技巧上絕大的挑戰。筆者必須再次指出，本書之所以要採取玄學史的角度來切入嵇康思想的兩個側面，正是源自於此一考慮，我必須不斷來回撥除嵇康思想中，來自於意識型態性的干擾，然後始能看出其思想之較純粹的面向。我自問此一方法上的自覺，乃是本書有進於其它玄學著作，而足以展現出一些特點的地方。

　　為此，筆者乃有了一個較為特別的結構。我們整個的解析工作，乃是從嵇康對「自然」一詞的歧義性用法開始。筆者概括了嵇康對此詞之兩組四個用法，其中一組關聯於無執無為之工夫義，另一組則大抵是順漢儒所表示的氣化自然義。筆者以為嵇康思想中意識型態的煙霧，正是假後一組的自然義之混入前一組自然義而生的，因此我們乃有必要將這兩組分開處理，並以此而描述自然、名教之爭的兩個面向，亦即意識型態的面向和純粹思想的面向，這兩個面向也就同時代表了嵇康思想的兩個面貌，我即名之曰「歷史的嵇康」和「玄學的嵇康」。

　　其中，歷史的嵇康之內容是假才性論的命題而展開的。事實上，魏晉時期的才性論根本就只是政治性的命題，所有才性論的不同立場，其實只是不同政治立場和不同社會階層的反映。此一論題由九品中正這一選舉制度所實際涉及的不同社會階層之利益衝突而引發；表面上它是在討論才能與性行的關係，實則涉及中正品評時，品與狀的優先順序問題，這一順序則實際牽涉到士族與寒門的政治利益。而在文中，筆者以為嵇康亦涉足了此一爭論，同

〔註2〕參見陳寅恪先生《寒柳堂集·論再生緣》一文，頁65。

時嵇康正是在這一爭論的脈絡中，採取了純自然主義的立場來為自己的才性論辯護，並進而以之攻擊名教。換言之，所謂「歷史的嵇康」，其本質乃是政治性的，他通過這一面的思想來武裝其政治立場，他假「自然」之名構造了另一套意識型態的說法，以與「名教」這一意識型態相頡頏。但嚴格說，嵇康這一面的說法，若離開了意識型態的功能，則並不具有什麼意義；因此，我亦說「歷史的嵇康」實際上乃是嵇康思想中一個比較負面的部分。

至於嵇康思想中比較有正面價值的部分，也就是「玄學的嵇康」的部分，它乃來自於另一類的問題意識。為說明此義，筆者曾區別了嵇康和何晏、王弼的問題意識與哲學進路，我以為何王之學基本上並未離開漢儒的問題意識，他們只是繼承於揚雄之學而完成了典範的轉移而已。但嵇康的另一類問題意識，則來自於他對道教的信仰。不過，道教的信仰固然喚起了嵇康的宗教情感，但他對道教之養生求仙信仰實採取著相當存在式的批判態度；他將道教由精氣神之鍛鍊而說的長生工夫，轉換成了由某種價值主體之向自足自在之自己回歸的意義實踐活動，以此而為自己找到了信仰的定位點。這一轉換也同時使他接上了莊子的哲學思路，並進而為這一思路創造了一個宗教的面向。也即由此，我們看到了「玄學的嵇康」之主要內容。

然而就整個玄學思想史的角度來看，嵇康固然是竹林玄學的主要領袖人物，但一方面由於竹林七賢並非真正是一個自覺而有組織的學術團體，另一方面也由於嵇康對於他自己思想的兩個面向不免有混淆，因此有關他思想的具體影響是比較難以評估的。筆者在文中，主要評估了嵇康和阮籍、向秀思想的關係，我以為就阮籍言，他固然的確曾受到「玄學的嵇康」這一側面的重要啟發，但阮籍基本上完全不足以把握嵇康這一側面思想的精髓。至於向秀，則大抵能完全吸納「玄學的嵇康」之內容，然而也恐怕由於他無法簡別出「歷史的嵇康」對「玄學的嵇康」的混淆，竟至使他所吸納之嵇康思想的精華，轉成了為名教這一意識型態建立新表述的養料，終而脫落了嵇康通過宗教意識而賦予自然的價值論意涵，這對嵇康而言當然是個大不幸。

而若更就晉以後的名士風度言，它們大抵是通過阮籍和向秀這兩個管道而上接於竹林玄學。但是很顯然的，晉代名士中放達一派幾乎只能得阮籍之形，而不能得其神；另外主張「名教中自有樂地」者，則完全將自然視作名教之護身符，而脫略其價值意涵矣！因此，我們也可以說嵇康之學在後來的玄學發展中，是只存其形而遺其神的。不過，失之東隅，收之桑榆，魏晉以降藝

術精神的大躍進，我以為卻又不得不歸之於「玄學的嵇康」之影響，雖然，這一影響恐怕和嵇康原初的問題意識根本是無涉的。

為此，筆者復檢討了有關〈聲無哀樂論〉的詮釋，並進而為嵇康規範了一個美學世界。筆者以為歷來論者多只從樂理的角度來詮釋〈聲無哀樂論〉，並以此來建構一套音樂美學。然而此一詮釋方式的直接後果，即是造成〈聲無哀樂論〉和「玄學的嵇康」之間的脫鉤。基於此一原故，筆者乃嘗試改換了一種詮釋方式，我借助中國傳統樂論「聲音樂三分」架構的引入，從而發現了在〈聲無哀樂論〉中事實上還有一個不同於純樂理的玄理層次，而且這一層次才真正是此論的旨歸所在。如此一來，自然也就讓此論重新回歸於「玄學的嵇康」之內涵。然後筆者以為，此義之下的〈聲無哀樂論〉是含著一個重大的美學意義的，因為它直接表示了對「美的本質」之一套具規範性的看法，換言之，「玄學的嵇康」事實上也同時建構了一個特別的美學世界，正是在這個世界上，嵇康直接啟發了晉宋以降藝術精神的發展。

於此我們可以看到，將「歷史的嵇康」與「玄學的嵇康」作分途的處理，它的好處所在。例如在前文中，筆者不曾點明的一點，乃是嵇康其實亦在通過〈聲無哀樂論〉以攻擊名教，換言之，「歷史的嵇康」事實上還是混淆了「玄學的嵇康」之表現。雖然這一混淆竟使嵇康展開了一套極精采的樂理討論，這一討論甚至也誤導了近人對此文的理解，然而我們通過前述的分途處理，卒可使嵇康思想的各層次各安其位，不生混淆，亦可因此而理解其原創性和不足處所在，並充分看出他思想的影響過程。由此，我們當可看出此一理解架構的貢獻。

至此，筆者當也已初步展示了一個意圖，亦即我已將玄學的核心由王弼轉移到了嵇康身上，並提供了一套新的分析架構，以為理解玄學家思想的憑藉。我相信此一努力對超越湯用彤先生的詮釋典範而言，是會起著一些參考作用的。雖然，我亦深知本文在一些重要的哲學論題上，由於體例的限制，以致在論證上顯得不夠充分，這多少限制了本文論題的進一步開展；為此，筆者特別在附錄中收錄了一篇舊作──〈中國的美感境界及其存有論的意涵〉〔註3〕，該文雖非專論嵇康及其哲學，但筆者在該文中的一些論證，多少已可指出了本文未來在補充必要論證時的基本方向。我必須說，本文其實只是一個起步，未來的工作才真正是具有終極意義的。從湯用彤先生迄今，玄學的

──────────
〔註 3〕 本文原載於《文學與美學》第五集，頁 327～353。

討論始終仍僅停留在較客觀之學術史、思想史的層面，廣義而言，本文也依然只是停留在此一層次，而缺乏更具深度、更具價值性的詮釋學視域；這衡諸目前宋明理學的長足發展，便顯出了它嚴重的不足所在。筆者願意在本文的基礎上，儘速為玄學開展出一些具「創造性詮釋」意義的面向，我也相信本文所提供的新架構，對於開出此一新面向，將是較為有利的；但有鑒於本文的階段性任務已經完成，因此我也願在此先替本文畫下一個尾聲，並敬謹期待學界先進及讀者諸君的雅教！

參考書目

一、原典文獻（依時代先後排列）

（一）經籍

1. 《周易注疏》，《十三經注疏》本，台北：藝文印書館，1989年。
2. 《詩經注疏》，《十三經注疏》本，台北：藝文印書館，1989年。
3. 《左傳注疏》，《十三經注疏》本，台北：藝文印書館，1989年。
4. 《禮記注疏》，《十三經注疏》本，台北：藝文印書館，1989年。
5. 《論語注疏》，《十三經注疏》本，台北：藝文印書館，1989年。
6. 《孟子注疏》，《十三經注疏》本，台北：藝文印書館，1989年。

（二）史傳

1. 司馬遷，《史記》，台北：藝文印書館，1982年。
2. 司馬遷、瀧川龜太郎考證，《史記會注考證》，台北：洪氏出版社，1981年。
3. 班固、顏師古注，王先謙補注，《漢書補注》，台北：藝文印書館，1982年。
4. 荀悅，《漢紀》，台北：商務印書館國學基本叢書，1968年。
5. 范曄、李賢注，王先謙集解，《後漢書集解》，台北：藝文印書館，1982年。
6. 陳壽、裴松之注，盧弼集解，《三國志集解》，台北：藝文印書館，1982年。

7. 房喬等、吳士鑑、劉承幹注，《晉書斠注》，台北：藝文印書館，1982 年。

8. 沈約，《宋書》，台北：藝文印書館，1982 年。

9. 蕭子顯，《南齊書》，台北：藝文印書館，1982 年。

10. 魏徵等，《隋書》，台北：藝文印書館，1982 年。

11. 司馬光，《資治通鑑》，台北：啟業書局，1977 年。

（三）史料及史論

1. 張華，范寧校證，《博物志校證》，台北：明文書局，1984 年。

2. 慧皎，《梁高僧傳》，台北：文殊出版社，1988 年。

3. 酈道元，《水經注》，台北：世界書局，1974 年。

4. 歐陽詢等，《藝文類聚》，上海：上海古籍出版社，1965 年。

5. 杜佑，《通典》，北京：中華書局，1988 年。

6. 李吉甫，《元和郡縣志》，《四庫全書本》冊 468，台北：商務印書館，1986 年。

7. 李昉等，《太平御覽》，台北：商務印書館，1992 年。

8. 趙翼，《廿二史箚記》，台北：世界書局，1974 年。

（四）子部

1. 莊子、郭慶藩集釋，《莊子集釋》，台北：華正書局，1979 年。

2. 荀子、王先謙集解，《荀子集解》，台北：藝文印書館，1988 年。

3. 劉安，《淮南子》，台北：世界書局新編諸子集成，1978 年。

4. 揚雄、張震澤校注，《揚雄集校注》，上海：上海古籍出版社，1993 年。

5. 揚雄、鄭萬耕校釋，《太玄校釋》，北京：北京師大出版社，1989 年。

6. 揚雄，《法言》，台北：中華書局，1974 年。

7. 王充，《論衡》，台北：世界書局新編諸子集成，1978 年。

8. 王符，《潛夫論》，台北：商務印書館國學基本叢書，1968 年。

9. 魏伯陽，《周易參同契》，台北：中華書局，1978 年。

10. 王明合校，《太平經合校》，北京：中華書局，1979 年。

11. 《音注河上公老子道德經》，台北：廣文書局，1980 年。

12. 徐幹，《中論》，台北：廣文書局，1988 年。

13. 劉劭，《人物志》，台北：世界書局新編諸子集成，1978 年。

14. 王弼、樓宇烈校釋,《老子周易王弼注校釋》,台北:華正書局,1983 年。

15. 阮籍、陳伯君校注,《阮籍集校注》,北京:中華書局,1987 年。

16. 嵇康、戴明揚校注,《嵇康集校注》,台北:河洛出版社,1978 年。

17. 饒宗頤校證,《老子想爾注校證》,上海:上海古籍出版社,1991 年。

18. 張湛、楊伯峻集釋,《列子集釋》,不著出版資料。

19. 劉義慶、余嘉錫箋,《世說新語箋疏》,台北:華正書局,1984 年。

20. 劉義慶、楊勇校,《世說新語校箋》,台北:正文書局,1976 年。

21. 僧佑,《弘明集》,台北:中華書局,1978 年。

22. 僧佑,《出三藏記集》,《大正藏》冊 55,台北:白馬精舍印經會,1988 年。

23.《正一法文天師教戒科經》,《正統道藏》冊 30,台北。

24. 孟安排,《道教義樞》,《正統道藏》冊 41,台北。

25. 張君房,《雲笈七箋》,《正統道藏》冊 37、38。

26. 顧炎武,《日知錄》,台北:世界書局,1981 年。

27. 黃宗義,《梨洲遺著彙刊》,台北:隆言出版社,1969 年。

(五)文集及文評

1. 曹操、曹丕、曹叡,黃節註,《魏文武明帝詩註》,台北:藝文印書館,1972 年。

2. 曹植,《曹子建集》,台北:世界書局,1970 年。

3. 阮籍、古直箋,《阮嗣宗詩箋》,台北:廣文書局,1970 年。

4. 謝赫,《古畫品錄》,《四庫全書》冊 812,台北:商務印書館,1986 年。

5. 蕭統、李善注,《昭明文選》,台北:藝文印書館,1979 年。

6. 劉勰、楊明照校注,《文心雕龍校注》,台北:河洛出版社,1976 年。

7. 張彥遠,《歷代名畫記》,《百部叢書》,《學津討原》,台北:藝文印書館,1965 年。

8. 張溥輯,《漢魏六朝百三名家集》,台北:文津出版社,1979 年。

9. 嚴可均輯,《全後漢文》,台北:世界書局,1969 年。

10. 嚴可均輯,《全三國文》,台北:世界書局,1969 年。

11. 嚴可均輯,《全晉文》,台北:世界書局,1969 年。

12. 嚴可均輯,《全宋文》,台北:世界書局,1969 年。

13. 嚴可均輯，《全齊文》，台北：世界書局，1969 年。

14. 陳沆，《詩比興箋》，台北：藝文印書館，1970 年。

二、近人研究專著（依姓氏筆劃排列）

1. 丁冠之，《嵇康》，山東：齊魯書社，1987 年。

2. 王仲犖，《魏晉南北朝史》，上海：上海人民出版，1981 年。

3. 王明，《道家和道教思想研究》，北京：中國社會科學出版社，1990 年。

4. 王叔岷，《莊學管闚》，台北：藝文印書館，1978 年。

5. 王葆玹，《正始玄學》，山東：齊魯書社，1987 年。

6. 王葆玹，《玄學通論》，台北：五南出版社，1996 年。

7. 毛漢光，《中國中古社會史論》，台北：聯經圖書公司，1988 年。

8. 毛漢光，《兩晉南北朝士族政治之研究》，台北：中國學術著作獎助委員會，1966 年。

9. 方穎嫻，《先秦道家與玄學佛教》，台北：學生書局，1986 年。

10. 孔繁，《魏晉玄學》，遼寧：遼寧教育出版社，1995 年。

11. 田文棠，《魏晉三大思潮論稿》，陝西：陝西人民出版社，1988 年。

12. 朱光潛，《文藝心理學》，台北：開明書局，不著年份。

13. 牟宗三，《才性與玄理》，台北：學生書局，1980 年。

14. 牟宗三，《五十自述》，台北：鵝湖出版社，1989 年。

15. 牟宗三，《現象與物自身》，台北：學生書局，1982 年。

16. 牟宗三，《圓善論》，台北：學生書局，1985 年。

17. 成復旺，《中國美學範疇辭典》，北京：中國人民大學出版社，1995 年。

18. 牟潤孫，《論魏晉以來之崇尚談辯及其影響》，香港：中文大學，1966 年。

19. 吉聯抗，《嵇康聲無哀樂論譯注》，北京：人民音樂出版社，1982 年。

20. 任繼愈，《中國哲學史》，北京：人民出版社，1985 年。

21. 任繼愈，《中國道教史》，台北：桂冠圖書公司，1991 年。

22. 余英時，《士與中國文化》，上海：上海人民出版社，1987 年。

23. 余英時，《中國知識階層史論》，台北：聯經圖書公司，1980 年。

24. 余英時，《史學與傳統》，台北：時報出版公司，1982 年。

25. 何啟民，《竹林七賢研究》，台北：學生書局，1984 年。

26. 何啟民，《魏晉思想與談風》，台北：學生書局，1982 年。

27. 余敦康，《何晏王弼玄學新探》，山東：齊魯書社，1991 年。

28. 李澤厚，《批判哲學的批判》，台北：風雲時代出版公司，1990 年。

29. 李澤厚，《美學四講》，台北：人間出版社，1988 年。

30. 李澤厚，《美學論集》，台北：駱駝出版社，1987 年。

31. 李澤厚、劉綱紀，《中國美學史》，台北：谷風出版社，1986 年。

32. 宗白華，《美學的散步》，台北：洪範出版社，1987。

33. 宗白華，《美從何處尋》，台北：駱駝出版社，1987 年。

34. 林同華，《中國美學史論集》，江蘇：江蘇人民出版社，1984 年。

35. 林谷芳，《諦觀有情》，台北：望月文化公司，1997 年。

36. 林麗真，《王弼》，台北：東大圖書公司，1988 年。

37. 侯外廬，《中國思想通史》第三卷，北京：人民出版社，1957 年。

38. 胡孚琛，《魏晉神仙道教》，北京：人民出版社，1990 年。

39. 卿希泰，《中國道教思想史綱》，台北：木鐸出版社，1986 年。

40. 唐長孺，《魏晉南北朝史論叢》，北京：三聯書店，1955 年。

41. 唐長孺，《魏晉南北朝史論拾遺》，北京：中華書局，1983 年。

42. 宮崎市定，《九品官人法之研究》，日本：京都大學東洋史研究叢刊，1956 年。

43. 徐復觀，《中國藝術精神》，台北：學生書局，1981 年。

44. 徐復觀，《兩漢思想史》，台北：學生書局，1979 年。

45. 容肇祖，《魏晉的自然主義》，台北：里仁書局，1984 年。

46. 唐翼明，《魏晉清談》，台北：東大圖書公司，1992 年。

47. 張本楠，《王國維美學思想研究》，台北：文津出版社，1992 年。

48. 許杭生，《魏晉玄學史》，陝西：陝西師大出版社，1989 年。

49. 許杭生，《魏晉思想史》，台北：桂冠圖書公司，1992 年。

50. 許倬雲，《求古編》，台北：聯經圖書公司，1982 年。

51. 陳寅恪，《陳寅恪先生文集》，台北：里仁書局，1981 年。

52. 郭紹虞，《中國文學批評史》，台北：文史哲出版社，1979 年。

53. 陳登原，《國史舊聞》，台北：大通書局，1971 年。

54. 張節末，《嵇康美學》，浙江：浙江人民出版社，1994 年。

55. 莊萬壽，《嵇康研究及其年譜》，台北：學生書局，1990 年。

56. 敏澤，《中國美學思想史》第一卷，山東：齊魯書社，1987 年。

57. 張蕙慧，《嵇康音樂美學思想探究》，台北：文津出版社，1997 年。

58. 湯一介，《郭象與魏晉玄學》，湖北：湖北人民出版社，1983 年。

59. 湯一介，《魏晉南北朝時期的道教》，台北：東大圖書公司，1988 年。

60. 湯用彤，《魏晉玄學論稿》，台北：里仁書局，1984 年。

61. 賀昌群，《魏晉清談思想初論》，台北：里仁書局，1984 年。

62. 勞思光，《中國哲學史》，香港：崇基書局，1980 年。

63. 曾春海，《嵇康》，台北：輔仁大學出版社，1994 年。

64. 葉純之、蔣一民，《音樂美學導論》，北京：北京大學出版社，1988 年。

65. 葉嘉瑩，《王國維及其文學批評》，台北：源流出版社，1982 年。

66. 萬繩楠，《魏晉南北朝史論稿》，安徽：安徽教育出版社，1983 年。

67. 趙士林，《當代中國美學研究概述》，天津：天津教育出版社，1989 年。

68. 窪德忠，《庚申信仰》，日本：山川出版社，1973 年。

69. 蔣孔陽，《美學新論》，北京：人民文學出版社，1993 年。

70. 蔡仲德，《中國音樂美學史》，台北：藍燈出版社，1993 年。

71. 劉大杰，《魏晉思想論》，台北：里仁書局，1984 年。

72. 劉汝霖，《漢晉學術編年》，台北：長安出版社，1979 年。

73. 劉貴傑、周紹賢，《魏晉哲學》，台北：五南書局，1996 年。

74. 錢穆，《莊老通辨》，台北：三民書局，1973 年。

75. 錢鍾書，《談藝錄》，北京：中華書局，1983 年。

76. 謝大寧，《儒家圓教底再詮釋》，台北：學生書局，1997 年。

77. 蘇紹興，《兩晉南朝的士族》，台北：聯經圖書公司，1987 年。

三、西方學術著作及譯著

1. L. Dupre，傅沛榮譯，《人的宗教向度》，台北：幼獅文化公司，1986 年。

2. E. Hanslick，楊業治譯，《論音樂的美》，北京：人民音樂出版社，1982 年。

3. M. Heidegger，陳嘉映、王慶節譯，《存有與時間》，台北：唐山出版社，1989 年。

4. M. Heidegger，熊偉、王慶節譯，《形而上學導論》，台北：仰哲出版社，1993 年。

5. M. Heidegger，孫周興譯，《走向語言之途》，台北：時報文化公司，1993 年。

6. K. Jaspers，周行之譯，《智慧之路》，台北：志文出版社，1991 年。

7. I. Kant，牟宗三譯，《判斷力之批判》，台北：學生書局，1992 年。

8. T. Kuhn，王道還譯，《科學革命的結構》，台北：允晨文化公司，1985 年。

9. R. Palmer，嚴平譯，《詮釋學》，台北：桂冠圖書公司，1992 年。

10. B. Smart，「Michel Foucault」（New York: Tavistock Publications of Ellis Horwood Limited, 1985）

11. W. Tatarkiewicz，劉文譚譯，《西洋六大美學理念史》，台北：聯經圖書公司，1989 年。

四、單篇論文（依作者姓氏筆劃排列）

1. 王韶生，〈荊州學派對於三國學術之關係〉，香港，《崇基學報》第 4 卷第 1 期。

2. 本田濟、李世傑譯，〈魏晉時代的儒玄論爭〉，《恆毅》第 5 卷第 8、11、12 期。

3. 吳旵，〈言意之辨與魏晉玄理〉，《鵝湖月刊》第 116 期。

4. 余英時，〈意識型態與中國思想史〉，《時報副刊》1982 年 8 月 14 日。

5. 余敦康，〈阮籍嵇康玄學思想的演變〉，《文史哲》，1987 年第 3 期。

6. 李豐楙，〈魏晉南北朝文士與道教之關係〉，政治大學中文研究所 1978 博士論文。

7. 青木正兒，〈清談〉，《東洋思潮》四卷，日本，1934 年。

8. 高柏園，〈論莊子與嵇康的養生論〉，《宗教與文化》論文集，台北：學生書局，1990 年。

9. 張少康，〈嵇康的聲無哀樂論及其在中國文藝思想史上的意義〉，《中外文學》第 20 卷第 1 期。

10. 許世瑛，〈九品中正之研究〉，《清華周刊》第 36 卷第 9～10 期。

11. 許杭生，〈論魏晉道教與玄學的關係〉，《中國哲學史研究》，1986 年第 3 期。

12. 莊耀郎,〈王弼玄學〉,台灣師大國文研究所 1991 年博士論文。

13. 程元敏,〈季漢荊州經學〉,《漢學研究》第 4 卷第 1 期、第 5 卷第 1 期。

14. 湯用彤,〈漢魏學術變遷與魏晉玄學的產生〉,《中國哲學史研究》,1983 年第 3 期。

15. 劉述先,〈孟子心性論的再反思〉,《孟子思想的哲學探討》論文集,台北:中央研究院文哲研究所,1995 年。

16. 魯錦寰,〈漢末荊州學派與三國政治〉,《中州學刊》,1982 年第 4 期。

17. 謝大寧,〈從災異到玄學〉,台灣師大國文研究所 1989 年博士論文。

18. 謝大寧,〈儒隱與道隱〉,《國立中正大學學報》第 3 卷第 1 期。

19. 謝大寧,〈齊物論釋〉,《鵝湖月刊》第 229、230、232 期。

20. 戴璉璋,〈王弼易學中的玄思〉,《中國文哲研究集刊》創刊號。

21. 戴璉璋,〈嵇康思想中的名理與玄理〉,《中國文哲研究集刊》第 4 期。

22. 戴璉璋,〈郭象的自生說與玄冥論〉,《中國文哲研究集刊》第 7 期。

23. 簡博賢,〈今存三國兩晉經學遺籍考〉,台灣師大國文研究所 1980 年博士論文。

24. B. Schwartz,張永堂譯,〈關於中國思想史的若干初步考察〉,《中國思想與制度論集》,聯經圖書公司,1979 年。

附　錄

何謂「易經的意義」？

　　在久遠的易學傳統中，一般而言，大約形成了三個走向，也就是兩漢的象數之學，魏晉、宋明的義理之學，與由宋開始興盛的圖書之學〔註1〕。這三個走向匯聚到清代，大約有了一種比較綜合性的看法。清學基本上是反宋學的，但他們反宋學的作法，並非全然不談義理，而是以回歸聖經賢傳，研求本義的方式來講義理，也因此，乃漸有以訓詁的方式取代純義理——或用現代的話說，即以哲學方式——討論的方式，換言之，他們認為只要找到了經典文句的確解，便是呈現了經典的義理。對清學這樣的作法，形式上整體地說，確實是較接近漢儒之作法的，因此我們通常將之說為是漢學的復興，可是分開各經來看，就易學言，卻又不全然如此。因為從黃梨州的《易學象數論》開始，歷經毛西河、胡朏明等人，他們就因著摧破了圖書之學，進而也質疑象數之學的合理性〔註2〕。在這意義上，我們也許應該說，清代的易學不只

〔註1〕屈萬里先生《先秦漢魏易例述評》（聯經，全集本，1994年）序云：「歷代周易之學，凡經數變：上下經文初只用於占筮。十翼而後，乃藉以闡發哲理。至西漢中葉，孟喜習災異之術，好以象數說易；東漢易家推衍其說，至三國而極。王弼奮起，掃象數之穿鑿，復歸於十翼之平實，歷六朝隋唐，定於一尊。下逮趙宋，河圖洛書、先天後天之說興，而易學再變，以迄晚明。遂清考據之學，突越前代，復排河洛先後天之謬，而反於漢人之象數。至於今茲，餘風未泯。惟例變雖多，然綜而論其大別，則不過象數、義理、圖書三者而已。」此說最為清楚。然說清儒反於漢人之象數，這說法大概僅適用於張惠言等人，但清代其實有許多人是連象數也反的，說詳下。
〔註2〕如黃梨州《易學象數論》（浙江古籍，全集本冊九，1993年）序云：「世儒過視象數，以為絕學，故為所欺，余一一疏通之，知其於易本了無干涉。」梨州之說法對清代易學影響是大的。

在目的上有一種想直追易經初始之義理的想法，而且在手段上亦復如是，這和其他的經學討論之大量借重漢代訓詁的方式，是有一些本質之不同的。於是，清代的易學乃有了某種比較新穎的風貌，他們習慣上傾向於將易經視為是一個有意義的整體，並通過訓詁的方式，試著為易經尋找出可以通貫全經的義例，同時即將此一義例當作是易經的義理所在。這樣的作法當然也有一定的道理，我們看到像《經義述聞》之類的作法，其實也很可以想見清儒在這方面感人的用心〔註3〕。

　　但是，清儒這樣的作法，其實還是有危險存在的。這危險最顯性的面向，早已經被屈萬里先生所窺破〔註4〕。屈先生基本上是同意清代易學特別是黎州一脈之走向的，所以他也痛斥漢易的轉說轉遠，治絲益棼。可是他另一方面又認為，我們其實很難在易經的經文中，找到足以通貫全經的義例，在這裡，他以為我們毋寧應以比較矜慎的態度，來看待義例的問題，這也就是說我們其實不必企圖非讓某一義例通貫全經不可，只要這個義例確實有相當的依據即可。就這點而言，我以為屈先生是完全正確的。清儒想要在易經中找到通貫的義例，這種詮釋的企圖心固然可感，但我們只要稍微想像一下易經可能的成書過程，便知道這是很難達成的企圖。但是這種企圖的不可能，卻也並不表示易經的經文本身，不會存在某些比較固定的句法。所以，我認為屈先生《先秦漢魏易例述評》的講法，特別是在易傳義例部分的說法，是有高度意義的。易傳固然和經文已有距離，但屈先生很清楚地對比出傳例在經文中的根據，這裡很可以顯示出易經經文的固定句法。從這些固定的句法中我們確實可以看出易經的某些意義。可是，我說屈先生的作法只能窺破清儒尋找義例之作法所具有的顯性危險，這意思究竟是什麼呢？

　　如果先從原則上說，我們說「易經的意義」，這個辭彙的意思到底是什麼？如果我們說易經經文的義例代表著某種易經的意義，這意義是從什麼角度上說的呢？從義例上所說的易經意義，和諸如王弼、朱夫子等人所說的易經意義，有沒有什麼差別？照鄭吉雄先生的說法，無論是對義例的討論，或是像王弼注等等，他都名之曰對易經的詮釋，那如果把易經應用到具體的占

〔註3〕關於此義，詳參鄭吉雄先生〈高郵王氏父子對周易的詮釋〉，該文收於氏著《易圖象與易詮釋》（喜馬拉雅基金會，2002年，頁305～351）。

〔註4〕如屈先生前引書，頁17云：「經義大要如此，亦間有例外，非若後世著述家義例之嚴，不得稍有違犯也。」

卜上，我們把易經經文拿來說明占卜的推斷，這叫不叫做詮釋？它是不是表示了某種易經的意義呢？對上述問題，我們可以先舉比卦的幾類詮釋為例子來做說明：

比卦的卦辭是這樣的：「比，吉。原筮，元永貞，无咎。不寧方來，後夫凶。」

彖象傳分別曰：「彖曰：比，吉也。比，輔也。下順從也。原筮，元永貞，无咎，以剛中也。不寧方來，上下應也。後夫凶，其道窮也。」

「象曰：地上有水，比。先王以建萬國，親諸侯。」〔註5〕

周易集解引虞翻曰：「師二上之五，得位，眾陰順從，比而輔之，故吉。與大有旁通。水性流動，故不寧；坤陰為方，上下應之，故方來也。後謂上，夫謂五也。坎為後，艮為背，上位在背後，无應乘陽，故後夫凶也。」又引虞翻象傳注曰：「先王謂五，初陽已復，震為建，為諸侯，坤為萬國，為腹，坎為心，腹心親比，故以建萬國親諸侯，詩曰『公侯腹心』，是其義也。」〔註6〕

王弼象傳注曰：「處比之時，將原筮以求无咎，其唯元永貞乎！夫群黨相比，而不以元永貞，則凶邪之道也。若不遇其主，則雖永貞而猶未足免於咎也。使永貞而无咎者，其唯九五乎！上下无陽以分其民，五獨處尊，莫不歸之。上下應之，既親且安。安則不安者託焉，故不寧方所以來，上下應故也。夫无者求有，有者不求所與；危者求安，安者不求所保。火有其炎，寒者附之，故己苟安焉，則不寧方來矣。將合和親，而獨在後，親成則誅，是以凶也。」〔註7〕

朱子易本義象傳注曰：「比，親輔也。九五以陽剛居上之中而得其正。上下五陰，比而從之，以一人而撫萬邦，以四海而仰一人之象。故筮者得之，則當為人所親輔。然必再筮以自審，有元善長永正固之德，然後可以當眾之歸而无咎。其未比而有所不安者，亦將皆來歸之，若又遲而後至，則此交已固，彼來已晚，而得凶矣。若欲比人，則亦以是而反觀之耳。」

〔註5〕上引卦辭與彖象傳，見《周易注疏》（藝文，十三經注疏本）。
〔註6〕引文見《周易集解》（商務，國學基本叢書，1968 年），頁 61～62。
〔註7〕引文見樓宇烈《王弼集校釋》（華正，1992 年），頁 260。

象傳注曰：「地上有水，水比於地，不容有閒。建國親侯，亦先王所
以比於天下而无閒者也。象意人來比我，此取我往比人。」〔註8〕

經義述聞王念孫曰：「『比，吉也』，也字涉下文『比，輔也』而衍。
其比吉二字，則當在下文『原筮』之上，不當在『比，輔也』之上。
請以四證明之：凡象傳必先釋卦名而後及卦辭。若比吉二字在比輔
也之上，則是先列卦辭，而後釋卦名，六十四卦皆無此例，一也。
凡傳釋卦辭，必列卦名於其上。若蒙象傳曰『蒙，亨，以亨行時中
也』需象傳曰『需，有孚光亨貞吉，位乎天位，以正中也』厥類甚
多，不可攷舉。然則此亦當云『比吉，原筮，元永貞，无咎，以剛
中也』若無比吉二字，則自亂其例，二也。九五以剛處中，所以比
而得吉。然則以剛中也正釋比吉之義，原筮元永貞之上必當有比吉
二字，三也。祭統曰『身比焉，順也』管子五輔篇曰『為人弟者，
比順以敬』是比與順同義。昭二十八年左傳曰『擇善而從曰比』是
比與從同義。荀子王制篇曰『天下莫不順比從服』是比與順從同義。
然則『下順從也』仍是釋比字之義，非釋吉字之義，以上文原無比
吉二字故也，四也。」〔註9〕

就上引的例子來看，如果說都是為了將比卦講出一番意義的話，那它們大致
運用了哪些方式呢？就卦辭本身言，除了「吉」這個斷詞的意義是明確的，
其他意義就難說了。我們完全不知道這卦辭是怎麼寫出來的，所以也無從就
卦辭本身，孤立地去講出任何意義的脈絡來。於是，從象傳開始，它們便發
展出了一套模式，以使意義可以循一定的脈絡出現。就比卦言，象傳的講法
是這樣的：它或者運用了訓詁的方式，如說「比，輔也」，也運用了爻位，如
比卦是由五陰爻與一陽爻組成，且陽爻恰居上卦的正位，所以它說「剛中」，
「下」順從，「上下應」等等，然後將兩者結合起來，於是比卦在象傳作者的
詮釋中，遂出現了在下者來輔上位者的意義。象傳則有另外完全不同的取義
模式，它是運用上下卦本身的取象，比卦之上卦為坎，下卦為坤，這是傳統
最基本之八卦取象，分別象天地風雷山川水火，所以說「地上有水」，然後即
以地上之水潤澤一切，而說先王的建國親侯。當然這裡說先王，可能也是因
為上卦之中爻為陽之故；而說先王的建國親侯，很明顯地乃是由王主動去親

〔註8〕引文見《周易本義》（北方，2005年），頁53。
〔註9〕引文見王引之《經義述聞》（江蘇古籍，2000年）卷二，頁41。

近別人，這和象傳的取義雖有關，但就主被動言，卻是恰好相反的。在彖象傳初步規範出取義之模式後，我們也許可以先大致區分，其取義模式的一些層次。我覺得上面所述，我們應該已經可以清楚地看出來，無論是彖象傳，其取義都包含了兩個層次，一個是訓詁與卦爻象、爻位的層次，這個層次基本上是有限的，也是比較客觀固定的，這或者即可說是易經的「句法」層次。而至於從比的訓詁，以及上卦九五之當位，遂聯想到「下順從」，乃至從句法的「上下應」延伸聯想到人事上的「上下應」，又如象傳的從八卦的取象，聯想到王者的建國親侯，這些都顯然是另一個層次的取義，它通常即是我們說的易經的「義理」層次。這兩個層次當然都可以說是易經的意義，但其為「意義」的意思顯然是不相同的。現在我們先要問的是，其他的詮釋所顯示的意義，是不是依循這兩個層次的意義？或者還有其他層次的意義？如果是依循這兩個層次的意義的話，它們有沒有顯示出什麼特色？

　　就上引的虞翻之例來看，他的講法是比較怪的，他用的是一個相當複雜的講法。他並不像象傳只就本卦的爻位而論，而是運用所謂的爻位消息的卦變說法，說師卦的第二爻變為比卦的第五爻〔註10〕，而師卦九二爻辭說「在師中，吉，无咎」，所以比卦也是吉利的，這和象傳直接由上卦之中爻的當位而說其為无咎，說法顯然不同。他又運用和比卦相「旁通」——也就是各爻都恰好陰陽相反的另一個卦——的大有卦，來解釋比卦之為吉。這是因為大有卦的卦辭說「大有，元亨」的緣故。這樣的講法顯然預設著無論是反對的卦也好，旁通的卦也好，它們的意義都是相關的，所以他才能藉著這些相關的卦來解釋本卦的辭句。這裡我們要問的第一個問題是，虞翻為什麼要這麼曲折地說呢？對於這點，我們其實也可以輕鬆點看，他其實只是要想把易經的卦爻辭，講得好像字字都有來歷，但他並不是採取歸納「義例」的作法，而是曲折地繞出去，用其他卦來講本卦。說穿了，這其實還是另一種形式的訓詁。換句話說，這裡所謂的旁通、反對，乃至漢儒象數的其他方式，如互體、半象乃至各種卦變等等之類，其意思完全是相類似的，它們的目的都是希望企圖為易經的每個卦爻辭字句，找到解釋的空間，所以它表面上看來採取的方式和我們前述的彖象傳取義的第一層次是有不同，可是基本上它也還是可

〔註10〕這其實是虞翻對卦變的特殊說法，他以十二消息卦為主，將之分為幾組，在這些組內而有互相變化的情形。師卦恰是比卦的反對之卦，所以同是一陽五陰，在同一組中，故可互相變化。說詳屈先生前引書，頁 139～140。

以歸屬在廣義的易經「句法」的範疇之內。就解易來說，需不需要這種句法是一回事，但它們誼屬同性質的東西則又是另一回事，所以它和八卦取象等等的作法，都可以交互為用，此所以虞翻在解象傳「不寧方來，上下應也」這句話時，又換成了八卦取象的模式。因為比卦的上卦為坎，所以他說「水性流動，故不寧也」，此即用水的象徵說不寧二字。而比卦的下卦為坤，坤象地，天圓地方，所以他說「坤陰為方」，以此來解「不寧方來」的「方」字。這樣的解法當然很怪，尤其是以此方式講「方」字，就訓詁上看，恐怕很難成立，但撇開這面不看，則虞翻那種經生的風格，還是清晰可見的。他講象傳「後夫凶」這句話時也是如此，他用了比卦的上卦坎，和互體三至五爻為艮，以此而說「坎為後，艮為背，上位在背後，无應乘陽」〔註11〕，並用之解後夫凶，這講法還真是勉強。而他在象傳的注中，這一風格流露得更為誇張，象傳裡的「建萬國親諸侯」之講法，虞翻也要為它找出根據，他不像象傳的解法，只是運用水潤澤大地來做聯想，而是要千曲萬折地來說。由於他很難找到從何處可以聯繫到「諸侯」之象，所以他只好兜一個大圈子，由於比卦只有一個陽爻，他乃連繫到也只有一個陽爻的十二消息卦之復卦，這是因為他認為所有一陽五陰之卦，都是由十二消息卦中的剝復兩卦而轉出〔註12〕，復卦的下卦為震卦，而震有諸侯之象，這是鄭玄在震卦中早講過的〔註13〕；復卦的上卦，也就是比卦的下卦為坤，坤有萬國和腹之象，比卦的上卦為坎，坎有心之象，然後虞翻乃從腹心之親比來解釋「建萬國親諸侯」。看到他這樣的煞費苦心，只為了把經文講通，這種有些走火入魔式的訓詁模式，還真令人有種啼笑皆非的感動。不過不管怎麼說，這還是句法層次的意義則是無可疑的。

於是這裡我們要問的第二個問題是，在虞翻的詮釋，或者更廣義些說，以虞翻為集大成的漢儒之易經詮釋裡，有沒有我們上說的，如象象傳之第二層次的意義，或者是第三種意義呢？就我看來，第二層次的意義當然是存在的。

〔註11〕 所謂的互體，即是指每一卦的三至五爻和二至四爻，各是一個八卦之卦，於是每一卦乃各有兩個互體之卦。以比卦言，它的下卦是坤，上卦是坎，而它的兩個互體之卦，二至四爻為坤，三至五爻為艮，所以對比卦的第六爻而言，便成以艮為背，以坎為後的情形。

〔註12〕 如注十所說，虞翻以為凡任何卦都是由十二消息卦所生出，如一陰五陽者生自姤夬，二陰四陽者生自遯大壯，三陰三陽者生自泰否，四陰二陽者生自臨觀，五陰一陽者生自剝復。

〔註13〕 《周易集解》，頁250引鄭玄的說法說：「雷發聲，聞於百里，古者諸侯之象。」

就這點而言，虞翻可能應算是一個特例，在他的講法裡，幾乎都只是在做上述的廣義訓詁工作，可是其他的漢儒卻並不一定只是如此，他們有時還是會有一些聯想。比如說鄭玄在震卦卦辭「震，亨」的注中說：「震為雷，雷，動物之氣也。雷之發聲，猶人君出政教以動中國之人也，故謂之震。人君有善聲教，則嘉會之禮通矣。」艮卦卦辭「艮其背」的注中也說：「艮為山，山立峙各於其所，无相順之時，猶君在上，臣在下，恩敬不相與通，故謂之艮也。」〔註14〕這都是明顯的例子。整體來說，漢儒在上述第一層次的句法意義上，採取的大多是類似虞翻的模式，這其中又以互體的說法大概是最為風行的，但第二層次的意義也並未偏廢，只是每個人採取的分量不同，有畸輕畸重之別而已。但無論如何，漢儒在講這一層次的義理時，基本上還不出象象傳的範圍。這也就是說他們並不將這層意義的發揮，視為是解經的重要工作。有意思的是，漢儒大約還有第三種意義的講法，這講法大致發源於孟喜的卦氣之說，也就是將易經的六十四卦、三百八十四爻分別比配到年月日時去，於是便形成了易卦與節候時令的關係，然後便可以運用易卦來關聯，來決定每一時刻的行止，這就把易卦的意義與生活密切關聯了起來，讓易卦所有的意義成為了生活的指導。甚至發展到魏伯陽的《參同契》，乃更把易卦和養生的修丹煉氣關聯了起來，去說明如何依據易卦來調整丹爐內的火候之類，這裡當然就已經完全越出了易經詮釋的範圍，而成了「應用」的層次了。不過無論如何，這當然也構成了易經另一層次的意義，而大別來說，我們可以說到了漢代，易經已經發展出了三種意義層次，亦即句法、義理與應用的三個層次。

至於王弼的詮釋，就上引的例子來看，他發展易經意義的模式，其實是很明顯的。一方面，他顯然放棄了漢儒所流行的尋找易經句法的模式——這也就是我們一般說的「掃象」〔註15〕——而回歸到了類似象傳重視爻位的方式。其中王弼又特別注重獨爻〔註16〕，由於比卦九五是本卦唯一的陽爻，所以他特別重視，也特別突顯此爻的獨特地位，此所以他要特別說「其唯九五

〔註14〕《周易集解》，頁250、254。
〔註15〕王弼的掃象之說，彷彿是說他棄除了一切象而不用，這當然是誤解，王弼非不取象，只是他不以漢儒的取象之法來解經而已，王弼〈明象〉云：「互體不足，遂及卦變，變又不足，推致五行，一失其原，巧愈彌甚」（見王弼前引書，頁609）。
〔註16〕王弼〈明象〉云：「故六爻相錯，可舉一以明也」，「夫少者多之所貴也，寡者眾之所宗也。一卦五陽而一陰，則一陰為之主矣；五陰而一陽，則一陽為之主矣。」（見王弼前引書，頁591）。

乎」「五獨處尊」的緣故。就這點而言，雖細部來說，他和象傳所認定的易經句法，未必完全一致，但他們都是由相類似的基點講起的則無可疑。而另一方面，在義理的層次，他雖基本上仍本於彖象傳的說法，可是卻加詳了許多。而我覺得有趣的就是他在此一層次上，如何延續了彖象傳的講法，又是如何加詳的？彖傳對比卦之義理的說法，主要是在兩點上，一是下順從，一是上下應，這都是依據句法中的「剛中」之義所引生的人事上的聯想。這兩點王弼基本上是保持著的，但是他也依據這樣的聯想做了許多符合人情的推衍，比如說若比並不是指上下相輔，而是「群黨相比」的話，群黨相比的危險即在彼此朋比為奸，故若不以「元永貞」，則群黨相比即為凶邪之道。這講法自然不違孔子「君子群而不黨」的古訓。而王弼復進一步深論說，即使元永貞亦不見得能无咎，除非能逢明主，足以洞悉朋比之害，所以他乃將此卦之義定在「使永貞而无咎者，其唯九五乎」。其下，他在注「不寧方來，上下應也」的時候，也有一些根據象傳而來的重要的推衍，此即「上下應之，既親且安」這「安」的概念。蓋九五所象的君主，能得上下之應，在下民親附的狀況下，自然能安，唯君主能安，然後能慈以待下，於是不安者能來親附，此所以王弼要據上下應而推衍出安的意思。王弼這樣的推衍，講得好不好是一回事，可是他的確不只是對彖象傳進行訓詁而已，他還進一步發展了彖象傳的義理。換句話說，王弼對彖象傳進行的是一種義理上的添加，而不只是停留在原意的闡明而已，這就有特別值得注意的地方了。

我們且先按下這個值得注意的地方不表，再來看看朱夫子的注。朱子的注在一點上與王弼是完全一致的，此即在句法的層次上。基本上朱子也採取了象傳九五「剛中」的說法，他也和王弼一樣，幾乎只討論了九五這個獨爻，這點無待多言，總之，朱夫子在把握易經第一層次，亦即句法層次上的意義這一面，並沒有什麼創發性的意見，他還是大體上依循著彖象傳的老傳統而已。但是在第二層次上，卻有另一些值得注意的地方。如果仍以上引之例來看，朱子似乎比王弼更亦步亦趨地追隨著彖象傳的義理，但是他在「原筮，元永貞」的注解裡，卻有一種推衍性的說法。他說：「必再筮以自審，有元善長永正固之德，然後可以當眾之歸而无咎」，這也就是說他在象傳的「下順從」與「上下應」之義外，又添加了一個意思，他以為君主筮得此卦後，不能即以為自己必得眾人的親輔，而是還必須要「再筮以自審」，也就是君主還必須進入到道德意識的自省，省察自己是否有「元善長永正固」這些能讓人來親輔

的德行，乃能接受人之親輔而无咎。這意思顯然也和王弼一樣，是對象傳之義的添加，當然，他們兩個人對意義添加的方向並不一致，但他們都不只是在闡明原意而已，則是確定的，於是，我們就又有了另一個例子來觀察易經第二層次意義的發展。

上引的最後一個例子，也就是王念孫父子的講法，這例子其實就是本文一開頭所提及的，清儒的標準作法。他們企圖為易經的經傳文字尋找某種可以統貫全經的義例，在比卦中，亦以此例來校正傳文。很顯然的，這完全是上述第一層次，亦即句法層次的意義，而不及於其他。這樣來說，難道清儒就沒有涉及其他層次意義的講法嗎？當然這也不盡然，比如說既濟卦六四爻辭「繻有衣袽」，王引之說：「易通卦驗曰：『坎主冬至』四在兩坎之間（既濟卦上卦為坎，而其互體二至四爻亦是坎，故曰四在兩坎之間），固陰沍寒，不可無襜衣以禦之。六四體坤為布，故稱繻；處互體離之中畫（既濟卦之另一互體三至五爻為離），離火見克於坎水，有敗壞之象，故稱袽。四在外卦之內，有箸於外而近於內之象，故稱衣。衣袽謂箸敗壞之繻也。禦寒者，固當衣繻矣，乃或不衣完好之繻，而衣其敗壞者，則不足以禦寒；譬之人事，患至而無其備，則可危也。」〔註17〕這最後的一句話，顯然是就第二層次的意義而說。但是就這例子來看，則他們討論的重點落在哪裡，還是一目瞭然的。至於義理的討論，則大抵還只是在彖象傳義理上再做申說，而並不企圖去敷衍出任何新的意義。這也就是說他們的整個想法是在恢復經傳文字的「原意」，而且即以此便盡了經傳的全部意義世界。清儒這種甘心只居於訓詁者的心態，其實是很明顯的。

以上我大致依據比卦的幾種古傳注，略為區別也申說了幾種不同層次的所謂「易經之意義」，以此可見，本文一開頭之所以說屈萬里先生只能窺破清儒尋找易經義例之作法的顯性危險，乃是因為在易經的傳統中，義例之學並不能窮盡易經意義的全貌，若是要以易經句法層次的意義來概括易經的全部意義，這當然有可能會造成另一種危險。當然，屈先生也許並沒有這樣的意思，但屈先生討論易學，基本上很少觸及易經其他層次的意義，則也是顯然的事實〔註18〕。這裡，我並不想去追問屈先生對易經意義世界的完整看法究

〔註17〕見王引之前引書卷一，頁33。
〔註18〕屈先生論易之作，除前引書外，另如《讀易三書》（聯經，全集本，1983年）大抵都是訓詁性的作品而已。

竟為何，我只是想以此因緣，來討論一下，如果所謂易經的意義可能有好幾個層次，那我們到底該如何評價這幾個層次的意義呢？易經的意義是要由這幾個層次的意義共同組成的呢？還是要佞漢或是宗宋，抑或揚清？或者這些都不能算是易經的意義？如果是共同組成的，那這些意義層次之間的關係又當為何呢？我覺得這才是真正關鍵性的問題。

但是，我們可以從什麼角度進入這個問題呢？我們是要繼續學派立場的爭執呢？還是該為它尋找到新基點？在我看來，所有傳統解決問題的方法，在這裡大概都不會適用了，我們也很難用回到易經「原意」的方式，來裁判這個問題，因為詮釋學早已告訴我們這個問題是非法的了〔註19〕。然則怎麼辦呢？

這裡我們也許有必要先略微考量一下，當前中國哲學界對這個問題可能會採取什麼看法。其實，今天的中國哲學界對於易經的意義，採取的態度乃是完全反傳統的。不管是誰，也不管哲學立場是否相同，他們都不再理會傳統講易經的人都會提到的句法問題，他們也完全不再談取象的問題。基本上，他們對意義問題其實根本有另外一種認定方式。簡單說，他們認為什麼才會構成一個真正的意義世界呢？那就是知識、法則，以及法則所從出的主體，而邏輯才是構成意義世界的最內在與最基本的形式。於是，在他們看來，所謂易經的意義其實就只是一套原始的對世界秩序、理則的知識，這知識是否從出於某一主體的概念姑且不論，但它是否是依據法則，或是依據什麼樣的法則而構成，則是他們最關切的重點所在。比如說勞思光先生的講法就很具代表性，他說：

> 就易卦爻本身之組織及卦爻辭看，則以時代論，必不晚於周初；以意義論，其中包括一種古代中國之重要思想，即……「宇宙秩序」觀念。〔註20〕

這裡我們當然可以追問，此一觀點到底對不對？如果對，那對的判準又何在？然而在我看來，這勢必又會掉回原意論的糾纏。在這裡，我並不想捲進這個糾纏，我只想提及另一個重要的問題層面，亦即若按上述講法，易經就會變

〔註19〕在詮釋上，想要去獲得一個作品的原意，這幾乎是一種常識性的想望，就詮釋學的發展史而言，也的確有不少人想要找出一套方法來恢復作品的原意，如貝蒂即想找出文本的意義自主性等等，可是從高達美之後，這樣的想法其實基本上已經被所有討論詮釋學的人所放棄，轉而注意詮釋之作為一種意義創造的過程。

〔註20〕參見氏著《中國哲學史》（三民，1984年），頁9。

成了依照這樣一套思想性的構思所創造的文本。這樣的想法在現實上可不可能是一回事，而我關心的則是另一個問題，此即假如一個文本乃是按照某一思想的理則所構造，則它的意義也必將在某一程度上被此一理則所封閉，於是此一文本的意義空間就必然會受到嚴重的限制，若是如此的話，它最嚴重的後果，就是上面我們曾觸及的那些古代的易經詮釋，至少大多數都將成為無聊的戲論，但是這是合理的一件事嗎？易經作為一部占卜的書，如果它的意義從其源頭就被封閉了，那它還如何可以適用於眾多占卜的情境來開放其意義呢？更何況這裡還可能發生一個哲學上的難題，這也就是我曾在其他文章中曾引述到的，海德格的一個對西方傳統以「表象」形式為主的思辨哲學之批判，那就是任何通過抽象概念、法則等所做的對事物之表象，都由於忽略了此一表象必須建立在事物之敞開其自己的前提，因而勢必導致對事物之遮蔽，從而只是將事物把握為「迷誤之非真理」而已〔註21〕。然則我們真適合用現在中國哲學的作法，來討論所謂的易經之意義嗎？但若說針對我們前述的問題，現行中國哲學的作法也並不能為我們提供解決問題的新基點，那我們又該如何裁斷易經意義的問題呢？

於是這裡我乃想到了，也許詮釋學裡有關「文本的意義」之相關討論，會有值得我們參考的地方，何以言之呢？如果照里克爾對詮釋學的定義——「詮釋學是關於與文本（text）的解釋相關聯的理解程序的理論」〔註22〕——則詮釋學主要涉及的問題就是理解與文本的解釋，而這兩者之間之所以能關聯在一起的，其實就只能是意義，是意義才能將分隔在時間間距兩端的兩個生命（如果文本暫時也可以做這樣的狄爾泰所說之模式的話）藉助語言而聯繫起來，而在理解與解釋的程序中，我們也就將這意義歸屬給文本，而說它是文本的意義。若是如此的話，易經作為一個中國最古老的文本，這文本的意義自然也可以透過詮釋學關於文本意義的討論，而獲得某種理論層次上的釐清，而我以為，唯有通過此一途徑，上述問題才有剃除迷霧的可能。所以底下我們乃要先略述一下詮釋學的相關討論。

〔註21〕 我的講法詳見拙作〈經典的存有論基礎〉（《中文學術年刊》第七期，頁61），
　　　　 至於引述海德格的說法，請見〈論真理的本質〉一文，見《海德格爾選集》
　　　　 上冊（上海三聯，1996年），頁214～236。
〔註22〕 參見氏著，陶遠華等譯之《詮釋學與人文科學》（河北人民，1987年），此一
　　　　 譯文見李幼蒸譯〈詮釋學的任務〉，《詮釋學經典文選》下冊（桂冠，2002年，
　　　　 頁143）。

　　基於篇幅考量，我們不太可能做太詳盡的討論，而對本文的主題言，我以為特別值得細論的是里克爾的相關講法。就詮釋學的發展言，海德格自然是個關鍵人物，因為他，我們才了解了理解文本的意義必須具足兩個前提，一個是我們得先確定我的存在方式，另一個則是文本必須先向我們顯示其自己這樣一個文本存有論上的優先性。但是海德格這樣的講法，對於實質上進入文本的認識論層次的問題，其實質幫助是不大的〔註23〕。詮釋學之能從海德格的基礎上邁入認識論的層次，主要是高達美所提供的貢獻。在高達美看來，所有人文科學的媒材（文字的文本自然是其中最重要的一種）在理解過程中，無可避免地必然面臨「間距性」的問題，這個間距性從來不能化約為主體與對象的關係，它包含兩個有著時或空之距離的端點，所以它原則上是兩個存有在各自揭示其自己，而又試圖化解其殊異的會面。就揭示其自己而言，高達美循美學與歷史兩個面向，分別描述了一個作品與歷史存有是如何成其為自己的，這部分雖然本質上接近於海德格，但他以更具體的方式描述了這點。特別是他突顯了傳統對歷史存有的關係，歷史存有總是在傳統中揭示其自己。而在存有之揭示其自己的前提下，我們的「詮釋學經驗」則是以一種所謂的「效果歷史的意識」，在對歷史存有進行詮釋。而這所謂的效果歷史的意識，它不是一個孤立於歷史之外並去置定歷史之客觀性的意識，它乃是本身即在歷史中，並向著歷史和歷史行為而存在地敞開，以賦予歷史存有以意義的意識。所以此一意識不是任何封閉性的主體，它必須迎接存有之向它開放，而在此一意識的意向性中，賦予了歷史存有以意義。而亦唯有在這樣的意識中，我們乃可以在歷史的時空中與其他的意識進行「視域的融合」〔註24〕。在高達美看來，間距性之被克服，並不是否認間距的存在，或是將間距拉到主體中來以用規範它的方式消除它，高達美說「同時性」，原也不在否認間距，相反的，我們正是因為某種程度地接受間距，並以開放性的方式涵容它，如是乃能得到通過間距而來的意義之創造〔註25〕。高達美這樣的講

〔註23〕里克爾曾如是說：「在海德格那裡，我們可以後退到基礎去，但是不可能從本體論再返回到有關人文科學身分的認識論問題上去。」（詳見前注所引桂冠本譯文，頁161）。

〔註24〕詳見高達美著，洪漢鼎譯《真理與方法》第一卷（時報，1993年），頁352～401的討論。

〔註25〕關於高達美對同時性概念及其與意義創造的關係，前引拙作有相當大篇幅的討論，請參閱該文。

法當然原則性地為我們舖平了超越間距，以走向媒材之意義的道路，但他還是普遍性地說，而不是完全在針對文本的意義而說，可是對詮釋學的認識論而言，文本的意義恐怕才是更重要的〔註26〕，文本就誠如里克爾所說，它「更像主體間相互交流的一種特殊情形，它是交流中間距的範型。它展示著人類經驗的歷史真實性的根本特徵，即在距離中並通過距離交流」〔註27〕，以此，整個詮釋學認識論的具體問題，乃應以文本的意義為其核心。於是我們必須特別正視里克爾在這個問題上的貢獻〔註28〕。

關於文本意義的問題，里克爾是從這樣一種架構開始說的。文本的問題固然以所謂的「間距性」為基礎，不過在文本言，這間距性乃以「話語——作品——書寫」這三合一的架構來表現。首先，文本當然以語言為基礎，但文本並不是廣義的語言脈絡中的東西而已，它必須是個話語，而且是以某一事件的形式，將說話者、對話者，以及其所含的語境均概括進來的話語，同時，不管這事件是事實、是虛構，它都必須表現某個持久的意義。這意義乃是通過了理解而超越了事件，同時它也證明了文本本身是有意向性的。其次，文本不會像話語一般，只以句子為單位，它是以創作為基礎的一個具有特殊樣式與風格的整體，因此，它也是一個有勞動、有生產的實踐的對象。既然文本乃是這樣一種特殊的話語，里克爾乃將之描繪為「通過將生產和勞動的範疇引入話語的範圍，作品概念是以事件的非理性和意義的理性之間的實踐沉

〔註26〕從海德格開始，存有之開顯即與「語言」之說出連繫在一起，高達美自亦不例外。在他看來，那旨在克服間距性的詮釋學經驗，總亦是在語言性的脈絡中進行，而它所依賴的媒介則是符號、作品與文本，這些媒介即構成我們傳統文化的遺產，我們在這些遺產中進行詮釋，並賦予這些語言以意義。只是高達美總將這一賦予意義的過程，稱之為是一種「對話」。這樣說當然亦無不可，因為媒介是語言性的，我們讀一本古書，古人雖已不可能真正跟我們對話，但通過語言，我們可以克服此一間距，並賦予意義，這就彷彿我們正與古人在對話，並通過此一對話在創造新意義一般。可是，我覺得里克爾的說法是有道理的。里克爾認為對話是在「聲音語言性」的支配中，我們當然都有過這樣的經驗，在對話中，聲音是流動的，這使得通過對話以克服間距這件事，相對於文本而言，多了些不確定性，因此，里克爾認為如果我們從文本的「書寫語言性」出發，應該更足以展示出整個詮釋學經驗的面向。換言之，若存有論地說，語言是具有優先性，但若認識論地說，則文本恐怕更具有優先性。

〔註27〕參見《詮釋學與人文科學》（河北人民，1987年），頁134。

〔註28〕以下的討論，主要參考《詮釋學與人文科學》，第二編〈解釋學理論的研究〉之各章，見該書，頁133～201。

思的形式出現的」〔註29〕，而文本的風格串起了此一作品的事件與意義，因為正是風格才足以建構出文本獨特的整體性。但是，就文本的風格言，我們固然應知「作者」這一概念仍扮演著重要的角色，因為文本的創作，特別是話語事件的部份，乃是一種個別化的勞動，可是一旦文本呈顯出書寫的面向時，也就是文本被固定化下來後，書寫就「使文本對於作者意圖的自主性成為了可能」〔註30〕。文本的事件層面可以歸屬給作者，可是文本的意義卻可以脫離作者，而有了獨立自主的空間。就這點而言，里克爾說文本的自主性意味著文本可以脫開作者視野的局限（其實這脫開是從文本一脫離作者而單獨存在即已經出現了），從這裡，有一個「文本的語境」誕生了，它打破了作者的語境。也正是在這個文本的語境中，間距性乃有了被跨越，新意義乃有了產生的可能。換言之，文本可以從原語境中，通過「解除語境關聯」，轉至新情境下的「重建語境關聯」，而使閱讀者不斷從中生產新意義〔註31〕。於是，我們乃可說，間距性其實也可以是個生產性的概念。這意思基本上超越了高達美對「對話」的強調，在文本中，閱讀者與文本間將出現比對話更豐富的意義世界。從這裡，里克爾對於文本意義的問題乃有了更深刻的講法。

　　如果說針對文本的詮釋經驗其目標即是通過間距性以生產新意義的話，則按照上述說法，這新意義產生的空間其實便建立在「文本的語境」上。但文本的語境究竟意指什麼呢？我們通常所說的語言，包括顯性的語句本身，以及隱性的語境，但文本的語境和我們通常說的語境，其意思是否一致呢？或者我們可不可以模擬結構主義者的口吻，根本就懷疑有什麼文本的語境呢？結構主義者常有幾個基本的假設，這包括其一、語言與言語的二分，即使在具體實踐上，語言能組合成無限的言語模式，但語言還是在其自己的機制之中，毫不受干預。其二，語言的共時性恆優越於歷時性，語言的機制基本上是閉鎖在一個共時系統中的。其三則是語言的形式面向恆優越於語言的實際表現，語言只是一個由差異性的記號所構成的系統。其四則是語言是在其自律系統中，依記號的內在依存性而運作的系統。在這些基本假設下，語言是沒有什麼指意性的，當然若是如此的話，文本只不過是某一記號系統的遊戲而已，如果它有意義，這意義必然也只是語言自律系統的結構性意義而

〔註29〕參見《詮釋學與人文科學》（河北人民，1987年），頁140。
〔註30〕參見《詮釋學與人文科學》，頁142。
〔註31〕參見《詮釋學與人文科學》，頁142。

已，那就自然談不上什麼文本語境的問題了。然則我們該如何應對這樣的質疑呢？對於類似結構主義這樣的說法，我們其實可以這樣看，語言有其自律的結構，這無疑是事實，但若因此遂說語言不可能具有指意性，而只是記號的遊戲，則又未免說過了頭。語言與現實世界當然有其聯繫的管道，這管道不在語言的結構本身，而是在其「指涉性」上。言語並不只是語言的遊戲場，相反的，語言即在言語的指涉中指向了事物。此所以里克爾在企圖消化由結構主義帶來的挑戰時，要引入弗雷格對語言之「涵義」與「指涉」之區分的緣故。指涉總在言語的具體「交談」中出現，而亦在交談中乃有語境之出現〔註32〕。這時，每個交談中出現的語句，它就不只是一個記號的單位而已，它同時也是一個「語意」的單位。里克爾說：「指意的問題並沒有因以記號間之差異取代它而被取消；這兩個問題是不同層次上的問題。我們也不需要在記號哲學和表象哲學之間作一選擇：前者是在潛態系統的層次上，說明交談活動可資利用的記號；後者則與交談之完成同時出現。語意學問題之異於記號學問題，正是在於由差異構成的記號，是透過指涉而過渡到世界的。」〔註33〕在這樣的了解下，我們乃能了解文本的語境，亦即這概念乃意指一個文本的話語乃是在其指涉中表達了它的語境的，就這意義言，它和我們平常所說的語境並無差別。可是值得注意的是，說文本指涉的語境，這講法其實是不清楚的。在平常的對話中，其指涉的語境範圍是很容易界定的，因為它就是指對話者所處時空的此與現在，可是文本指涉的語境卻必然已經離開了作者所處的語境，而進入了未決定的狀態。換句話說，當文本一旦完成，它便脫離了作者，也消滅了它的指涉，這時如果還要說文本的語境，這概念豈不有些矛盾嗎？然則文本的語境這概念到底還能不能說呢？

對於這個問題，我覺得里克爾的講法實在非常有意思。他認為表面上看，文本的語境這概念固有某種悖論在，但更深一層看，文本的話語較諸日常語言將可以指涉到更深的層次。他說文本話語「第一序指涉」的消滅，同時也

〔註32〕里克爾曾說：「被形諸語言的事物本身，還不是具有指意力量的語言，它只是諸系統的系統，一般可以稱之為語言，其僅僅潛態性的存在，使得像交談這樣的事件成為可能；然而只有在交談之事件當下，交談才會存在於每一個例裡。在這裡，潛態與實現，語言表達與操作活動，結構與功能，或如我們於別處所說的，系統與事件，都被連結在一起。」參見氏著，林宏濤譯之《詮釋的衝突》（桂冠，1995 年），頁 283。

〔註33〕參見氏著，林宏濤譯之《詮釋的衝突》，頁 281。

就是「第二序指涉」被解放出來之可能性的條件。這第二序指涉乃是就著普遍而說的海德格的「在世界中存有」這一層次上的指涉，而文本的語境就是這在文本之前所展開的「在世界中存有」〔註34〕。這是因為如海德格所說的，當理解從對其他事物之理解撤回到自身時，理解即成為「在世界中存有」之此有的存在結構；這樣的理解雖不屬於文本，但當文本從日常的語境中撤離，文本所可能也必須解釋的，就也只有相應於此一理解的可能性之投射，因此我們乃能說，文本之語境即是相應於此有之在場狀態下的那個生活世界。於是，這裡乃有了另一種意義的間距性，而我們即可在此一新間距之上，生產出新的意義出來。

在我看來，里克爾這樣的說法，事實上還有一重更深刻的意義，其更深刻的地方在於，文本的語境進而為每位讀者創造了自我理解，乃至於自我向著神聖性回歸的空間，而這是由文本之「占有」所提供的〔註35〕。表面上看，文本占有了讀者，讀者在閱讀中進入了忘我的狀態，可是這正是讀者將自我完全暴露於文本的語境之中，在這暴露中，如高達美所指出的，它實有一種欲求在，這欲求渴望將某種意義放到自我的生命中來，並企圖持存它。這情形其實就像在慶典儀式中入迷的人一般，他正從儀式中企圖持存那個神聖性〔註36〕。於是我們乃經由文本之所揭示的東西，得到了一個放大了的自己，因為我們不只是理解了文本，而是在其中完成了那個做為此有之存在結構的理解。因此，里克爾乃說：「和我思的傳統通過瞬間的直觀來認識自己的主

〔註34〕參見《詮釋學與人文科學》（河北人民，1987年），頁144～145。
〔註35〕參見《詮釋學與人文科學》，頁146～147。
〔註36〕我在前引拙作中，曾如是說：「觀賞者的入迷的背後之所以是一種欲求，乃是因為『一種欲求就是某種持存事物』。這也就是說，觀賞者這時是把藝術作品的某種東西放到了自己生命中來，要把它持久地保存於自己之中。高達美說『欲求概念也含有這樣的意思，即欲求本身並不是一種需要雙方同意才能滿足的確定的要求，而是這種要求的根據。欲求乃是某個不定要求的合法基礎。正如欲求是以這樣一種被償還的方式被滿足，所以如果欲求被提出，它就必須首先取得某種要求的形式。與欲求的持續存在相適應的東西是，欲求具體化自身而成為一種要求』。觀賞者生命內在的欲求在觀賞藝術作品時，它被具體化而為某種要求，它從藝術作品中要求某種東西，然則這東西是什麼？……一位慶典中的慶祝者，他所遇見的即是這「第一次神聖時間的顯現」，由此，他乃跨向了「在最原初的彼時」。而慶典參與者的這種遇見，其背後其實是有著另一個重要心裡背景的，這不是一種單純的、被動的遇見，而其實是來自於參與者的渴求。」我覺得這意思是十分重要的。

體之要求相對照，應該說我們只有通過積澱在文化作品中的人文標記的漫長彎路，才能認識我們自己」〔註37〕。換言之，我們唯有繞經文本，進入文本的語境，而不是回到主體，才能認識自己，並將自己放到自我神聖性的完成之中。這也就是說，詮釋經驗在通過文本的間距後，最終也能夠回到自我的實踐上。於是，詮釋與實踐就不會如抽象思考與實踐一般，處於某種張力之中了。

　　上述的討論，簡單些說，也就是如果我們要說文本的意義，則這意義其實是有多重意思的。其第一重意思，乃是就著文本的語言本身而說，它自有其語言的結構面，這一面當然有其自律性，這也構成一種所謂的結構性的意義。而其第二重意思，則是就著文本的語境而說。文本固然有其某一歷史時空之來源，但文本的語境卻並不是由此一特定的歷史時空，或者說是由某一作者所規定，相反的，由特定作者或時空所規定的語境之指涉，其實在文本完成時，它便已經消滅，而真正的文本語境，乃是由其第二序的指涉所完成的，而後人作為一個文本的閱讀者，乃能在這一第二序的指涉上，去獲取或創造自己的詮釋，同時亦以此而重新認識了自己，也認識了自己與神聖性相交會的瞬刻。而若所謂文本的意義乃是如此，則我們回頭來看一下所謂的易經之意義，其意思也就豁然開朗了。從一個很簡單的比對來看，如果我們暫時不看文本的應用層面的意義問題，我們可以很清楚地看出來，我們前述所謂的易經之第一層意義，亦即句法層次的意義，其實正是文本之結構性意義，換言之，它就是易經這一文本的「涵義」。而第二層──也就是義理層──的意義，則正是易經這一文本的「指涉」，也就是這一文本真正的語意性意義。所以我們說，從象象傳開始的易經詮釋傳統，其實已經涵蓋了易經這一文本所涉及的各種意義層面，只是也許各有其偏重面而已。基本上說，象象傳的說法固然素樸，但它其實已經可以把握易經各層面的意義，就這點而言，王弼和朱夫子等的詮釋，也具備了同樣的完整性。至於漢儒，他們在把握易經的涵義面上，其實是用功頗深的，對不對？有沒有穿鑿？這是一回事，但他們相當程度地為易經「句法」提供了更多可能性，則也是事實。另一方面，他們也並未完全忽略易經文本的另一面意義，只是看來漢儒解易最大的問題，其實是在他們只企圖把易經的經傳文字講通而已，這就讓他們掉進了「原意」

〔註37〕參見《詮釋學與人文科學》（河北人民，1987年），頁146～147。

的陷阱，從而使他們無法進入易經的第二序指涉之中，也因此，他們乃在解經中逐步遠離了經義，這當然是件可惜的事。在我看來，其實清儒儘管反對漢儒的象數，可是他們卻同樣步入了漢儒後塵，儘可他們對發明易經義例頗有貢獻，但對經義同樣是轉說轉遠了，這真是讓人徒喚奈何啊！

在弄清楚了易經意義的層次後，當然還有一個緊接而來的問題，那就是我們該如何把它的各種層次的意義講出來？古人的詮釋是否已經能把握到講出易經意義的方法了嗎？這個問題當然是個大哉問，對本文言，我也許並沒有足夠的力量來提出一套完整的看法，但對一些原則問題，我還是想提出一些意見。我的意見，相當一部分的線索還是在里克爾身上，特別是他對「隱喻」的說法。以下我即想對此略作陳述，以為本文之結語。

按照上文所述，易經的意義應該區分為兩個層次，這兩個層次的意義當然也應各有其講的方法。對易經的句法層次而言，如果我們將每一卦的每一爻都視為是一個記號的話，則這記號之間的差異、關係等，其實在象象傳中早有相關的討論，我認為如屈萬里先生所整理的諸如中、正、敵、應、當位、不當位等等的辭例，大致就已經表達出了這一結構性的記號關係〔註38〕，這些關係也幾乎為後世注家所共同承認，所以這一層面的討論是不缺乏的，而且對此一易經句法的自覺，也甚至遠早於，也遠大於對書面語言句法的自覺。當然和結構主義從結構語言學所引用來的，對文本結構的講法比較起來，傳統對易經句法的討論，也許並不那麼純粹都是在討論句法結構的問題，比如說八卦取象，乃至依此象所引發的一些卦德的講法，這些都已經不是純粹句法結構的問題，而某種程度上和義理層次有了一些模糊的空間，但如果我們不那麼挑剔的話，則傳統對這一層次意義的方法自覺還是相當清晰的。這裡也許值得討論的是，漢儒對易經句法的討論，到底可不可以視作是易經句法的一部分？我覺得這個部份似乎也不能像屈萬里先生一樣，一筆抹殺。屈先生的一個說法是對的，也就是漢儒所發展出來的種種取象模式，多是為了把易經傳的文句講通，這一點的確大有問題，這種經生家的「龜毛」，對於真正的詮釋其實是毫無幫助的，所以屈先生在這一點上反對漢儒，我覺得是對的。還有一點，有一些根本是基於把易經拿來占測天命這些應用目的，而發展出來的取象模式，比如說卦氣、飛伏、世應、遊魂、納甲等等，這些將易經卦爻

〔註38〕參見屈先生前引之〈先秦漢魏易例述評〉上卷。

比配到陰陽五行、節氣日時的作法，也的確可以先從易經句法這一課題中取消，因為它和易經本身已經無關了〔註39〕。可是除此而外，則恐怕還得簡別一下，並不是所有說法都該取消掉的。這比如說一些互體、卦變的說法，不只有些在諸如左傳、國語中是有根據的，它對推衍卦爻之象，也未必全無啟發〔註40〕。又如十二消息卦，消息之名也源自彖象傳〔註41〕，如果我們不看它和卦氣說相關聯的部份，則這樣的講法也未必全無可參考。所以屈萬里先生說：「易辭非據象而作，先秦及漢初易家，亦不據象以釋卦爻辭，故無互體及卦變之說。互體卦變者，皆所以濟象數之窮也。孟喜始以象釋易辭，京房承其緒餘，因時以象數說易。然本卦之象，不足以濟其說也，乃求之互體，互體仍不足以濟也，遂更求諸爻變。周易之學，自是而愈紛矣。」〔註42〕這段話在我看來，恐怕是有對也有值得商榷的。比如說早期並不據互體等以釋卦爻辭，是漢儒才開始此一風氣，而遂使易經的詮釋進入紛亂的狀態，這當然都是對的。可是易辭原本就是據象而作的啊！彖象傳，特別是象傳本就是據象以釋卦爻辭，這更是不爭的事實。只是他們的據象而說，不會走火入魔而已，然則取象又焉可全盤抹殺呢？所以持平些說，有些漢儒的取象作法，其實還是可以列入討論易經句法層次意義時之參考的。這是第一個層次。

至於第二個層次，也就是易經義理層次的討論方法，就得結合里克爾關於如何通過文本語境以生產新意義之說的相關討論了。里克爾對文本如何才可能生產出新意義，他的講法是很奇特的，因為他是通過「隱喻」來說。這想法奇特在哪裡呢？普通我們只在修辭中去了解隱喻，隱喻在這脈絡中，只以語詞為單位；以此而言，它是很難與文本有任何對照關係的。可是語義學地說，隱喻之語詞若要產生意義轉換的效果，卻恆須放在某種「語境關聯的動作」中，所以里克爾綜括了現代隱喻理論的說法說：「一個詞在特定語境中獲得一種隱喻的意義，在特定的語境中，隱喻與其他具有字面意義的詞相對

〔註39〕關於這些奇奇怪怪的說法，均請參見屈先生上引之書下卷。
〔註40〕屈先生前引書，頁65云：「國語左傳引易者，都凡二十二事……惟以象為說者十事，實開漢人以象數說易之先河。」「以卦象分析卦爻辭，及以變卦之象為說者，自左國始」「尤可異者，周史說觀之否，而有風為天於土上山也之語，殆即後世言互體之祖……惟其例尚簡，不若漢人之說之繁賾，且亦無互體之名也。」
〔註41〕參見屈先生前引書，頁78～79所引之例。
〔註42〕參見屈先生前引書，頁98。

立。意義的變化最初起源於字面意義之間的衝突，這種衝突排斥這些我們正在討論的詞的字面用法，並提供一些線索來發現一種能和句子的語境相一致，並使句子在其中有意義的新意義」〔註43〕。這一說法乃讓隱喻從語詞轉入了話語的脈絡，也使它脫離了修辭學的關連，而進入語義學的脈絡中，這就使隱喻得以可能和文本發生關聯了。而里克爾企圖說明的是，隱喻其實乃是一個小型的作品，而文本則是其濃縮為某個隱喻的狀況下的大規模延伸。這也就是說，隱喻代表的是話語事件及話語意義的凝縮，而文本則是此一凝縮的擴大鋪陳。但這樣的說法是怎麼說的呢？

首先，隱喻是如何獲得其意義的呢？他說：「完成這種辯護的唯一方法是構造一種意義，它能使我們理解作為整體的句子」〔註44〕。以一個例子來說，比如說「人是一隻狼」這樣一個句子，這句子如果要有意義，它當然不能依賴狼的字面意義，於是我們首先只能訴諸狼的「詞義的潛在範圍」，也就是某種像狼的特徵，通過這個特徵而賦予了人以一個新的意義。這樣的方式當然不是不可以，可是這就像是用此一特徵來替代了狼，而這種運用替換的方式，真能顯示出原來句子的新意義，而又不會有意義上的損失嗎？如果說這一特徵乃是兇殘狡詐，那它會不會就排除了如《狼圖騰》一書中所賦予狼的其他形象？於是，里克爾提到了另一種看出新意義的途徑，亦即隱喻意義真正的創造性，乃是在隱喻與其字面意義的衝突中或是邏輯謬誤中發生的。這也就是說，我們可以將一個隱喻的句子視為是某種型態的「正言若反」的詭辭式句子，表面上人與狼是矛盾的，但它卻是一種有意義的矛盾。然而若是如此的話，如此看待的隱喻句子，它語義的創新是如何被提取出來的呢？里克爾說，這裡只有一個可能，亦即來自於閱讀者的「創造性的建構」，否則我們就無法擺脫上述的替換理論〔註45〕。這也就是說，要讓一個隱喻的句子生產出新意義，它其實依賴於一個創造性的「語義學事件」，是這事件讓結合在一起的所有語詞得到意義。

隱喻這樣的獲得意義的方式，在里克爾看來，它和文本獲得含義的方式是完全一樣的，文本的含義（文本究竟說了什麼）亦仰賴建構，這建構某種意義上其實就是一種猜測，當然它也不是任意的猜測，而是依憑某些文本中

〔註43〕 參見《詮釋學與人文科學》（河北人民，1987 年），頁 174～175。
〔註44〕 參見《詮釋學與人文科學》，頁 177。
〔註45〕 參見《詮釋學與人文科學》，頁 179。

的線索，這就像隱喻的意義建構也必須依憑於某種語境的關聯一般。在這些線索的引導下，我們本於和諧與充分的原則，而建構出文本的含義。換言之，我們對文本每一部份的含義，就可以像是將之視為是一個個的隱喻，從而通過建構，以獲得此一文本的含義。

　　反過來說，對隱喻之作為一種話語，其話語的指涉面因為隱喻過於簡短，而無法充分展開，然而它卻可以通過文本之指涉而得到進一步的理解，怎麼說呢？這裡，里克爾援引了隱喻的古典理論，也就是在亞里斯多德的《詩學》中，隱喻的指涉是必須和悲劇性的神話連在一起，才能獲得意義的。基本上，悲劇是以一種詩的方式以模仿地指涉人類某方面的根本意圖，而這種模仿就是悲劇所指涉的語境，因此模仿也就是一種創造、建構，它創造了悲劇文本的語境，而這一模仿的機制即是通過隱喻完成的。里克爾說：「如果詩創造了一個語境這一點是真的話，那麼它需要一種語言在特殊的語境中保存和表達它的創造性機制。把和詩的創造能力相聯繫的隱喻看成是最初的意義，我們也就可以同時賦予詩和隱喻以涵義」〔註 46〕。這也就是說，整個隱喻指涉的理解，是必須放在悲劇這一文本的語境中來進行的。這也就是我們前面已經說過的，文本的語境是文本這一存有的揭示，揭示而為我們的生活世界，我們即由此理解隱喻的指涉。

　　於是，隱喻和文本乃構成了某種詮釋的循環，我們通過文本每一部份的隱喻而理解了文本的含義，復由文本的語境而理解了隱喻的指涉。里克爾說：「如果局部隱喻的解釋是通過作為整體的文本之解釋闡明的，並通過作品映射的那種語境來說明，那麼可以反過來說，對於作為整體的詩的解釋是由對作為文本的局部現象的隱喻之說明所支配的」〔註 47〕即是此意。

　　以上的討論，也許過於抽象，但我覺得其實前引的王弼、朱夫子之說法，倒是很足以用來說明這一生產新意義之過程的。這過程大致由兩個基本步驟形成，第一個步驟是建構文本的含義，這是通過文本的線索去建構，甚至是去猜測其隱喻所在，也就是把整個文本先視為是一整個隱喻，這工作就像王弼他們在解一個卦時，先通過此卦的特殊句法，以找出其卦象所在，並即以此象為此卦文本之含義，而這含義即是整個新意義生產過程的出發點。其次，第二個步驟則是以上說的隱喻為中心，而將整個卦爻辭視為是一個完整的文

〔註 46〕參見《詮釋學與人文科學》（河北人民，1987 年），頁 186。
〔註 47〕參見《詮釋學與人文科學》，頁 187。

本，並將隱喻與文本的每一句話構成一種指涉性的關聯，而此一關聯即顯現而為此一文本的語境，我們看王弼他們的說法，不正是將整個卦爻辭乃至象象傳視為是卦象的指涉，從而將它發展為符合自己的生活世界以及自己的存在感的文本語境嗎？而易經的意義也就在這樣的詮釋中，不斷發展出新的意義，這正是我上文所說，王弼他們的注解值得特別注意的地方。而這一詮釋的創造性，又哪裡是今天中國哲學對易經之詮釋所可以比擬的呢？若是依照這樣的模式，則易經的意義當然還可以無限地創造下去，並讓易象成為引發意義的發動機。如此一來，意義便不再需要在系統的推理中產生，而是在每一個隱喻中無窮地繁衍，如此經典也才能與日俱新，不斷創造！里克爾說「象徵引發思想」〔註48〕，真是旨哉斯言啊！

當然，以上的講法實在還很粗糙，對其中繁複的意思，我只是粗發端倪而已，以篇幅所限，我就先只講到這裡，還望諸方家多多指教！至於其中還可能發展的各種意思，則尚請俟異日！

第六屆漢代文學與思想學術研討會，〈從詮釋學的脈絡重估漢易的傳統〉，
國立政治大學中國文學系，96 年 3 月，頁 24～25。

〔註48〕里克爾這一講法，參見氏著，翁紹軍譯之《惡的象徵》（桂冠，1992 年）的結論，頁 375～385。

莊子對孔子的評價

一、前言

　　莊子之非堯舜而薄周孔，大體已成為我國學術史的一大斷案了。雖然一般公認解莊第一的郭象，在他當時的時代風氣下，力陳莊子雖尊老而實更尊孔子等聖人〔註1〕，但後人們於欣賞其玄論時，卻多並未接受他對孔子品次的判斷〔註2〕。當然，人們這種制式化的看法也確有充分的理據，莊子本文中出孔子洋相的地方確是所在多有，而且許多地方恐怕郭象也很難彌縫其說〔註3〕，所以若只用這些例子來坐實莊子尊老抑孔，是可以成立的。然而，照歷來對莊子版本的考據，人們大抵也相信《莊子》成書並非成於一人之手，而其中可信為莊子自作者，可能只有內七篇而已，外雜篇恐怕是莊子後學的集體智慧。而當根據這一考據，再重新檢證前述論斷時，我們卻不禁要懷疑莊子是不是真的尊老抑孔？我們也想問郭象的詮釋，是否真只是因應其時代

〔註1〕〈逍遙遊・郭注〉云：「夫能令天下治，不治天下者也。故堯以不治治之，非治之而治者也。今許由方明既治，則無所代之，而治實由堯，故有子治之言，宜忘言以尋其所況。」（《莊子集釋》卷一上，頁24。華正）此義即子玄盛發迹冥論之所由，注中多抒此旨，不具引。又詳論可參考湯用彤《魏晉玄學論稿・向郭義之莊周與孔子》。

〔註2〕後人大致皆接受太史公對莊子的判斷，所謂「詆訾孔子之徒，以明老子之術」是也。王荊公《莊子論》及蘇東坡〈莊子祠堂記〉等或持異見，以為莊子乃係聖人之徒，但亦責其矯枉過正，鮮有如郭象之正面推尊者。

〔註3〕如《史記莊子列傳》即已指出〈盜跖〉、〈漁父〉等篇之痛詆孔子，他如〈天道〉、〈天運〉等篇亦然。其中〈天運〉篇亦提及「天之戮民」之觀念，但其意與〈大宗師〉篇所指全然相悖，這是很難彌縫的。

需要所作的一種創造性的詮釋？因為照《莊子》本文看來，明確可斷定為尊老抑孔者，俱出於外雜篇〔註4〕，而內篇中莊子對孔子的態度究竟是抑是揚，恐怕是頗費斟酌的。以此之故，本文乃擬攏落一切註疏，純就內七篇之義理求其統貫，以期確定莊子本人對孔子的評價，庶幾能提供學術史處理儒道流變問題之一助〔註5〕。

二、「與天為徒、為人為徒」

〈大宗師〉開頭有一長段論「古之真人」（由「知天之所為」以迄「天與人不相勝也，是之謂真人」），這段文字至關緊要，然以文煩，茲不掇錄，僅請容我逐句試釋如下〔註6〕：

「能夠通曉天之如何行事，也能通曉人當如何行事的人，他便已到達最高境界了。那麼天是如何行事的呢？原來它只是如天生萬物一般，因任其自然而為而已；故天之所為不過是無為之為而已。那麼人又當是如何行事的呢？原來人的知見恆是有限的，但人恆欲放任有限之知見以作無窮之追逐，終於只是自困而已。何不如人就停留於有限之知，而不使之馳逐於無限之途，以使人之知見皆有一悠遊涵容之空間呢？如此推而廣之，人不輕用其生命以逐物，那麼自能保養其命限，而不至於中道夭折。人而能如此，那就是一個最通達之人了。不過雖說如此，這樣的通達仍不免有一些帶累，這怎麼說呢？原來人之停留於有限之知，它畢竟仍在知見中，凡知見必有主客之對待相，必成一組方生之對偶，它們互相依待而反自持守不住自己。一旦人落在這種對待中，他的生命便不免仍有紛擾；而要想真正撥除此一帶累，唯有超越對待以入於無待之境（詳如〈齊物論〉之所說）方可。而一旦人的精神已能攏落

〔註4〕如前註名篇〈天道〉、〈天運〉出於外篇，〈盜跖〉、〈漁父〉則出於雜篇，但我們亦須特別指出的是外雜篇中如〈秋水〉、〈至樂〉、〈達生〉乃至〈知北遊〉、〈徐无鬼〉等篇對孔子的描述，事實上和內篇是頗相一致的，亦即外雜篇中對孔子的態度也頗有歧異，並非所有外雜篇的論點俱在「剝剝孔子」。

〔註5〕莊子與孔子的關係，恐怕是個學術史上極難解決的問題，一般看法自然是站在學派對立的立場上，以為莊子是反儒的。但誠如馮友蘭早已指出的，學派觀念是漢朝的產物，未必適用於戰國時代；因此有人由師承觀點，以莊子系出「顏氏之儒」（《莊子集釋》前言，頁3），王邦雄先生亦有莊子援儒入道之說（見《老子的哲學》，東大，頁183），這些觀點都頗有參考價值。

〔註6〕本文所作翻譯，乃參考牟宗三先生於《原善論》中翻譯孟子的方式，以意為主。因此，為順通文意，部分地方不得不增字作解，以非列出原文逐句對譯，故不煩一一注出，尚請讀者取出原文自行參照。

對待，人和天便也入於自然渾化，一切皆只是因任無為而已，那麼天和人又
有什麼分別呢？這一種無絲毫帶累之真知，唯有真人才真能踐行的啊！

　　那麼真人是一種什麼樣的存在樣態呢？原來古之真人他們只是順應，而
不忤逆任何人，因其原無對『多人』之分別；他們之沒有絲毫自恃之心，因其
原無人我對待之分別；他們也不去費心求賢，因其原無賢愚對待之分別。像
這樣的真人，他只是依循自然而行，無絲毫成毀得失之分別；因此山之高、
水之濕、火之熱皆無所攖心，而不必去躬蹈或躬避。他們之能至於大道，正
是由於這種無所攖心之因任啊！

　　古之真人他心思毫不紛馳。故睡著時無夢境妄想，醒著時無因沾著而生
之憂愁煩悶；他吃東西時不去分辨物之甘美；他的內息深沉而無呼吸之相，
彷彿其氣息之發動是深藏於足底一般，而不像眾人氣息之淺，喉頭有深重的
呼吸之相，他們的氣息都扼抑於咽喉中，所以當它外吐時便促迫而不平暢。
一般而言，一個欲望深重的人，他沾染既多，生命便不調暢，故自然之機便
淺；古之真人因無嗜欲，故顯得自然之生機滂沛。

　　古之真人只是因任生死之自然運化，故於生無所悅，於死亦無所惡，他
出生入死俱無所攖心，只以悠游的態度往來於世間而已。他無視於死生終始
之對待，故於始亦無所謂忘，於終亦無所謂求；於其所當承的一切俱以為喜，
而實喜亦無喜；於其中所歷過的一切俱如其所是地復現，而現亦實無所謂現。
這就是不用心去營求而致背離大道，也是不以人為去擾動自然，而這正是真
人之所以為真人之故。像這樣的一位真人，他的心安而不擾，他的面容寂靜
淡漠，他的貌相平平無奇。他的容色隨著外物之流變而變，淒然時一如秋之
衰殺般，燦然時一如春光爛浸般，這些面容的喜怒變化俱如四時之牽轉般，
是因著順應當下外物之宜適，但內心卻毫無沾著，淒然亦無所謂淒然，燦然
亦無所謂燦然，以無沾著故，是以不顯定相，故人皆莫知其極。像這樣一位
聖人（真人）即使用兵去亡了敵國，以其只是順應而不顯敵對相，故敵國之
人心亦不驚擾；他將利澤普施於天下萬世，亦只本諸順應自然而施，而不顯
專愛之相對相。因此之故，所以說一個樂於顯示其能通物情的人，必不是聖
人（真人）；有親親之相者，必不足使仁心普被；成天企圖以其智測去占窺天
時的人，必非真賢者；不能通達利害而有沾著之人，必非君子人；為了博取
名聲而扭曲了自己的人，必非為道之士。而像這種扭曲了自己本真之人，只
是任令自己受到自己所沾著的對象之奴役，他根本喪失了自由自主；這些人

像狐不偕、務光、伯夷、叔齊、箕子、胥餘、紀他、申徒狄等，他們都只是被外在控制著，只能委順於外物，而不能使自己生命調暢自然啊！

古之真人他的形容巍峨高大但卻無崩壞之虞，以其高無高相之故（高而不自居為高）；他自我韜隱似若無能，卻又不必仰承於人，以其無虛欠相故；他悠遊安穩似若孤獨但卻無固陋孤僻之相；他澄懷沖曠似若虛靈但卻無浮華不實之相；他隨順一切，無不調暢，故雖喜怒不攖其心，卻若時時皆處於喜悅之中；他從不居物先以顯主動之對待相，故一切動作云為皆似不得已之物來斯應；當物皆來止時，其心亦不紛亂，故神色亦無所減損，此以精神不外馳故；當其應物而動時，其精神也仍處於寧定的狀態之下；其德涵容廣大而精神似仍極為安泰，其德高邁而精神則是純然自由，無所沾滯；其德深遠而精神全不外馳，似乎處於閉鎖而不可見之狀態；他完全處於虛靜柔順無為的狀況下，似乎完全不識不知一般。古之真人的德行原就是如此的啊！但尤不止此，當他感物而動時之動作云為，具體地說，乃如下述：他依然以刑律為治世之體，以禮文為輔弼治世之具，以智測之貌供治世之參考，俾能應時而動，以德行為治世之規準。所謂以刑律為治世之體者，乃遵刑律以行，毋扭曲刑律以從己，於是觸刑律者皆由其自觸，非我專刑之威柄，故雖殺之而人以為寬。所謂以禮文為輔弼治世之具者，乃因禮文原係隨順世情而生，故真人亦隨順以行於世。所謂以智測窺時機竅之貌以供治世之參考者，乃因時勢運會原有不可逆者，於此唯有以無知知之曠遠以隨順之。所謂以德行為治世之規準者，乃因德行原係人倫之定分，真人只是隨順其定分而行而已，這能行走之人，最終必會返其所居，真人只是行此必然一般；但因他不斷隨順定分而行，故雖然其心仍是虛靜的，而人們卻以為他真是汲汲惶惶在踐履德行。他處斷世情時是無任何好惡對待的，他顯好惡相只是為了隨順世情，故對他而言，他所顯之好相是好而無好的，他所顯之惡相也是惡而無惡的。進一步說，他的無好惡也是不離好惡的無好惡，他的好惡也是不離無好惡的好惡。這無對待相的一面即是真人『與天為徒』之面相，這因隨順世情而顯的對待相即是真人『與人為徒』之面相。這兩種面相各有其不同的表現樣態而各得其宜，不相陵越，非夠始終如此表現者，便是所謂的真人了。」〔註7〕

我之所以不憚辭費，詳細展示莊子通過此段文字所顯表的義理，無非是想說明存在於「與天為徒」和「與人為徒」這兩個概念間的辯證關係。照莊子

〔註 7〕原文及字句考釋詳參郭慶藩《莊子集釋》卷三上，頁 224～240。

本義，如套用黑格爾的名詞，「與天為徒」正是真人的「在其自己」（in-itself），「與人為徒」則是真人的「對其自己」（for-itself）。而真正的真人既不只是與天為徒者，亦不只是與人為徒者；換言之，他不單是以其在其自己之身分而存在，亦不單以對自己之身分而存在，他根本是以混融為一的狀態存在，此名之曰「在而對其自己」（in and for itself）。真人之在其自己，是指真人通過修養以擺落對待，而入於悠遊隨順，自然渾化，不受任何沾滯帶累的生命狀態；此時，其精神完全收斂而不外馳，此即完全的在其自己。真人之對其自己，則指真人之作為一現實而具體的生命存在，他恆必須有某種寄託樣態的表現，他不能在人世間顯任何梯突不平相——此即有類基督教所謂的「道成肉身」——因此一切社會政治人倫之常態，他均必須委順它，且必須使他看似為一社會規範之努力踐行者。而所謂真人之在而對其自己，則謂真人在委順、踐行現實之種種規範時，仍不至為現實拖帶、異化，他的生命依然仍是沖曠虛靈的存在。這當然也是某種型態的體用一如之觀念，即以沖曠之體行無為之妙用。而照莊子文意，顯然唯有通過此一辯證歷程，始克臻於真人之極境，一如所謂禪家三關一般。這個意思在內七篇中事實上不只一見，例如〈人間世〉載顏淵為說衛君所答孔子之語云：

> 然則我內直而外曲，成而上比。內直者與天為徒。與天為徒者，知天子之與已皆天之所子，而獨以已言蘄乎而人善之，蘄乎而人不善之邪？若然者，人謂之童子，是之謂與天為徒。外曲者，與人為徒也。擎跽曲拳，人臣之禮也，人皆為之，吾敢不為邪？為人之所為者，人亦无疵焉，是之謂與人為徒。〔註8〕

此處所指與天為徒、與人為徒，義亦同前，可以顯見。但孔子卻責以「太多政」，為「師心者也」，亦顯然在批評顏淵之猶未能渾化二者，遂使與天為徒和與人為徒二面相呈一破裂狀態，是故孔子遂直接告以心齋之理。照顏淵對心齋之領悟，所謂「回之未始得使，實自回也；得使之也，未始有回也」，這不正是對渾化境界之具象描述乎？

又同篇顏闔問蘧伯玉一段，伯玉云：

> 形莫若就，心莫若和；雖然，之二者有患。就不欲入，和不欲出。形就而入，且為顛為滅，為崩為蹶。心和而出，且為聲為名，為妖為孽。彼且為嬰兒，亦與之為嬰兒；彼且為无町畦，亦與之為无町

〔註 8〕《莊子集釋》卷二中，頁 143。

畦；彼且為无崖，亦與之為无崖。達之入於无疵。〔註9〕

所謂就不欲入，和不欲出，正是說明一個人在與天為徒和與人為之間徒來回跌宕的辯證歷程，這裡面實有無窮危機。當人守不住其沖曠，亦即形就而入時，這是一類危險，當人但守其沖虛，亦即心和而出時，又有另一類危險。於是人唯有在這來回倒的過程中，以渾化之方式來應對，始是真能掌握沖靈逍遙之況味者。同樣的，〈大宗師〉載顏淵孔子論孟孫才一段，也正在表達類似的境界，細繹其旨，自可見之。〔註10〕

三、「天刑之，安可解」

我們茲再進一步申論與天為徒，與人為徒這兩個概念。基本上說來，與天為徒和與人為徒既然構成一種體用一如的關係，則就個人修養上說，自需循著明體達用的程序，以求進化至渾化之境，故明體實是截斷眾流之一關鍵。〈德充符〉載孔子答常季問兀者王駘云：

死生亦大矣，而不得與之變；雖天地覆墜，亦將不與之遺，審乎无
假，而不與物遷；命物之化，而守其宗也。〔註11〕

明體正是守其宗之義。一個人隨時以無執無礙之沖靈任運而化，他自然可脫出一切拘繫而逍遙，此即所謂才全而德不形。但我們亦需知道，此種守其宗之沖曠是透明的，抽象而不表現的；一個人通過精神之超越使自己成為一個「非時間性」的絕對存在，此時一切相對之依待對他而言是完全掛搭不上的。於是與天為徒之沖曠遂不得不是一掛空的「非存在」〔註12〕，如果說真人必得在現實中成就，則他便不能僅停留於此一存在樣相，他必須接觸現實，將自己納入時空條件中，於焉他也就不得不涉及了「命限」這一觀念。〈人間世〉載孔子答葉公子高問云：

天下有大戒二，其一命也，其一義也。子之愛親，命也，不可解於
心。臣之事君，義也。子之愛親，命也，不可解於心。臣之事君，

〔註9〕《莊子集釋》卷二中，頁165。
〔註10〕孔子答顏淵問孟孫才居喪不哀時，引出所謂寥天一這個渾化的觀念，以為居喪是禮，人哭亦哭是情，真人不扭曲俗情，亦不沾滯於世禮，這亦正是就不欲入，和不欲出之觀念。原文不具引，見前揭書卷三上，頁274～275。
〔註11〕前揭書卷二下，頁189。
〔註12〕與天為徒之為「非存在」，我意謂它是一「存有」（Being）的概念，用牟宗三先生的習用詞彙，即是一「境界型態的存有概念」，它是一境界，而非存在主義所謂的「存在」（existence）。

> 義也，无適而非君也，无所逃于天地之間，是之謂大戒。是以夫事
> 其親者，不擇地而安之，孝之至也。夫事其君者，不擇事而安之，
> 忠之盛也。自事其心者，哀樂不易施乎前，知其不可奈何而安之若
> 命，德之至也。〔註13〕

當然儒家絕不可能將事親、事君視為命限上事，這且不論。莊子只是將親子
君臣之關係視為社會客觀之機制，它構成一個現實存在的全盤條件網絡，於
是他遂構成存在之命限。而這命限是任何現實存在所無可逃的；既然無可逃，
則唯一方法便是以「似乎」很積極的方式去委順它，所以說「為人臣子者，固
有所不得已，行事之情，而忘其身」（〈人間世〉繼上引文）為人面對命限問題
時所應抱持的態度。是以命限觀念便是與人為徒這一概念更具體的內涵。

　　進一步說，命限既是一張無可逃的天羅地網，它與「與天為徒」之超化
過程遂成破裂，這破裂處必蘊含一極度之緊張關係。嚴格說，這一緊張關係
亦是無可逃的，於此人可馬上感受到一種存在的悲感，命限成為將一個理性
上嚮往無限之人撕裂的力量，存在主義者談存在之「怖懼感」，正是此種深沉
的感受。這種緊張當然會對尋求沖曠之心靈構成巨大的壓力，而這壓力又是
無可逃者，那麼至德之真人該如何化解此一矛盾呢？於此，莊子引出了一個
極巧妙的思考。〈德充符〉載叔山無趾和老聃的一段對話云：

> 無趾語老聃曰：「孔丘之於至人，其未邪？彼何賓賓以學子為？彼且
> 蘄以諔詭幻怪之名聞，不知至人之以為是己桎梏邪？老聃曰：「胡不
> 直使彼以死生為一條，以可不可為一貫者，解其桎梏，其可乎？」
> 無趾曰：「天刑之，安可解？」〔註14〕

這一段文字的曲折跌宕是頗堪玩味的。叔山無趾自然是位才全而德不形、與
天為徒之人，他之貶視孔子，蓋基於自覺地揚棄名聞之帶累；至人當然是要
超越任何依待所形成之桎梏的。但是當老子建議孔子亦擺落對待時，無趾卻
猛然加以攔斷。「天刑之，安可解」這句話自然可以簡單地理解為宿命觀，亦
即無趾認為孔子將永遠沉墮於桎梏的宿命中，永遠沒有逍遙之可能，一如楚
狂接輿之批評孔子一般。但我們也未嘗不可作另一方式的理解，亦即無趾已
正視到了命限的問題，而以為孔子就恆必須要滾在命限中去運化那些諔詭幻
怪的名聞。在這一理解方式下，孔子乃正面積極運用名聞以運化，來解消命

〔註13〕《莊子集釋》卷二中，頁155。
〔註14〕前揭書卷二中，頁204～205。

限的壓迫,甚且進一步轉成對命限的幽默與欣賞,於天刑之之觀念,乃成一種大詼諧,大幽默。這時命限已不構成某種消極的壓迫,反而成為了審美判斷的一個對象。當然,若純就文句來看,作後者的引申理解,在詮釋上不免較嫌迂曲,人們恆可懷疑它在章句上的恰當性。但這引申卻未嘗是憑空臆測的。〈大宗師〉載孔子答子貢問云:

> 孔子曰:「丘,天之戮民也,雖然,吾與汝共之。」子貢曰:「敢問其方!」孔子曰:「魚相造乎水,人相造乎道。相造乎水者,穿池而養給;相造乎道者,事而生定。故曰:魚相忘乎江湖,人相忘乎道術。」〔註15〕

這是孔子的夫子自道,他自承自己處於命限中,故曰天之戮民。而此一命限之涵括是「吾與汝共之」的,換言之,它是一近似普遍的命題。在這樣的拘繫裡,人可於現實之奔競中,通過無事於有而生定,亦即相忘乎道術之方式,以脫出限制。既已相忘矣,則限制之定向性亦不成其為定向,於是命限之緊張相遂自然化除,而天之戮民在孔子說來,便彷彿是以極輕鬆幽默之口吻而說出,與人為徒者亦遂不再與與天為徒者形成破裂。那麼這一境界不正是渾化的境界,真人之極致嗎?〔註16〕

　　是以照上述的分析,莊子所懸真人之標準,實應在孔子身上——當然此處的孔子是經莊子詮釋後孔子,孔子本人不必是如此——亦即孔子是一位真正「在人間世」成就的真人。這個意思莊子亦曾清楚地表達於另一段話上。〈養生主〉載秦失弔老子的一段話謂:

> 老聃死,秦失弔之,三號而出。弟子曰:非夫子友邪?曰:然。然則弔焉若此,可乎?曰:然。始也吾以為其人也,而今非也。向吾入而弔焉,有老者哭之,如哭其子;少者哭之,如哭其母。彼其所以會之,必有不蘄言而言,不蘄而哭者,是遁天倍情,忘其所受,古者謂之遁天之刑。適來夫子時也,適去夫子順也;安時而處順,哀樂不能入也。古者謂是帝之縣解。〔註17〕

這段話郭成注成疏的疏解均極零亂而不成思理,其實若以天之戮民解遁天之

〔註15〕《莊子集釋》卷三上,頁271～272。
〔註16〕牟宗三先生是第一位以此概念來闡釋「天之戮民」者,其說甚精闢,詳參《佛性與般若》,頁997～1000。
〔註17〕《莊子集解》卷二上,頁127～128。

刑，則其義理自然顯豁〔註18〕。照這段文字看，真正之真人恆在遁天之刑的命限中，假安時而處順以得「懸解」，老子是這樣一位真人，孔子自然也是這樣一位真人，就道家式的人格成就言，孔子和老子實是無差別的。

　　然而我們在《莊子》內篇的文章中，常可看到孔子謙遜而自誣的姿態，如〈大宗師〉篇中，孔子分別了「遊方之外」與「遊方之內」兩類概念，而且孔子不但說「外內不相及」，更時時顯示他對方外之人的推崇〔註19〕。類此觀念，似乎在表達方外之人的境界更高之判教觀念，這又如何理解呢？其實就辯證的歷程看，渾化的境界恆在辯證的長流中成就，一個人處身於三位一體的概念，聖父的身分是掛空的，但祂卻恆以其掛空而為仰望之對象。道家當然沒有人格神的觀念，但在精神發展中，產生對超越界的仰望，這是很可理解的。因此，孔子可以對遊方之外者致其讚嘆，卻不意味方外之人的判教境

〔註18〕照郭注成疏，乃至歷來注家所解，此段必須斷為兩截，亦即秦失先責備往弔老聃之老少俱沾滯於俗情，後又稱讚老聃之能安時處順（不過成玄英以為郭象所注遁天之刑主詞仍指老聃，故成疏於此遂打破疏不破注的傳統，以為郭象失之遠矣。郭象注是否如成疏指摘者，並不十分明確，但郭象確有含混主詞之嫌）。但問題是這一解釋跟秦失三號而出有什麼關係？三號是守禮，秦失的學生問他的問題乃在於他何以要依禮往弔老聃，因為方外之人是不必依循此禮的。那麼秦失的答語自然應該正面解釋此問題，而沒有必要去責備不相干的老少弔客們，他只應解釋老聃這個人的特別處，以致他必須循禮往弔即可。所以說郭注成疏等之疏解俱混漫而不可通。今茲依前述理解，試譯秦失答語如下：「是的，我應該如此弔祭他。為什麼呢？因為原來我一直以為他和我同為方外之人，可是今天我才知道不是。何以故？因為方才我進去弔祭他時，有老者像在哀弔其亡子般的哀祭他，也有少年人像在哀弔其亡母般的哀祭他。這些人之所以會聚來而如此地哀悼他，一定有其緣故，才能使這些人在不期然中去歌頌他、哀悼他、流露出他們的至情。這緣故是什麼呢？其實就是因為他能暫時隱遁他的沖曠而委順於俗情（倍原解作加，即增益之義，增益俗情即是將俗情加乎自然之性上，此即委順義），暫時忘卻他所稟受受於天之自然以和光同塵，這種自覺的委順便像受到天之刑戮一般，古人們即名之曰「遁天之刑」。當然這種暫時忘卻只是一種忘而不忘的辯證歷程，在委順中他仍常保其沖曠。因此，他之來，也只是順時而來；他之去，也只是順勢而去。能因順著時勢而無絲毫掛礙，那麼凡情之哀樂自不能擾動他。他的生命雖在凡俗之內（即遊方之內），但卻不受任何拘繫，古人便名之曰『帝之懸解』」。依此譯，即秦失自述其何以要用方內之禮來弔老聃之故，而其義理發展仍是脈絡井然的。

〔註19〕如〈大宗師〉繼孔子論方外方內後云：「子貢曰：敢問畸人？曰：畸人者，畸於人而侔於天。故曰：天之小人，人之君子。」（《莊子集釋》卷三上，頁273）換言之，遊方之外者皆是天之君子了，可見孔子對方外之人的讚嘆。

界便得高於孔子。當然我們也可進一步說，方外方內的判教只對一個在修證歷程中的人而有意義，若就渾沌之化境言，它也很可以只是分而無分的了。而這一化境嚴格說便只能是相視而笑的默然，聖人立教是不會隨便展示此一境界的。

四、結論

依照前述論證，吾人以為莊子不但未曾鄙薄孔子，甚且根本是以孔子為真人之典型。當然我們亦曾一再強調，這一評價只是莊子個人的主觀詮釋。在儒家立場，孔子之為聖人，是因其仁心之遍潤，而非沖曠無為；聖人之應世亦由其仁心之不得已，而非消極之委順。因此，莊子對孔子的評騭，儒家是不可能同意的；即使說仁心之充其極以至化境，亦可呈現無入而不自得的不可知、不沾著的悠遊自在，但亦完全不同於道家之所說，以其生命之底子不同故。不過，如果吾人之論證可以成立的話，則莊子所予孔子之積極評價，對思想史、學術史之研究來說，其意義便十分重大了，也許，我們必須因此而重新估量孔子在戰國時期學術史上地位，亦未可知。

再者，我們固然承認郭象的迹冥論以及斥鷃亦能逍遙等說，確能自出新意；但依前論，則郭象說之境界不只早為莊子說所涵蘊，而且莊子更早已拈出，郭象祇不過再重新予以闡發而已。吾不以為郭象注莊實可稱作創造性的詮釋，但我們卻必須承認郭象是真懂莊子的。又今人對魏晉玄學所遭逢之歷史課題乃為「謀孔老之會通」之說〔註20〕，今姑不論孔老會通之概念是否適於作為一個歷史詮釋的概念，即令真有會通之事，則恐怕也不始於郭象，不始於魏晉，亦不始於天下篇，而根本就始於莊子本人。這個判斷當然是比較特別的，但卻應是本文必然的結論。

〔註20〕 首先持此說者為湯用彤，見氏著《魏晉玄學論釋·王弼之周易論語新義》，此後牟宗三先生及其門人俱盛發此義，牟先生關此之論述頗多，不具引。

儒隱與道隱

摘要：

　　人格美的品鑒原是中國美學的一項重要內容，但它仍一直只停留在粗糙的才性人格品鑒階段，而不能進至精神人格的品鑒。本文即在嘗試通過對隱士人格之分析，具體地指出精神人格品鑒的進路，以補足傳統人格美學中存而未論的一段。以此之故，本文完全採取了概念分析的方式，我不企圖詮釋任何個案，而只是借助「人格圓滿性」的概念，具體地張開了儒家和道家人格的基本型態，並以此確立了儒家型隱士（儒隱）和道家型隱士（道隱）的人格內涵。我衷心期望透過這一粗略而不成熟的研究，能夠提供人格美學再向前邁進的契機。

一、前言

　　就人格美的審美而言，隱士這一人格型態實在可以說是中國文化的特殊創造；它以一種「耿介拔俗、瀟灑出塵」的特別姿態，不只相當程度地成為了中國審美觀的「Common sense」，更以種種方式滲入了中國社會、政治、文化、心理乃至哲學思想之中。總括而言，我們應該可以毫不誇張地說：「隱士意識」正是構成中國知識份子深層心理的一大要素。在這一心理之下，往往使得隱居本身便成了某種價值，知識份子常常不見得去思考何謂隱士，而只是一味地追求形軀或是想像上的高蹈遠引，彷彿如此便能獲得價值之貞定或是美感之滿足似的，中國山水詩、山水畫的特盛，一大部分的原因恐怕即需由此索解〔註1〕，

〔註 1〕郭熙《林泉高致》說：「君子每愛山水，卻因「君親之心兩隆」，而不忍離世絕俗，遂假山水畫以寄意，所謂「今得妙手鬱然出之，不下堂筵，坐窮泉壑，猿聲鳥啼，依約在耳，山光水色，滉漾奪目，此豈不快人意，實獲我心哉？此世之所以貴夫畫山水之本意也。」可見山水畫與隱士意識之關係。

顧亭林說南方士大夫晚年多好學佛，北方士大夫晚年多好學仙〔註2〕，如果這一觀察大體不差的話，我也以為隱士意識絕對是其主因之一。當然，這現象本身就饒富趣味，也有不少值得深究的問題，但我此文並不擬探索這一現象本身，我所感興趣的毋寧是我們究竟該如何理解隱士這種人格？

我常感到懷疑的是：隱士這一種人格之思想源頭究竟是什麼？關於這一問題，我必須聲明一點，我全然無意滿足考據癖，關於這一源頭的追索，並不見得必須預設我得去找到中國歷史上的第一個隱士，因為即使找到了他，也不代表它已在思想上完足了某種人格型態〔註3〕。是以我的問題只是隱士在什麼思想背景下，他成了一種人格的格位？成了一種價值的展現？成了一種人格品鑒的對象？

其實這第一個問題的答案還是很簡單的，這只是個單純的義理考據問題。當我們從孔子談荷蕢者、楚狂接輿、長沮桀溺、荷蓧丈人、乃至伯九等諸逸民時即可發現，他心中顯然已有了某種思想上的明確界分〔註4〕，而毫無疑問的，這也是可考的第一次界分。就這個界分而言，它第一次將隱士形成為某種獨特的人格，並將之納入為人格品鑒的對象。而也就在此一品鑒中，孔子同時區別了兩類型的隱士型態，並表達了他個人的價值評斷。於是就在孔子

〔註2〕詳見顧炎武《日知錄》卷十七「士大夫晚年之學」條。

〔註3〕若說隱士只指隱居者的話，則它可以只代表某種生活方式，這種方式可以是某人在任何時代、任何社會之個別生活型態的抉擇，而不必在思想上蘊涵著某種統一的「隱士人格」。如此說的隱士自然沒有處理的價值，也不是本文所擬處理的對象。

〔註4〕上舉諸例分別見於《論語》〈憲問〉及〈微子〉等篇。〈微子篇〉荷蓧丈人章中，孔子首用「隱者」之名。又〈憲問篇〉中「賢者辟世，其次辟地，其次辟色，其次辟言。子曰：作者七人矣。」一章，何晏《集解》引包咸，謂七人乃指長沮、桀溺、丈人、石門、荷蕢、儀封人、楚狂接輿。劉寶楠《正義》引鄭〈注〉指伯夷、叔齊、虞仲為辟世者，荷蓧、長沮、桀溺為辟地者，柳下惠、少連為辟色者，荷蕢、楚狂接輿為辟言者，七當為十之誤。又引皇〈疏〉據王弼說謂七人蓋指伯夷、叔齊、虞仲、夷逸、朱張、柳下惠、少連。是三說俱不同，劉氏云：「蓋鄭王據孔子以前人，包據孔子同時人」，復云：「世遠義失，難得而折衷焉」，朱子《集注》則乾脆說不知道七人何指，「必求其人以實之則鑿矣」。其實這章明白顯示了孔子對某類隱者的看法，他以賢者名之，可見他的贊許，而在《論語》中他贊許的隱者正是逸民一類，也可見這兩者是有關係的。也許我們未必要把作者七人等同於七位逸民，但七位逸民必屬此章所謂的賢者則無疑，諸注解強以長沮等人實之，然彼等實與孔子不同道，因此這種強同實屬不妥。本文之作，實即希望在概念上嚴格區分這兩類隱者，如果我們能明白這種界定，則未必會有「世遠義失」之困惑的。

的贊許和拒斥中，我們了解到必然存在著一種「儒家型的隱士」，也至少存在著一種「非儒家型的隱士」，換言之，隱士這概念若就思想淵源言，它至少不是一種單一的人格型態，這是可以確定的。

從這兒，很自然地便引生了一些問題，例如究竟什麼樣的思想類型可能引生出隱士人格呢？再者，我們也想了解可不可能窮盡地列舉出各種隱士型態呢？還有，如果說隱士人格基本上不只有一種類型，而皆可名曰隱士，然則隱士之所以為隱，其「共相」豈只是「隱居避世」這一最寬泛而乏實質意義的概念而已嗎？關此，自然都涉及到了人格美品鑒的一些基本理論問題，它們也正是本文所要討論的主眼所在，以下且容我逐一述來。

二、儒隱與道隱之名義

首先，且讓我們先考慮一下「什麼樣的思想類型可以引生出隱士人格」這一問題。關於這個問題，也許我們必須採取一種逆推方式進行，首先我們得從外部來檢討一下隱士人格的呈現方式，我想孔稚珪的〈北山移文〉恰可以作我們討論的始點，因為他恰好是在指責徒有隱者之名而無隱者之實的周顒進退失據的醜態，因此此文所描述的隱者恰是純外延而不涉及內容的。〈北山移文〉略謂：

> 夫以耿介拔俗之標，蕭灑出塵之想，度白雪以方絜，干青雲而直上，
> 吾方知之矣。若其亭亭物表，皎皎霞外，芥千金而不眄，屣萬乘其
> 如脫，聞鳳吹於洛浦，值薪歌於延瀨，固亦有焉。〔註5〕

就我們一般對隱士之印象而言，在這段文字中，大抵窮盡地列出了兩類隱士的呈現方式——當然，這兩類方式不必是相互排斥的——一類是脫俗絕塵的隱士，一類則是一芥不縈懷的隱士，或者換個方式說，前者大約有類乎隱士之狂者，後者則類乎隱士之狷者吧！因為其性格恰成一瀟灑一狷介的對比。但外部地說，無論他是瀟灑也好，狷介也好，似乎無形中總是存在著一個標準，這個標準決定著一個人形式上能否被劃入隱士之林。這個標準便是他必須刻意地——無論是表面上的也好，或是自覺的也好——與俗世拉開距離，所謂「耿介拔俗」、「芥千金，屣萬乘」是也。簡單地說，這便是一種「忌俗」的共識。即此忌俗一點，便有值得說處。

我們且試想他們何以要忌俗？如果我們先把一些尋求終南捷徑的隱士排

〔註5〕引文見《昭明文選》卷四十三。

除，那麼他們之所以要忌俗，也是不難理解的。因為歷來所謂的俗，指的便
是「名韁利鎖」，由韁鎖兩字來對顯忌俗，則忌俗所代表的便是對現實存在之
絕對自由度的追求。由於人生在世，不可免的會受到種種自然條件的制約，
也因此，自然與自由乃形成了一種永恆的緊張關係〔註6〕。對於一個希冀絕對
自由度的人而言，這種緊張關係必然促使他的生命展現為一種張力。理論上
說，這種張力其實可以是「廣度量」的，也可以是「強度量」的，前者指表著
對命運無奈的認知與深沉的懺悔，後則指表著生命之由翻騰而自我超越、自
我貞定。於是廣度量的張力常歸趨於某種宗教式的謙卑，而強度量的生命張
力則常歸趨於生命的自我莊嚴。由是而觀，傳統隱士之從忌俗而來的生命張
力，顯然必須是強度量而非廣度量的，也就是說他的生命內涵必須是內容的
而非外延的〔註7〕。這樣的區別說明了一個事實，亦即隱士人格背後的思想底
據絕不能是任何知識類型的系統，此因任何知識系統在其抽象的歷程中，一
則主體與對象恆須相互推開，二則在尋求推衍系統的完足性上，恆只計及概
念的外延之故。如此一來，隱士之思想底據便只能轉而訴之於強度的、內容
的思想類型，亦即某種強調主體實踐性的思想型態，此因強度與內容絕不能
求之抽象概念之故。即使如此，此一強調主體實踐性的思想型態亦必須由根
本上化去其思辨相，而轉以實踐上之「境界型態」來存在〔註8〕，否則即不足
以顯出隱士在具體實踐上的生命強度，這是我們可以以理逆推的。

　　根據上述推論，那麼究竟還有那些境界式之思想型態足以引生出隱士人
格呢？基本上說，能夠展現為生命實踐之強度而為隱士人格之宗者，除是道
德的，宗教的或是美感的之外，實不能有別的思想型態。此固因彼等方可能

〔註6〕此處我的說明不免有跳躍。蓋若一個人滾在世俗之枷鎖中，這也是他個人實
　　　　踐上的抉擇，這意思並不等於人之受自然條件的制動。因此，這兩者之間必
　　　　須有一說明。我的意思是說一個人之甘受世俗之枷鎖，乃意味著他行為背後
　　　　預設著「滿足個別欲求」之目的，在這目的上，他自然可以有種種實踐的律
　　　　令，這律令用康德在《道德底形上學之基礎》中的區分，它必須是技術的或
　　　　是精審的。但無論如何，此一滿足個別欲求的目的卻永遠是只從屬於「自然」
　　　　的，故我在文中乃直接將之形成自由與自然的對蹠。
〔註7〕關於強度量、廣度量，外延的、內容的這兩組概念，我的使用方式，大抵援
　　　　引了牟宗三先生的說法，詳參氏著《理則學》第一章及《才性與玄理》第七
　　　　章〈魏晉名理正名〉第四節所說，不具引。
〔註8〕此一概念亦來自牟先生，他將思想型態大別為「存有型」和「境界型」，而以
　　　　為凡必訴之於主觀修證者為境界型之思想型態，詳參《才性與玄理》第五章
　　　　〈王弼之老學〉，頁141。

涉及實踐的主體之故。然而它亦必須有規定，凡任何涉及定命論之道德實踐、宗教實踐或是任何但涉及一往而執之美感欣趣者皆不與焉。何以故，蓋如果像某類定命論的宗教如基督教者而言——其它則可以類舉，人之宗教實踐固亦可有純駁之分，然在原罪之格局下，生命之境層不能有超拔，於此，超拔即等同於救贖，而救贖但只是神之權柄，是以生命是平舖的，其踐履之純駁亦是廣度的，即令由此廣度之踐履而顯生命之華采，此華采亦只是在悔罪之格度下所顯之一往而執的宗教情懷，以此之故，它恆不能真涉及生命強度之踐履。這就像耶穌之生命實踐，它當然是以絕大的意志提住自己、推開人群，於此似亦可說是某種生命強度的表現；但此一強度則但在企求銷解生命，以向彼世尋求跨越，而就在跨越的同時，現世的生命遂告崩解塌落，因此如要說耶穌生命的強度，那也是神性生命的強度，而非現實生命的強度，此所以我必須將此類宗教家之生命踐履排除之故。同理，凡任何型態定命論之倫理學，亦皆不能說生命強度之踐履，故亦不足以立隱士之人格。其次，人之美感欣趣亦恆必須涉及某種型態之生命強度，但一往而執之美感欣趣則恆只是此生命強度之固定化，如所謂情癡者流，其癡常只顯一或廣或深之意涵，於是其生命踐履終於也只是廣度量上的，這當然也不能引生出任何型態的隱士人格。

如是經過以上論理的排除，則能夠符合上述條件而為隱士人格之宗的思想型態，可能就所剩無幾了。就個人的理解所及，能符合一種非知識型態、非命定論的宗教，大概只有大乘佛教（三乘究竟的小乘教不與焉）吧；而一種非知識型態、非命定論的道德學，恐怕亦非儒家莫屬，至於一種單純訴之於生命美感之層層升進者，似又只有道家哲學。換言之，至少在我個人的理解範圍內，隱士人格只能求之於儒釋道三個思想系統內。我這一詮解，當然也就順帶解決了何以隱士人格只於中國特盛的緣故。

然而這一論解立刻又引出了一些問題，亦即我們當如何品鑒式地區分一位隱士其背後的思想底據呢？因為一隱士之展現其人格並不必帶著任何思想的說明，他只是在日用常行間，如實地過著他的隱士生活而已，而既然隱士人格的背後可能存在著各種不同的思想依據，那麼我們又如何能夠只憑著隱士生活的點點滴滴，而審美地確定其人格型態及思想依據呢？（雖然這種確定，對隱士本人而言未必是自覺的，也可能是毫無意義的）我們總不能永遠只混漫地、外部地看一位隱士，而不審美地洞悉到他的內心世界吧！我們也

不能只外部地看他「談空空於釋部」便說他的底據是佛，看他「覈玄玄於道流」便說他的底據是道吧！這兒勢必需要一個審美的判準，否則我們如何欣賞他呢？關此，很不幸的，傳統的理解似乎從不曾給過我們線索，我們只知道孔子稱許過伯夷等人，這就姑名之曰「儒隱」吧！孔子也曾評斥過荷篠丈人之流，而這些人的行徑倒頗類乎莊子所謂的許由、務光等人，我們也就姑名之曰「道隱」吧！但這兩類人格所以建立的審美判準究竟何在，卻似乎是隱晦的，何以言之？蓋因為孔子這些判斷必須被視為審美判斷，而不能以道德判斷視之——這是由於孔子之意並不在評斷其行為格準之是非對錯，而是以自己的尺度作一人格的對顯之故。於是我們也無法以其行為格準作為判準，那麼孔子到底根據一個什麼樣的判準來決定這些人的人格，就成了一個謎了。如果我們把前述問題當成一個普遍問題，那麼這判準可不可能找到？如何找到？它如何可能成為人格品鑒中的有效概念，以為我們面對任何隱士之審美時的準據？便成為一組迫切待決的問題。不過，本文只擬針對儒隱與道隱這兩概念提供一檢別式的判準，至於由佛教所可能引出之隱士人格型態，則姑置不論，以俟異日〔註9〕。

三、儒隱與道隱的人格特質及其內涵

談到人格美品鑒的檢別概念，這確實是個高難度的課題。蓋審美地說，凡品鑒皆有主觀性，而我們如何能由主觀的鑒賞中說出一個具有客觀性的檢別概念來呢？或者說，這檢別概念邏輯上如何可能呢？要想解決儒隱與道隱的審美判準問題，我們首先便得通過這個可能性的考驗。

關於這個問題，我們實在不能不略提一提《人物志》的系統。《人物志》基本上處理的是才性論中的人物品鑒問題，其命題的基本形式乃以人天生之資材作為審美對象，而後作的種種審美上的劃類。如〈九徵〉等篇所說〔註10〕。對劉劭而言，具體的審美固不可能盡為每一劃類之典型，但這一劃類則絕對是由經驗中抽象而來的「ideal type」，它具有審美意義上的普遍性、客觀性。換言之，劉劭是曾經作出一個具客觀性的人格美學系統的，但這一客觀性在

〔註9〕 在印度文化中，其實存在著另一型態的隱者，或者應正確地名之曰苦行者，這些人的背後嚴格說應是個苦業意識與解脫觀，這當然是另一類有待處理的問題，因為儒隱和道隱是並不必和苦行發生關聯。

〔註10〕 如〈九徵〉所謂的五質，將人才質之筋骨血氣肌比配於金木水火土，復比配於審美上之勇敢、弘毅、通徵、文理、貞固即是。詳見《人物志》卷一。

論理上是如何取得的呢？劉劭則顯然不能回答。他在〈材理〉篇中說：「人情樞機，情之理也。」人格品鑒顯然也是情理之一類，但此情如何能取得「理」之地位呢〔註11〕？我以為康德在《判斷力批判》中論「美的理想」一節中所述是值得參考的。康德在討論審美判斷的第三機要——形式的合目的性——時，曾區別了「自在美」和「依存美」這兩個概念。他以為依存美的概念指表著審美判斷之關涉乎對象的圓滿性概念，於是乃有「美的理想」之可言〔註12〕。照康德的論句，依存美自然不是一個純粹的審美判斷，因為它涉及了概念；而也就因為它涉及了概念，依存美的客觀性乃有可說處。

在康德討論「美的理想」一節裡，明白地指出了人格美品鑒是唯一能說及美的理想者，因為其它對象是很難論及其圓滿性的〔註13〕。於是康德進而論及了美的理想之兩個面向，一是就外部說的型範性理念，這一理念如果通俗些說的話，大約就是我們平常公認的「模特兒」型的人物。關此，康德亦表達了一個很有意思的看法，他說這類外部說的，無血無肉無靈魂的模特兒，若孤離來看，實亦只予人一種僵枯感，而不可謂之為美。於是美的理想便只能轉而求之於另一面向，亦即一個人純然材質的、內在的道德品質，如沉靜、優雅、寬柔、剛毅之類，它們分別代表了人之圓滿性的一型。這一道德品質理論上固可以無窮列舉，但它俱顯為人格美之客觀類型則無可疑。是以康德此處所說乃直接可以銜接上《人物志》所論，而為劉劭的系統找到了一個客觀的依憑，於是我們乃可說材質的人格品鑒的確是可以建立客觀性之類型的。

但我們必須進一步設想，難道只有材質說的人格樣態才可以進行人格美

〔註11〕　亦詳見牟先生《才性與玄理》第七章五、六、七等節，但牟先生所論著重在名理之客觀性上，我今此論則重在討論人格劃類其各類型如何取得普遍性、客觀性上。

〔註12〕　詳見《判斷力批判》十四至十七節。我今引用此書，大抵參考了 Meredith 譯本之「The Critique of Judgement」及宗白華等所譯之《判斷力批判》和牟先生所譯同書之手稿本，由於所據非一，故但註明節數。下倣此。

〔註13〕　前引書第十七節，康德云：「只有那在其自身有其真實存在之目的者，那就是說，只有人，其自身始能夠經由理性去決定其目的，或不然，當人須由外在的知覺去引生其目的時，他仍然能夠將其如此引生之目的和那本質而普遍的目的相比較，並進而遂美學地宣告其如此引生之目的和那本質而普遍的目的相一致。——因此，只有人，在世界中的一切對象間，始可允許為一美之理想，恰如其人品中的人之為人之人義，作為一睿智體，始單獨可允許為圓滿之理想。」（依牟先生譯）

的鑒賞嗎？康德說的道德品質又豈必只限於材質？吾人若翻就「超越領域」
以言道德人格、生命境界之昇進，又豈必不可於每一昇進歷程中當下所顯的
境界以言人格美的鑒賞〔註14〕？這意義當然是康德所不曾慮及的，但就人之
圓滿性的概念看，人在向一目的而趨之中的每一境層，自亦不必與圓滿性的
概念相違〔註15〕，於是我乃可以在這一生命自求超越的進程中，不只開一道
德、超道德甚至宗教的領域，亦且可以客觀地開一人格品鑒的領域，這是可
以循理而推得的。換言之，像儒道二家的系統，就其人格實踐和生命踐履而
言，是亦可以有客觀的人格美品鑒可說的。

　　然而像儒道兩家教義系統中的人格品鑒又當如何說？由於兩家系統中的
人格概念基本上都不是一種固定的「位格」概念，而是不斷在流動變化的，
因此它的人格品鑒系統便顯然不能只如《人物志》的系統般，呈現為一平舖
的格局。它一方面當然也不否定「氣質之性」的一面，另一方面它也必須展
現出「變化氣質」的向度，於是這一立體的系統便只能以一終極圓滿性的人
格樣態，張開而成一輻射式的型態。相對而言，在《人物志》的系統中，其終
極圓滿性的人格樣態──亦即所謂「中睿外明」的聖人，他之與各種偏至型
人格的關係，基本上是屬於對列性的，聖人是一種既成的人格格位中相對而
言的圓滿人格〔註16〕。但在儒道兩家的人格美系統中，其終極圓滿性的人格
樣態之與各種偏至型人格的關係，卻屬於隸屬性的遞轉昇進關係，其間沒有
任何既成的位格式人格概念，即使聖人（或真人）亦非是一位格的概念（此
義下文當有詳說），因此這一人格品鑒的系統便有些難說了。

　　關於這樣一類系統的詮表方式，究極而言，理應涵蘊著兩個部分，其一

〔註14〕牟先生在論《人物志》時曾謂宋儒始可同時開出德性、美趣與智悟三境界，
　　　　但他並未說明宋儒如何開出。要之，在德性人格上是亦可有審美可言，只是
　　　　如何開出，仍須有賴智悟之解析。牟先生說法仍請見《才性與玄理》第二章
　　　　第八節。

〔註15〕我的意思是說：若對照原材質說的人品之圓滿性來看，人可劃類成多種型範，
　　　　每一型範代表著材質說的一類人品之圓滿展現。但如果不以材質方式看人
　　　　品，而將人品看成在向某一終極目的而趨的某一境層之展示，如是，它雖非目
　　　　的本身，但它卻構成目的之一必要條件，是以如此說的人品，與一人之究極圓
　　　　滿性概念不唯不相違背，抑且它便可視為這一圓滿性之「分現」，所謂「具體
　　　　而微」是也。當然我今此論是假定了人格乃為可以變化的實體這一前提。

〔註16〕《人物志、九徵》云：「陰陽清和，則中睿外明，聖人淳耀，能兼二美，知微
　　　　知彰。自非聖人，莫能兩遂。」這「莫能兩遂」一語即顯聖人人格之與其它
　　　　人格之對列關係。

是分殊說的氣質之性的分析，以及終極圓滿的人格樣態其可能的表現方式，
前者固可即如《人物志》之類的分析（此類分析實在說是很難有其窮盡性的），
後者則有類乎孟子之列出幾種聖者樣態的方式。其二則復必須指出由各種材
質根器所以上昇至圓滿人格的途程與險阻，如是兩相紹合，始足以表現此類
系統其人格美的諸多內涵〔註17〕。這類系統自是極其複雜的。不過綜觀此類
系統，其系統相之關鍵顯然便決定在圓滿的人格樣態如何規定上。從這問題
出發，也許我們即能漸漸找到解決儒隱與道隱審美判準之問題的鎖鑰。因此
底下我們也許並不需要全面地展示這類系統，而是必須面對如是一組問題：
儒道兩家各自終極圓滿的人格必須以什麼概念來規定？這一概念可以引生出
多少種可能的表現方式？以下為方便起見，我想必須分頭進行論述。

　　首先我們碰到了儒家理想人格如何規定的問題。毫無疑問的，它正是我
們一般了解的聖人、仁人，孔子在《論語》中不輕易許人以仁，亦自謂「若聖
與仁，則吾豈敢」可見，但此處必須說明的是：歷來討論聖與仁之問題，大抵
皆就其道德、事功之實踐言，但我今欲辨明之聖與仁，卻是擬就人格品鑒之
立場言，亦即它必須轉成一個「人格圓滿性」的概念來看。然則這當如何說？
審美地說，聖與仁之人格美呈現，自然不可能決定於其外貌上，天下永不可
能有種典型的聖人狀貌，所謂以貌取人，失之子羽是也。於是聖與仁只能取
之於某些人格特質的自然流露，而且甚具關鍵性的一點是：這一特質絕不能
只是材質的，甚至就算它不免有些材質的成分在，吾人亦不能以天生者視之，
而只能認為它是人成的。何以故？蓋這一人格特質若是天生者，則聖人便立
即轉成材質的，它亦必立刻脫離了生命實踐之內涵故〔註18〕。然而一則不能
視之為天生者，一則又要呈人格特質之展露，此豈非矛盾乎？然則它如何而

〔註17〕我常以為唐君毅先生《人生的體驗》正續篇甚足以顯示此類人格美品鑒之內
　　　　涵，雖然他並無意將之作成一系統。此二書讀者可參看。

〔註18〕邏輯上說，人格特質如何而能不是天生的，這是頗費思量的。原則而言，無
　　　　論此一人格是否是後天養成者，它亦必須有其先天的成果，否則即無從繫屬
　　　　於一人格主體。這就彷彿康德論「根本惡」之先天性一般（關此詳參牟宗三
　　　　先生譯康德之《人性中的基本惡》，見《圓善論》第一章附錄；及李明輝〈康
　　　　德的根本惡說〉一文）。但若只由根本惡之先天性視人之為惡，則人必無從為
　　　　惡負責。同樣的，若也只由人格特質之先天性視聖人之修為，則此修證亦無
　　　　從取得價值意義。因此，我們必須有方法推論這一先天的人格特質也可以人
　　　　成的視之。關於根本惡亦須視為人成的，康德有一精彩的推導方式，詳論請
　　　　見李明輝前引文，頁331～347，以和本文主旨無涉，不贅。至於聖人人格之
　　　　後得性則詳如本文所述。

可能？其實此一矛盾亦並不難解開。如前所述，聖與仁這種人格特質與材質說的人格既需構成一隸屬關係，聖人人格與一般人格乃形成一種「同質性」的遞轉昇進關係。換言之，聖人人格與一般人格並不是各具不同內容與外延的兩個概念，而是同一個人格在不同「階位」的表現。然而這樣的一個人格概念便顯然不再能只是一個抽象的形式概念，而必須涵蘊著某種具體的發展性。同時，此處所說的具體亦不能是形下的、唯物的具體，這是因為任何經驗式的具體變化之描述，均必須從屬於抽象的經驗法則之故。準此而言，此處我們所指述的人格概念，其「材質」一面的意義是存而不論的。甚至說這樣的一個人格概念，就一般人亦皆具有而言，它亦實可說有某種意義的先天性，但此一先天性亦是超越說的（如所謂人性本善），因此這一先天生性的人格並不意味它定有經驗的展現，如果它要在經驗中呈現，它亦必憑藉某種主觀的實踐以展現之。如果我們即以此一展現來定位聖人人格，則聖人人格既有此展現之先天人格特質，同時此一特質又必須被視為是後得的，這便可以無矛盾。所以說，這樣的人格概念便當該是類同於菲希特說的「自我」，或是黑格爾說的「絕對精神」，它指表著一個形而上的實體，一個能動的實體，亦即一個主體性的概念，而這也是一個純「精神性」的概念。換言之，聖與仁之人格指謂著某種精神主體之充其極，而如果說我們只是將聖與仁當成一個「人格圓滿性」的概念來看的話，那麼它便可以說代表著某種精神發展極致境界之流露。於是我們遂可轉就精神發展之境界說聖與仁。

　　基本上說，儒家所嚮往的聖與仁代表著那一類精神發展的境界呢？就聖與仁這個人格概念之作為一個主體性的概念來看，它代表著那一類主體概念呢？其實關於這點的哲學討論早已不勝枚舉，無煩再多費筆墨了。如果說我們以道德主體性的概念來代表儒家所肯認的主體的話，相信是可以獲得共識的。那麼，聖與仁所代表的精神發展境界，總結來說，實在也就是由道德心所展現的究極境界，以下我們便且來試說此一境界。

　　欲說儒家的道德境界，我們當然不能不理解儒家所認可的道德究竟何指，不過對此一論題我亦不想再作任何討論，從牟宗三先生乃至李明輝等先生的討論，實已足夠清晰明確，而且在相當程度上已可視為定論了，因此我們只須直接引用即可〔註19〕。照牟先生一系的理解，儒家的道德哲學與康德

〔註19〕關於牟先生一系的著作，無一不關涉此一問題，不須一一列舉。其中最主要的作品，請參看牟先生《心體與性體》，李明輝《儒家與康德》。

的道德哲學具有同一基型，亦即皆主張「道德的自律說」，但是他們亦有基本的歧異處。簡單地說，這一歧異表現在兩方面，一是康德主張意志自由是一設準，牟先生則主張良知是呈現；二是康德不認為道德實踐需要任何情感上的動機，而牟先生則直指康德此一看法是析心與理為二，他並依據孟子「禮義悅心」等說法而肯定道德心與道德理性之為一。如果我們暫且撇開這兩個歧異點來說的話，則儒家所意指之道德的究極境界，便很可以用康德所說的「目的王國」這一概念來理解〔註20〕，因為它正代表了康德道德哲學的究極境界。照康德所說，他所指涉的目的王國實涵蘊著兩個部分，一個是就個人之踐履道德義務說，在此狀況下，每個人皆以自律的方式呈顯其自由；另一個則就彼此相互組成一個道德秩序的世界來說，這彷彿就是孟子所描繪的文王治下的國度一般。如果說我們現在要討論的是聖與仁之人格特質，則目的王國的後一義自可擱置不論。但如果說我們考慮到前述的歧異點，則儒家所嚮往之究極境界，便應該再將「道德情感」的因素加進去（有關意志自由的問題和究極境界之內容關涉不大，故不必考慮），如是則康德所論之「徹底的自律」便需要略作修正了。關於此一修正，我已在拙作〈興觀群怨的美學意涵〉中作過詳細討論，為免詞費，我僅將大義撮述如下：由於上說的情感恆必須扣合著道德說，因此這情感的意義若向美學上延伸，它便必須勾聯著「道德美」之概念來表現。於是如果我們將「徹底的自律」勾聯於「道德美」的種種表現樣態來看，則完全嚴肅的自律便將頓時展現為兩種風貌，亦即個人道德上的「興發」與對所有倫類最深摯的「同情」，換言之，一種是自我道德踐履上的不容已之精神，另一種則是種「痌瘝在抱」的無量悲願。我以為這兩種面貌正是儒家所謂聖人、仁人他們所自然流露的人格特質。如果借用孔子的夫子自道，一個便是「自不厭，教不倦」的精神，另一個則是「吾非斯人之徒與而誰與」的「老安少懷」之精神，而這便是儒家理想人格之極致〔註21〕。

　　其次我們則須看看道家的理想人格應如何規定。就典籍上說，它有種種名義，諸如至人、真人、聖人、神人之類，其指謂大體是相當的。但一如前述，這些真人神人又當落在那一種精神發展的境界上來表述呢？如果就一般理解簡單地說，老子所謂的「見素抱樸，歸根復命」乃至莊子論無待逍遙，莫

〔註20〕詳見李明輝譯康德《道德底形上學之基礎》，頁58～60。
〔註21〕此段所論極簡略，詳細論證請參拙作〈興觀群怨的美學意涵〉第三節。

不指謂著「還其生命的本真」這一意蘊〔註22〕。亦即道家所關切的是我們這個現實存在之如何免受存在處境的夭傷,換言之,道家哲學的首出概念便當該是我們這個「世間存在」,或者即說是我們這個(非僅生理意義的)「生命」。然而問題是這一意義的生命如何能存有論地上提為一個主體性的概念,而且進一步以言其精神發展的境界呢?關於這個問題,我想略微引進一些存在主義──特別是海德格和沙特的哲學──的探討,應該是有意義的〔註23〕。如果就問題意識來說,存在主義關切的正是我們這個現實的實存,他們企圖追索實存如何在時間的向度中創造實存的意義,或者用沙特的話來說,亦即創造存在的本質。這個問題意識固未必切合於道家,但就某個意義來看,道家所關切的「生命」又確實與「實存」這個概念有相應處,因為它們同樣強調一個「非普遍化」的在世存在之個體及其處境。以此之故,我們乃可以進一步來看看存在主義哲學家對實存概念的推導。

在沙特對實存的處理中,他將存在理解為一組相對概念──即自存在與對自存在,對自存在──亦即意識──透過不斷的否定(無化)作用而指向即自存在──亦即本質──並不斷以可能來超越它,從而創造出存在的意義。海德格則將實存理解為在世存在(Dasein),它取著一種「關心」的方式,在時間中向一切存在界開放,從而他描述出了一個基本存有論的系統。就這兩個系統總括來看,無論是意識(對自存在)也好,是在世存在也好,這一個實存的概念均展現出對人之主體性的一種分析模式,它成為人類價值所由開展的實體。以此之故,如果說道家的「生命」概念具有和實存概念相類的某種同質性的話,則我們是有理由在道家的系統中建立起一個「生命主體」之概念的。不過我們亦須有所檢別,特別是在存在主義所謂的實存概念之不具超越性這點上,道家便與它有了明顯的區別。對道家而言,生命之還其本質,如用莊子的話,便是見出生命之「真君」、「真宰」,而這樣的概念卻絕對是超越的,換言之,道家的生命主體所欲成全的是個超越的價值,也因此,這個主體概念乃具有了更徹底的精神性。於是我們乃可以進而論其精神發展之究極境界。

〔註22〕牟宗三先生《中國哲學十九講》第六講「玄理系統之性格」中論「致虛極,守靜篤」一段之工夫義,即在正講此意,詳參該書,頁103~104。

〔註23〕海德格的思想,請見氏著《存有與時間》,沙特的思想,則請見氏著《存有與虛無》。

　　這個境界當如何說呢？如前所述，道家的生命主體所欲成全的不過是生
命的真君，那麼這個境界當然也就指表著真君的境界。但問題是這個真君境
界應如何理解？關此，〈齊物論〉是有明確回答的，所謂「莫若以明」即是。
於是所謂「明」所照顯的境界，便可視為道家理想人格之指標〔註24〕。然則
此境界當如何說？我們且試看一下〈齊物論〉的說法：

　　　　可乎可，不可乎不可。道行之而成，物謂之而然。惡乎然？然於然。
　　　　惡乎不然？不然於不然。物固有所然，物固有所可，无物不然，无
　　　　物不可。故為是舉莛與楹，厲與西施，恢恑憰怪，道通為一。

依此，莊子實表達了一個「明的境界」。他是如何說的呢？他說：在主觀上，
我們每個人皆有自己所認可與不認可的物事，而我們也就一直在自己認定的
範圍內固持著然與不然。然而我們這些然與不然常互成相生之兩極，而各自
站不住自己，那麼我們何不頓時衝破這些主觀的相對，轉就超越的一面來觀
照？於是世間一切爭執不平也就頓然放下，一切皆无不可，一切看似荒唐弔
詭之對反，无不平平放下，而通於絕對之至道。換言之，這所謂明的境界，
便是在超越主觀命之相懸隔下所指述的「生命之平平放下」，這是一種精神生
命的自我超越，超越而至於精神生命的完全無所罣礙，於此，生命遂轉成一
全幅的悠閒與自在。如果我們可方便擬設一詞來說的話，它似乎正可名之曰
「生命的徹底優美化」，而這也便是道家的理想人格所在。其實我之如此擬設
此一概念，是有一層意思的。康德曾以審美判斷之無涉於概念——亦即無利
害關心——而於對象有一直接之欣趣，來表述一審美對象之優美〔註25〕。此
意若轉就莊子所表述之生命而言，此一生命之平平放下不正是生命之全然
「無關心」嗎？——當然此一無關心已不再是判斷之無涉於於概念了——就
此義，我乃轉出生命之優美化這一概念。然亦需知，這已經不單純是一平面
的審美判斷問題，其中是必須連繫著生命主體之超越來看的，亦即它並不是

〔註24〕《莊子・齊物論》：「非彼无我，非我无所取，是亦近矣，而不知其所為使。
　　　　若有真宰，而特不得其朕。可行己信，而不見其形，有情而无形。百骸、九
　　　　竅、六藏賅而存焉。吾誰與為親？汝皆說之乎？其有私焉？如是皆有為臣妾
　　　　乎？其臣妾不足以相治乎？其遞相為君臣乎？其有真君存焉？如求得其情
　　　　與不得，無益損乎其真。」這是說生命是有一個「不得其朕」的超越的真君
　　　　在。「道惡乎隱而有真偽」是說那原在追求真君之道已隱了。「欲是其所非，
　　　　而非其所是，則莫若以明」則是今若欲再恢復真君，而超越一切世俗的是非，
　　　　唯有以「明」的方式來獲得才行。這是齊物論主要的論題所在。
〔註25〕詳見《判斷力批判》第十四、十五節。

展現生命之藝術面，而是根本就指述著「生命即藝術」這一命題〔註26〕。換句話說，我以為道家的理想人格，便是一個全幅為美的生命之展現──而這個美的意思當然也必須同時被提到超越的層次來理解才行。

以上我們概述了儒道兩家終極圓滿人格之型態，這一型態之描述事實上也決定了儒道兩類人格美系統的基本性格。如果我們上述的描述基本上不離譜的話，則很可以說審美上孰為儒家型的人格，孰為道家型的人格應該已經能夠清楚地分判了。因為縱然所有人均不太可能是這一理想人格的再現，但理想人格卻會決定這一型人格之歸趨。就現實的情況來說，一個人受到無數主客觀條件的限制，也許會使他呈顯於外的生命型態有著一定的模稜處，但其生命的基調乃至舉手投足是不是真於人有同情，抑或真欣趣於生命之自在，這一分野應該仍是很容易為審美者所捕捉的。畢竟一個身在江湖，心存魏闕的人，其人格的張與弛終不是掩飾得了的，華歆與管寧之別，不就在舉手投足之間即判然二分了嗎？如果更理論地說，這一理想人格作為一個圓滿性的概念，它所代表的是以此為蘄向的所有人格之綜體，但也由於它和這些向此而趨的人格間所特具的隸屬關係，因此它也必須代表著一種「人格基型」的意義，由這意義，則我們對儒道理想人格的描述，便可以具有審美上作為判準的充分有效性。據此，我們實亦可以說儒隱與道隱所由區別的審美判準也都胥在於是了。但分析至此，我們卻仍未真正涉及儒隱與道隱的內涵問題，亦即何以由儒道這兩類的人格型範俱會走出各自的隱者型人格出來？我們該如何決定這兩類隱者的特殊人格樣態？等等問題，關於這幾點問題的解決，我想我們必須回到前面的另一個疑問，亦即由儒道的理想人格各自可以引生出多少種表現方式？因為無疑地儒隱和道隱亦必須隸屬於此一作為基型的理想人格之表現方式。

關於此一表現方式的討論，無疑地具有某種方法論上的歧義性。因為一個理想人格的表現方式，我們很可以意指理想人格在之各種分殊氣質上的成

〔註26〕一般而言，藝術品乃指一被某主體所創造的對象，但我此處所謂的「生命即藝術」則是一主客不分的形態，在此，藝術被上提到超越的層面，生命即如其為生命地自覺其自己，此自覺即已涵具創造義，而我們也就以這生命之如其生命地自然名之為藝術，這一藝術的概念是與生命不能分的，它並不是我們通常所指述的藝術（Art）之義。因此，徐復觀先生在《中國藝術精神》一書中論證莊子開出了「藝術主體」，我們認為此一說法是值得商榷的。因為徐先生尚不能認知到這家生命的超越性。關此，亦請參考牟宗三先生《圓善論》，頁 280～305。

全，或者是意指理想人格這一概念本身在某種意義下的涵蘊，而後者自然是
不計及任何分殊之氣質的。然則我們此處所要討論的表現方式究屬何者呢？
理論地說，這兩種理解方法所產生的理論效果自然不同，前者可指出每一分
殊氣質所由成全之道，後者則可表達出理想人格本身的各類表現型態，但因
這一理想人格在前述的意義下可轉成人格基型的概念之故，所以他又可表現
儒家或道家人格之可能的基本型態。然而一則在方法上，由於分殊的氣質原
是無窮無盡的，即令為之進行一歸納之劃類工作，原則上它亦不可窮盡，因
此若依前者的方式來理解，則勢必將永無止境；再則我們亦只企圖藉此來理
解儒隱與道隱的人格基型，因此我們實只須討論後一義的表現方式即可。據
此，我們乃必須考量一下這兩類理想人格概念的涵蘊。而復據前文所述，由
於理想人格的概念是一精神發展的概念，因此我們所討論的涵蘊乃不可以是
形式邏輯的涵蘊，而應該是一辯證邏輯的涵蘊〔註27〕。換言之，我們必須理
解這一理想人格概念經過否定與再否定之各種樣態，或者亦可借用黑格爾的
詞語而分別開顯為理想人格之「在其自己」的面相、「對其自己」的面相、與
其「在而對其自己」的面相。其實這種理解模式對中國人而言，是一點也不
陌生的，在佛教中三觀——觀空、觀假、觀中——的說法也是完全一致的思
維方式，這一方式足可窮盡任何一個精神發展的概念之各種可能性，而且如
果要更詳盡地展示的話，我們亦可仿照天台宗連三即——即空即假即中——
的方式，把它擴展為四門示相也無妨。根據這一方法論的原則，我們乃得以
嘗試描述儒道兩家理想人格各自的表現方式。以下即請分頭述之。

　　首先我們看到儒家的理想人格。前文我們曾描述了這一人格的兩個面
相，一是自我道德踐履之不容已，一是對人的深摯同情與悲願，今即先就此
面相言其在其自己的樣態。簡單地說，就道德之自我展現而言，它很可以只
是「真誠惻怛地修己善群」，於此，我的踐履無須迎接任何現實的破裂與扭
曲，人人皆以其真誠惻怛相照面，於是遂顯一種由道德美所潤澤的融融泄
泄，此時亦無所謂同情。然而，人間世實不能無破裂，由破裂遂顯對待相，於
是我的踐履與悲願遂必須顯一奮身投入之姿態，而予世人以德性上之振拔，
這遂形成理想人格之對其自己的樣態，但若由這一奮身投入之姿態，進而轉
成一往之承擔，遂以為我之鐵肩擔道義足以涵攝眾人之自我振拔，則我之同

〔註27〕辯證法之必須作為精神發展之共同理則，而必須與形式、符號邏輯區以別，
　　　　詳論請見牟宗三《理則學》第十二章所論。

情與悲憫遂將轉成德性之傲慢；是以我乃於奮身投入之同時，須隨時保持能由承擔中退出，亦即我的承擔是為了眾生之自我振拔，我的退出亦是為了眾生的自我振拔。於是我在其中顯一道德踐履之自在相，人間參與之和諧相，這便是理想人格在而對其自己的樣態。其實這樣一種解析，根本早已成為孟子所點破，孟子於此是深有鑑賞力的。在孟子對聖人幾種類型的描述中，可以看出他是深得個中三昧的〔註28〕。比如說他所謂的聖之和者，其實不正是聖人之在其自己的面相嗎？聖之任者，不正是聖人之對其自己的面相嗎？聖之時者，則顯然是聖人之在而對其自己的面相，所謂「可以仕則仕，可以止（處）則止（處），可以久則久，可以速則速」，這仕止久速其實正是在說道德踐履之自在相啊！不過，這裡尚有一點麻煩，亦即孟子對聖之清者之鑑賞又當如何說？然則仔細想來，這亦無甚困難，蓋它正是聖之任者之一變形，怎麼說呢？我們只須透這樣一種弔詭——亦即他是以奮身跳出來顯奮身投入，便很容易理解了。關此，我曾在拙作〈興觀群怨的美學意涵〉一文中有詳細討論，讀者可覆案該文，不贅〔註29〕。於是，我們乃看到了儒家理想人格的所有表現方式。

其次，我們必須再看看道家的理想人格。前文我們對此一人格的描述是「生命之徹底優美化」，那麼此一人格之各種面相各是如何呢？如果就此生命之在其自己而言，它所顯的只是生命之如實的平平放下，此一生命無任何蹺欹相，甚至亦無相可言，此即所謂的「荅焉似喪其耦」的狀態，換言之，此時這個生命是處於一種寂然不動的景況，一切生機是完全內斂隱藏著的。然而就現實而言，任何生命是不能永恆靜定的，它必須發用，但生命一發用便立即指向一定向，這便成弔詭。何以故？蓋因任何生命之定向即是一限制性因素，有限制即於生命之自在有礙。是以此時生命之發用必須隨時提撕，隨時生命落於一定向中，便須當下泯其定向，換言之，這只是生命機竅之隨處應感而已，它取一人間參與之姿態，但實無參與之質，這便是道家理想人格之對其自己的樣態。但實在說這一隨時提撕，隨時剝落，終不免仍須勉力而行，既有勉力便不免有一生命之強度相，生命既有強度相，則生命便不能徹底地平平放下。此時唯待生命之徹底地忘，外緣之來吾亦不知其來，定向之泯吾亦不覺其泯，於焉生命乃得真正之活潑自在，這便是莊子所謂的坐忘，亦即

〔註28〕參見《孟子》〈公孫丑上〉、〈萬章下〉等篇。
〔註29〕詳見拙作〈興觀群怨的美學意涵〉，頁58。

道家理想人格之在而對其自己的面相。相對應於這些樣態，其實莊子亦有相當切近的描述，在〈應帝王〉篇中藉神巫季咸相壺子的一段，莊子表達了至人的四個樣態，他說：

> 列子與之（季咸）見壺子，出而謂列子曰：嘻！子之先生死矣！弗活矣！不以旬數矣！吾見怪焉！見濕灰焉！列子入，泣涕沾襟，以告壺子，壺子曰：鄉吾示之以地文，萌乎不震不正，是殆見吾杜德機也。嘗又與來。明日又與之見壺子，出而謂列子曰：幸矣子之先生遇我也，有瘳矣！全然有生矣！吾見其杜權矣。列子入以告壺子。子曰：鄉吾示之以天壤，名實不入而機發於踵，是殆見吾善者機也。嘗又與來。明日又與之見壺子，出而謂列子曰：子之先生不齊，吾无得而相焉！試齊，且復相之。列子入以告壺子。壺子曰：吾鄉示之以太沖莫勝，是殆見吾衡氣機也。鯢桓之審為淵，止水之審為淵，流水之審為淵，淵有九名，此處三焉。嘗又與來。明日又與之見壺子，立未定，自失而走。……壺子曰：鄉吾示之以未始出吾宗，吾與之虛而委蛇，不知其誰何，固以為弟靡，因以為波流，故逃也。

這四種樣態對比著前述三種面相，其意義就十分顯著了。成玄英的《疏》即將之開為四門。其中第一杜德機即是所謂的生機潛蘊，故成疏云：「妙本虛凝，寂而不動」。第二善意機即是所謂的生機應感，故成疏云：「垂迹應感，動而不寂」。第三的衡氣機和第四未始出吾宗，成疏云：「本迹相即，動寂一時」，「本迹兩忘，動寂雙遣」，將之開為兩境層，其實這兩層本即相涵，相即即在兩忘中見其即，兩忘亦在相即中成其忘，如此方能忘無忘相，即亦真即，所謂「即寂即照，即照即寂」是也，而亦唯有如此方是大自在。這也便是道家理想人格的所有表現方式。

　　掌握了這兩家理想人格的表現方式之後，我們乃終於能夠回到原來的問題上，來看看儒隱和道隱的真正內涵。我們瞭解歷來正史中隱逸傳的人物，大體皆循著一個尺度來選取，亦即依著《論語》所列的逸民為標準，而這顯然也是「儒隱」的尺度，但所有作史者真知道其內涵，真的都不會選錯嗎？今我們先試比較一下這兩段話，《論語、微子》云：

> 逸民：伯夷、叔齊、虞仲、夷逸、朱張、柳下惠、少連。子曰：不降其志，不辱其身，伯夷叔齊與！謂柳下惠、少連：降志辱身矣！

言中倫，行中慮，其斯而已矣！謂虞仲、夷逸、隱居放言，身中清，廢中權。我則異於是，無可無不可。

《莊子、大宗師》載孔子遣子貢往事孟子反等一段，孔子云：

彼遊方之外者也，而丘遊方之內者也。外內不相及……彼方且與造物者為人，而遊乎天地之一氣。彼以生為附贅縣疣，以死為決疴潰癰。夫若然者，又惡知死生先後之所在。假於異物，託於同體，忘其肝膽，遺其耳目，反覆終始，不知端倪。芒然彷徨乎塵垢之外，逍遙乎无為之業，彼又惡能憒憒然為世俗之禮，以觀眾人之耳目哉？……丘，天之戮民也……魚相造乎水，人相造乎道。相造乎水者，穿池而養給；相造乎道者，无事而生定，故曰：魚相忘乎江湖，人相忘乎道術。

如照前述的理解，這兩段話大抵正相應於儒隱與道隱的範圍。就性質來說，孔子所列的三類儒隱，如果純以人格而不以事類分的話，伯夷叔齊其實也不妨說是某一種「身中清，廢中權」的形態。換句話說，孔子所意許的大致有兩類隱者人格。而如果我們將它對比到孟子所列的四種聖者人格上，不是立刻可以看出來，孔子所意許的正是聖之清者和聖之和者這兩類人格嗎？甚至孔孟舉的例子還都一樣呢！所以說儒隱的內涵事實上正相當於儒家理想人格之在其自己、對其自己這兩類，只是它不涵攝對其自己這一類型中勇於任事這一型而已。同樣的，照莊子對遊方之外的理解，它正是一生命之不露朕兆，「不知端倪」，脫略塵俗，自閉於自足之境的樣態；而遊方之內者，則正是一生命之不得不與世交接，而又不為事所限的樣態。把這兩者和前文對照來看，則遊方之外者正是所謂的「杜德機」，遊方之內者不也正是「善者機」嗎？換言之，道德的內涵事實上也正相當於道家理想人格之在其自己與對其自己兩種樣態。於是我們在前面對這幾種人格樣態的審美描述，便可作為儒隱與道隱之基本檢別方法了。

論證至此，也許我們可以稍作一些整理。我們大體上已經澄清了幾個問題：第一、歷來人們所指述的隱者，事實上包涵著好多類人格典型，大別而分，可以有儒隱與道隱等類，再細分之，儒隱、道隱又可各自區別出兩類表現方式。第二、儒隱的兩類表現方式，第一類顯一種在道德美潤澤下的人格之與世相融洽，即所謂的「言中倫、行中慮」，此一融洽自然不是鄉愿式之相融洽，或與世無爭之各安其位；他不在乎與市井屠沽乃至一切污濁處，此即

所謂「降志辱身」，在這意義上它顯為隱者的典範。第二類顯一種無可奈何之情境下，以奮身逃出世間來彰顯道德之壯美的人格典範，此自非憤世嫉俗之可比，故他逃得越徹底、越淒苦，越顯德業之壯嚴，而他亦以此德業轉而潤澤其淒苦，在這意義上它顯為另一種隱者之典範。要知道這實是一種權法，人生是很少遇到這種無可如何之境的，遇之亦非幸福，故亦非常人所能忍，是以它恆只能以一偏格視之，倒不如聖之任者來得正大，這是必須簡別清楚的〔註30〕。第三、道隱的兩類表現方式：第一類顯一種孤傲避世之人格典範，他自覺地避之於荒榛草莽，山巔水涯，而不與世俗接。此一避世自然不只是來自對山水之欣趣或是對人間的絕情，而只是對人間一切帶累之自覺地摒棄，以顯一隔絕干擾之自由。在這意義上它顯為隱者的典範。第二類則顯一種清涼自在之人格典範，他亦不絕俗，甚至可作盡世間事，然似都無掛搭。此一自在實不同於吊兒郎當之放蕩，亦非漫不經心之應付，而只是做完即捨的曠達。它亦只在此意義上顯為隱者的典範。第四、由上述的論證亦可知，隱士之所以為隱，其本質仍只是在追求某種人生超越價值的貞定，捨此便無以名之為隱，至於隱居之形，不過只是成全其人生價值之一手段而已。於是我們乃可知，凡混此手段以為目的者，必非真隱士；而藉此手段以求一非超越價值之目的者，如所謂隱居以求仙者流，亦非真隱士，如此我們遂可得到隱士之最適切判準矣。

　　根據如上的歸納，然後我們可以知道，當孔子嘉許曾皙時，絕不能只認為曾皙有著一種曠達自在的胸懷，其背後自必有一德性之潤澤與提煉，如是方能真參透其本心〔註31〕。又如陶淵明之遁世，亦絕不能只視為縱酒放浪或曠達悠然，而不見其一肩擔道義之無奈與淒苦。其無奈與淒苦自是外在的，然由道義轉來之潤澤足使其超越任何外在之淒苦，而使其有一德性之自在。是以在歸去來辭序中言其為妹之故世而興歸歟之志，人皆謂為託辭，吾則見

〔註30〕《論語、憲問》：「賢者辟世，其次辟地，其次辟色，其次辟言」之語，似亦可根據上述而得索解。所謂辟世、辟地、辟色、辟言，正言一個人逃得徹底的程度，逃得越徹底，則越顯德業之莊嚴，故孔子可以有如上之評判。

〔註31〕所謂「莫春者，春服既成，冠者五六人，童子七八人，浴乎沂，風乎舞雩，詠而歸。」（《論語、先進》）代表的是一種高明亢爽的逍遙之樂，但誠如李充所云：「善其能樂道之時，逍遙游泳之至也」（皇疏引），其背後必須有一道的精神之貫注，只是此道已全幅轉成美感之流露。宋儒常言「尋孔顏樂處」，其樂者原也不只是道，而是這美感化了的道。周濂溪之「光風霽月」，其高明亢爽之人格似亦宜於此一觀點索解。

其情真，我以為陶淵明絕不能是太上忘情之道家式人格，他毋寧是一典型隱居放言的儒隱吧！落在魏晉之格局中，無怪他會成一異數了。至於歷史上有沒有典型的道隱呢？我總以為那位常在水窮處、雲起時悟道的王維，大概是比較近似的吧！其生命清朗而無掛搭，少年時雖有意氣，但那只是些虛浮的風潮鼓舞，待中年遭際之後，他乃終能一切放下，而成一閒雲野鶴之悠然，這亦是其人格之純粹處，故終能成就其生命之大自在。這不是儒，以其不見道德之莊嚴，亦非佛，以其不見捨離之悲顏，故我敢在審美上如是判定。準此而論，相信我們將可以得到一個審美原則，來品鑒所有隱者，而不必游移於一些文字的幻象了。

四、儒隱與道隱之會通

前文我們從分析的角度，審美地釐清了儒隱與道隱這兩類人格。然而一個無可否認的事實，則是在歷來的審美中，人們鮮少會去將隱士區分為儒隱與道隱兩類人格，然則其故安在？當然人可說或者出於不理解，或者說根本亦無所謂理解，因為人們只表現其審美的欣趣，而常只外部地視隱士之故。而外部地說，伯夷等之生命型態和遊方之外者亦確有雷同處，柳下惠和遊方之內者之相似亦是顯而易見的事實，如是一來，它們在審美上常被歸為一類，也就很正常了。但就算此一解釋是合理的，我們亦實有必要繼續追問：在概念上如此歧異的兩類人格，何以會呈現出如此近似的風貌？這又豈只是偶合嗎？它有沒有義理之必然呢？

要想解決此一問題，則我們有必要回到一個美學的根本問題上去。前文我們曾分別討論了儒道兩家理想人格的型態。在前述的討論中，我們曾說明了儒家的理想人格必須連繫於「道德美」的概念，道家的理想人格則是生命之徹底優美化。就美學立場而說，儒家背後顯然必須是個壯美的概念，而道家背後則是個近似於優美的概念。那麼我們且來看看這兩個概念。

就一般意義而言，壯美必須連繫於崇高判斷，因此它本質上是個崇高感；優美則必須連繫於審美判斷，所以它只是單純的美感。這兩種愉悅感若審美地說，其差別是很顯著的。康德《判斷力批判》即嚴格地區分這兩個概念。他以為壯美實是一種連繫於激情之消極的美感，它恆必先引生一種感情的阻滯，而後始由理性之超越以帶起某種理性的愉悅。換言之，壯美是由一種震撼感所曲折引生的美感。它顯然不同於連繫於魅力且會直接引生欣趣的

優美〔註 32〕。因此，如果說儒隱的背後是個壯美的觀念，道隱的背後是個近似於優美的概念，而壯美和優美之別又是如此顯然，則無論如何，道隱和儒隱皆不可能在審美上被歸為一類。然而，我們如果再回頭檢視一下康德的論點，則又會發現他對壯美的詮釋似乎太強了些。怎麼說呢？比如說他談到由道德踐履之自我超越所引生的崇高感，這是一種由靜默的堅持所引生之莊嚴的美感，此一莊嚴相自不容許任何柔美之感動混雜其間〔註 33〕。當然，此義自是康德道德哲學的必然結論，因為他只視意志自由為一設準，而人真正的道德踐履依憑的僅是實踐理性，因此他不允許人的實踐道德涉入任何情感性的因素〔註 34〕，於是他由是而導出的道德美概念，便恆只能是一無量莊嚴而已，這樣的壯美豈不是太強了嗎？

　　不過康德亦實許可前述之莊嚴相略有些鬆動，亦即他許可道德情操的介入，而仍可說為道德崇高感，以康德所指述的道德而言，任何情操之介入，對道德的純粹性自是一種妨害，因為情操終是情感上之一往而執而已，它本身不能是一種理性的力量。但康德卻允許道德情操本身展現為一愉悅，而就著它是透過理性所昂揚起之一種感情上的愉悅，康德說它亦配得崇高之名〔註 35〕。然而我們若換個角度來看，此一由道德情操所喚起的愉悅，究竟是間接通過一層阻滯而來的呢？抑是某種直接的愉悅感？若照上述，則由道德情操所帶來的感情之愉悅顯是後者，換言之，由此愉悅所引生之崇高感亦不必與優美之概念成為兩相懸隔者。甚至可以這麼說吧：道德情操之概念正是勾聯壯美與優美的關鍵，它提供了一個橋樑，使嚴格意義下的壯美其莊嚴相開始獲得鬆動，於是莊嚴相本身開始有了感情上的潤澤，而沾染上秀麗的華采。如此一來，我們的問題便也將獲得某種有趣的轉機，儒隱與道隱在審美

〔註 32〕詳見《判斷力批判》第十五、廿三～廿九等節。
〔註 33〕詳見前引書論崇高判斷之總注。
〔註 34〕詳見牟宗三先生譯康德《實踐理性底批判》論「純粹實踐理性底動力」部分。
〔註 35〕詳見《判斷力批判》，康德云：「善的觀念和情操結在一起喚作興奮，這個心意狀態似乎崇高到這樣的情況，以致人們認為：沒有它，偉大的事業不能完成。但是每一情操在它的選擇目的裡是盲昧的，或是它雖是通過理性獲得的，而在執行中是盲昧的……因此它不能在任何一種形式裡值得理性的愉快。就審美觀點上來說「興奮」是崇高的，因它是通過觀念來奮發力量的。這給予心意以一種高揚，這個高揚是比較那個經由感性表象的推動是大大地增強了和更加持久。但是一個心意強調堅持它的原則時所表現的「淡然無情」也是崇高的，並且是在更加優越的形式裡。」（依宗白華譯）。

上也許有機會碰頭了。

　　這一轉機說來倒也有些曲折。因為在康德來說，無論如何，那由道德情操之介入所帶起的「道德之優雅性」，畢竟不是他意許的「聖人」之當身義。他所意許的有德者倒頗類乎席勒所曾描述的：是一個心懷邪念而仍勉力遵行道德法則者，是以一個彷彿是感情上自願踐履道德法則者，反而是不可能的。換言之，康德心目中的聖人絕不能具有道德的優雅性。然而我們若反觀儒家，則這一析心與理為二的格架，是斷然不合孔孟之本義的。孔子言仁，孟子言本心，牟宗三先生即名之曰「覺情」，它頓時即是心，亦即是理〔註36〕。道德地說，這一覺情必須提上來，成為一超越的理性，它完全地自覺自律。而反過來就審美上說，則超越的覺情也必不能走脫其感性層上的意義，而展現為一審美主體，於是這一主體之自覺地欣趣於道德，遂不覺施施然地流露出道德的優雅性。以此之故，儒家的聖者必不只予人以莊嚴感，同時也自必有某種溫雅的風貌，所謂「望之儼然，即之也溫」是也，在這樣一個意義上，儒者之人格與道家之人格遂有了某種共同的歸趣，他們共同展現了一種優雅的意趣。單就這一義而言，他們遂可在審美上言會通。

　　然而吾人亦須知，此一共同歸趣實在也是「所同不勝其異」的，因為道家人格絕不會有「望之儼然」的風貌。不過如果我們回到前文所描述的儒隱之人格型態，則又會發現一個事實，亦即一位「降志辱身」的儒者，他正是要自覺地隱藏其來自道德踐履之莊嚴相，而展現為一種委順世間的同情，於是此一「姿態」遂不覺和「形莫若就，心莫若和」的遊方之內者取得了審美上另一角度的一致性。而一位「身中清，廢中權」的儒者即以其自覺的自我放逐之「姿態」，而和遊方之外者取得了審美上的某種一致性。這個姿態上的一致性事實上正是導致一般人混漫儒隱和道隱這兩類人格分際之故。我今作此抉擇，即在明這一混漫之義理必然性，從而有助於這兩類人格異同之釐清。

　　然則在文章結束前，我仍想提出最後一個問題，亦即孔子和莊子筆下的神人，他們算不算是隱者？這問題乍看之下，似乎有些荒唐，因為在常識上，孔子自然不是隱者，神人則道地是個隱者，這還有什麼可爭論的呢？然而再深入些想，當孔子在「可以止則止」時，算不算是隱者？當神人正如〈人間

〔註36〕牟宗三先生在《實踐理性底批判》附錄論「道德情感」之案語即明白指出此一「覺情」之實義，可參見《康德的道德哲學》，頁 439～440。

世〉中葉公子高之處境時，他又還算不算是個隱者？如此一問，則又似乎讓問題複雜化了，怎麼辦呢？

其實這問題原沒什麼複雜性，不過它倒是涵蘊著一個有待抉發的慧解。這慧解當是這樣的：事實上如前文所述，孔子和神人所代表的正是道德踐履和生命踐履之大自在，而所謂的大自在，亦即一種無方所、無定相、無入而不自得之一種「無姿態的姿態」，即此姿態實亦不能說為姿態，亦即禪家所謂「隨波逐浪」是也。換句話說，聖人與真人這種「在而對其自己」之面向，其實就是一種「渾化與自在地示現」，這一生命姿態自然是不能以一格求的，也就是說它是「非位格的」。這樣一種人格型態代表的是一種「辯證地圓成」。如果說隱者真是代表一種理想人格型態的在其自己與對其自己的面向，則就辯證的意涵而言，隱者必不可停住其自己，而必須不斷向聖者之生命趨近，否則他必因其停住而立即喪失其理想；進一層說，他亦必走失其隱者之真精神，遂致隱而非隱，成一自我否定之格局。就此義來說，隱者原即不是價值踐履之終極型態，是故說聖人、真人到底算不算是隱者，這一命題根本就是沒有意義的〔註37〕。如今我們在審美上予隱者以一判斷，基本上是將他當成某一人格境界的展現，因此乃暫將這一人格境界之辯證相予以隱藏，但我們亦應知，此一辯證相是必須隨時恢復，恢復之以圓成天地間之一超越價值的。此所以我常以為前引壺子四門示相，季咸落荒而逃這一描述甚有智慧之故。因為相者只能相一定相，人而無定相，則相者如何用其智呢？這一意義事實上也就是說：在最嚴格的意義上，孔子和神人是根本不能如隱者般之成為某一種特定人格之審美對象的，蓋任何這種類型的審美皆只是對他們的限定，而這種限定根本是無謂的。於此我乃想到了顏淵論孔子的一段話，所謂「仰之彌高，鑽之彌堅，瞻之在前，忽焉在後」，這又豈僅是讚美而已呢？顏淵之聰明，實在有其不可及之處啊！

〔註37〕《孟子》有幾段話是值得注意的，〈公孫丑上〉云：「伯夷隘、柳下惠不恭、隘與不恭、君子不由也。」〈萬章下〉則云：「智，譬則巧也；聖，譬則力也。由射於百步之外也，其至，爾力也；其中，非爾力也。」照孟子之意，伯夷、柳下惠自然皆是聖者，但他們卻是智慧不夠的聖者，這原因在那兒呢？孟子說是「隘與不恭」，換句話說，便是他們「自限於一格」了。因其自限，故其聖亦脫落，所以孟子說君子不由，並且願學孔子了。這意思正與吾人所述相應。值得一提的是，王陽明《傳習錄》中所謂「成色分兩說」並不足以顯示此義。陽明之說只從量的意義來分，而不能由質的一面來考慮，吾人以為這一詮釋是不恰當的，而且它也不能緊密扣合「巧與力」之分，故不從。

五、結語

　　以上我們嘗試由儒道兩家人格品鑒架構的建立，分析了儒隱和道隱這兩類人格型態，並確立了這兩類人格的審美判準。這種討論誠然是個大膽的嘗試。漢魏之際由月旦人物帶起的一股人格品鑒風潮，隨著九品中正制度的衰廢而沒落，後遂幾乎無問津者，亦卒使《人物志》所開的審美領域幾成絕響。我今嘗試以系統方式，重新契接此一傳統，並將它由自然生命的審美引向價值生命的審美，以期提供欣賞古哲人格之途徑，同時也提供了傳統的豐富與開展之道。此一思辨工作甚辛苦，然而我個人之存在感受與審美心靈卻從辛苦中得滋養，這一經驗恐怕唐君毅先生也能默許吧！不過，我也了解，在整個中國美學的重構過程中，本文的工作實只佔著極小的部份，但願我在本文中所開拓的一些概念，能夠引領我走入中國美學的豐厚世界，以進一步掘發其潛德幽光，也期盼碩學先進的不吝指教。

參考書目

1. 朱熹，《四書集注》，台北：世界書局，1979 年。

2. 劉寶楠，《論語正義》，台北：世界書局，1977 年。

3. 焦循，《孟子正義》，台北：世界書局，1979 年。

4. 郭慶藩，《集子集釋》，台北：華正書局，1979 年。

5. 劉劭，《人物志》，收於《新編諸子集成》冊六，台北：世界書局，1978 年。

6. 蕭統編，《昭明文選》，台北：藝文印書館，1979 年。

7. 王守仁，《王陽明全集》，台北：河洛出版社，1978 年。

8. 顧炎武，《日知錄》，台北：明倫出版社，1970 年。

9. 牟宗三，《理則學》，台北：正中書局，1982 年。

10. 牟宗三，《才性與玄理》，台北：學生書局，1980 年。

11. 牟宗三，《中國哲學十九溝》台北：學生書局，1981 年。

12. 牟宗三，《圓善論》，台北：學生書局，1985 年。

13. 唐君毅，《人生的體驗》，台北：學生書局，1977 年。

14. 唐君毅，《人生的體驗續篇》，台北：學生書局，1984 年。

15. 徐復觀，《中國藝術精神》，台北：學生書局，1981 年。

16. 李明輝，《儒家與康德》，台北：聯經圖書公司，1990 年。

17. 李明輝，〈康德的根本惡說〉，《中國文哲研究集刊》第 2 期，台北，頁 325～352。

18. 謝大寧，〈興觀群怨的美學意涵〉，《國立中正大學學報·人文分冊》第 2 卷第 1 期，嘉義，頁 41～62。

19. 康德原著，牟宗三譯，《康德的道德哲學》，台北：學生書局，1982 年。

20. 康德原著，李明輝譯，《道德底形上學之基礎》，台北：聯經圖書公司，1990 年。

21. 康德原著，宗白華、韋卓民譯，《判斷力批判》，台北：滄浪出版社，1986 年。

22. 海德格原著，陳嘉映、王慶節譯，《存有與時間》，台北：唐山出版社，1989 年。

23. 沙特原著，陳宣良等譯，《存有與虛無》，台北：桂冠圖書公司，1990 年。

24. I. Kant, The Critique of Judgement, trans. by Meredith Taipei：雙葉書郎，1985 年。

中國的美感境界及其存有論的意涵

一

　　徐復觀先生在《中國藝術精神》一書中，嘗謂道家思想乃是中國藝術之源頭〔註1〕，宗白華亦喜以宗炳「澄懷觀道」一語來籠括中國的美感世界〔註2〕，這大致均表現出了一種慧識，亦即通過「無的精神」，便可以和美感世界發生某種本質性的聯繫。這一看法，大凡熟悉中國美感心靈者，應該都能有所會心。

　　事實上，前述慧解也一直是中國文藝評論的一個重要判準。從劉彥和、司空圖，乃至王國維，莫不如此主張。然而這一慧解何以能為判準，在傳統的理解中，常只是知其然而不知其所以然的。而且它也常只是和其它技術性較高的判準──諸如格律、修辭之典雅等等──相平列，司空圖的《二十四詩品》便是很好的例子。這現象當然和傳統文藝評論只重具體的賞鑑有關，也因此，人們很少去做區分它究竟只是一個美感的判準呢？抑或它是在表達某個「美的原則」？於是它總是被簡併為眾多中國美學範疇之一，而不曾從哲學的高度來反省其意義。不過，王國維恐怕是其中唯一的例外，這是很值得注意的。

〔註1〕徐先生云：「老莊思想當下所成就的人生，實際是藝術的人生，而中國的純藝術精神，實際係由此一思想系統所導出」，關於徐先生的論點，請詳參《中國藝術精神》第二章，頁45～143。

〔註2〕宗白華《美學的散步》中〈中國藝術意境之誕生〉一文，即詳述了此一境界，他所意指的道，依其所論，正是所謂「莊子的超曠空靈」之境界，詳見該書，頁1～23。

　　當然，如果光從形式上看，《人間詞話》並無異於傳統任何一部詩話、畫論，王國維也不曾以任何哲學論證的方式來表達其概念。因此，論者雖莫不注意到《人間詞話》中所具有的康德、叔本華和尼采的質素，但就筆者知見所及，卻鮮有論及境界說之哲學意義者。他們大抵均只將境界視如傳統的意境、興趣、神韻、性靈之類的概念，而在審美品鑑上討論其意義和適切性。就這角度而言，則境界一概念當然並不能是一個窮盡的判準，這就像嚴滄浪在興趣之外，猶須標舉典雅一般，是一樣的意思。其實王國維亦非不知此意，所以他亦曾明指「古雅」這一判準，雖然這一判準並不曾直接出現在《人間詞話》中，但這意思顯然仍是保存著的〔註3〕。

　　如今筆者所注意的，則是境界說的另一層次。筆者所要問的是，以王國維如此高的形上興趣，又深受叔本華、尼采之洗禮，則他透過境界這一概念所表達的，會不會具有超越於美感層次的意涵呢？尤其當他遽以境界類比到「古今之成大事業大學問者」之人生三境層，似乎更點出了境界說確有絃外之音，然則我們應如何找出這一層次的意義呢？於此，筆者以為我們必須先了解王國維論「有我之境」與「無我之境」這兩個概念的界義。

　　在《人間詞話》第三、四兩則中，王國維說：

> 有有我之境，有無我之境。「淚眼問花花不語，亂紅飛過秋千去」，
> 「可堪孤館閉春寒，杜鵑聲裡斜陽暮」，有我之境也。「采菊東籬下，
> 悠然見南山」，「寒波澹澹起，白鳥悠悠下」，無我之境也。有我之境，
> 以我觀物，故物皆著我之色彩。無我之境，以物觀物，故不知何者
> 為我，何者為物。古人為詞，寫有我之境者多，然未始不能寫無我
> 之境，此在豪傑之士能自樹立耳。無我之境，人惟於靜中得之；有
> 我之境，於由動之靜時得之，故一優美一宏壯也。

形式上說，這是對境界概念的進一步區分，歷來解者也是以二分的方式來看待它們，並把它們當成兩類美感的判準，而且王國維的行文語脈亦確暗示著

〔註3〕王國維曾有一文〈古雅之在美學上之位置〉專論古雅之為一個審美判準，不過他並未太強調這一判準的審美價值，他以為「古雅之價值，自美學上觀之，誠不能及優美及宏壯」，這大概也是他不曾在《人間詞話》中提及古雅的原因吧！關於這一層次的討論可參見葉嘉瑩《王國維及其文學批評》、張本楠《王國維美學思想研究》等專著，這些著作均很能掘發出王國維在美感品鑑上的精義和不足處，如張本楠即特闢專章，以比較王氏和浙派詞論的不同，這都是值得參考的，但另一方面也顯然暴露了他們不能正視王國維美學中的哲學意蘊底問題。

這種理解方式〔註4〕。但若真如此理解，會不會發生問題呢？

　　首先，我們注意到優美、宏壯這一組借自康德的概念。在康德，它的確可以視為對審美判斷的二分，但所謂優美，乃指審美判斷之完全無涉於對象概念，而獨立運作於「合目的性」原則之中所生的愉悅。而壯美則指對象之巨大（無論是量概念上面的巨大，或是質概念上的威勢），已超乎判斷力的掌握，並產生某種對意志的抵阻；審美判斷則是在與此對象之威勢的暫時隔絕下，於理性中引生一自我超越之想望，從而產生了審美的愉悅〔註5〕。依此，這真的是指謂著兩類對象，也就是兩種「境」。但這兩種境是否真能相應於王國維所意許的有我之境和無我之境呢？據筆者看，這是很成問題的。因為康德如此說，背後莫不意指著一個超越性的目的概念。即此一點，便似乎並不適合借助康德這組概念來作類比，因為我們實在看不出來王國維的境界說含著什麼目的概念〔註6〕。

　　其次，我們當然也可以退一步想，康德似亦曾在另一脈絡中提到過類似優美、壯美的概念，此即所謂「嫵媚」與「激情」。依康德，這雖不是純粹的審美判斷，也就是說它們必涉及對象的概念。但所謂「嫵媚」，乃指對象之某些特質具有對我之特殊吸引力，遂增添了我審美的快感；激情則指對象之特質引致我情感之抵阻，從而激起我情感之更大的迸發〔註7〕。如是，則它似亦指謂著經驗審美之兩種境，然而這兩種境皆待感情某種程度的興發。這和王國維說「於靜中得之」的無我之境殊不相類，故似亦不適合借助這組概念以類比有我之境和無我之境的區分。

　　然則我們是不是還有其它方式，以將有我之境和無我之境理解成二分的兩類美感世界呢？依筆者看，我們恐怕很難再借助現成的概念了。唯一的辦法，便是試就王國維簡略的表達中，作一分析。這其中最重要的，可能便是「以我觀物」和「以物觀物」這兩句話。朱光潛先生針對此語，曾有一個美

〔註4〕如葉嘉瑩的看法，即具有相當代表性，葉氏云：「靜安先生對於有我無我二種境界，本來應該並沒有什麼軒輊之意」，這說法即有不少支持者。葉氏說見《王國維及其文學批評》，頁233。

〔註5〕關於這兩個概念，請詳參《判斷力批判》中美的分析和崇高的分析兩部分，見牟先生譯該書第一至二十九節，頁161～285。

〔註6〕依康德的用法，所謂目的乃指「一對象之概念同時含有此對象底現實性之根據」（見判斷力批判引論第四節），也就是說一對象之目的表示了這現實對象背後的某種存有論上的根據，王國維的境界概念當然不具此一意義。

〔註7〕《判斷力批判》第十四節，頁194～197。

感層次上的說明，以為「以我觀物」乃是一種主觀的審美態度，有類乎立普斯的移情說，「以物觀物」則是一種客觀的審美態度〔註8〕。這說明的前一半似乎頗能相應於「物皆著我色彩」的講法，但後一半就大成問題了。如果說任何審美不得不有感情的參與，則客觀的審美態度到底還是不是一種審美呢？

其實我們試想，所謂「以物觀物」，觀者不還是我嗎？既是我在觀，而又說是物在觀，這如何而可能呢？在此，筆者當然不是只想提出個「心物合一論」來敷衍一下，我們當問的是如何能將「我觀」說成是「物觀」？於此，筆者以為我們不得不注意到《莊子・齊物論》中的「物化」概念。在莊周夢蝶的寓言中，我是羽化而為物的。這是憑藉著我之超越於我執以平齊於物來完成〔註9〕。這不正是王國維所謂的「不知何者為我，何者為物」嗎？因此，筆者以為只有在物化概念的指導下，我們始能理解「以物觀物」的意指。

以此而言，則有我之境和無我之境的關係便將面臨一種根本的調整，因為無我之境若依物化概念以為指導的話，則它根本便不是獨立的一種境。它所意指的恰是建築在任一種有我之境上的超越，也就是針對任一種有我之境以破除其我執，即是無我之境。因此，將無我之境突出來以和有我之境形成對舉時，我們應當了解，這兩種境將不會是平列的兩種境。我們固然仍可說它呈現了兩種美感世界，但實質說，它卻是任何一個美感世界的兩種審美層次，如此方能準確地理解這兩個概念。

如此一來，則我們便將發現，由於「無我」這一概念的介入，它所真正發生的區分，並不只是美感上的區分，而且更是價值意義上的區分。如果注意到這一層次，則我們便立刻會發現，前此對王國維的詮釋恐怕皆是不盡不切的。從此一價值意義的區分上，我們乃可說，王國維實質上已超越了美感層次的問題，而進入了美的價值之問題。換言之，「無」必須被當做「美的原則」來看，這樣我們也才能理解王國維的美學研究和他人生關懷的緊密聯繫。然則底下我們也就面臨了一個新的問題，對於將「無」當成一個美的原則，我們應如何了解它的意義呢？關於這個問題，當然就不是非哲學家的王國維所能為力的了。我們只能猜想當他在說：「眾裡尋他千百度，驀然回首，那人

〔註8〕詳見朱光潛《文藝心理學》第三章，頁50～53。
〔註9〕關於〈齊物論〉所謂平齊萬物的思想，請參閱拙作〈齊物論釋〉，見《鵝湖月刊》第229、231、232期。

卻在燈火闌珊處，此第三境也」時，恐怕意指著「無」的境界——亦即回首的境界——象徵著人自追求的迷茫中解脫吧！王國維是不是也如叔本華般，企圖以美來逃避盲目意志的痛苦，相信自有解人，如今筆者所感興趣的，則是如何了解將「無」當成美的原則之意義。

二

　　針對前述問題，牟宗三先生恰好有一個說法，可做為我們討論的起點〔註10〕。牟先生的說法主要是針對康德《判斷力批判》的問題而發，他完全不滿意康德從「合目的性原則」上說審美判斷，也懷疑為什麼要將本質上屬於感情世界的審美，硬是牽合到認知問題上去。因此，他只保留了康德對「無利害關心」的想法，並將之改造成了另一個系統。在牟先生的想法裡，審美原不應歸屬於判斷力，因此他乃立出了一個「妙慧」的概念，同時相應於這個妙慧的超越原則，即是所謂的「無相原則」。牟先生對這兩個核心概念做了如下的解釋：

> 不視審美判斷力之判斷力為由作為認知機能能看的一般判斷力而轉來，審美固亦是一種判斷力，但這判斷，通常名之曰品鑑或賞鑑，此即遠離一般意義之判斷力矣。故此品鑑或賞鑑是屬於欣趣或品味的，而不屬於認知的；即使它亦有知意，這也是品知，而非基於感性而有待於概念的認知；即使這品知即是直感，這直感也是品味之直感，而非知識中感性之直感。故審美判斷力之品味，吾人直接名之曰審美力，不再名之曰判斷力，對此審美力，若自其品知而言，吾人名之曰妙慧；若自其直感而言，吾人名之曰妙感。審美判斷即是妙感妙慧之品鑑，品鑑即是靜觀默會，故反照判斷亦曰「無向判斷」。無向云者，無任何利害關心，不依待於任何概念之謂也。有利害關心即有偏傾，偏傾於此或偏傾於彼，即有定向。……無向即是把那徵向之向剝落掉，此則暗合道家所謂無之義。……今審美品鑑中之不依於任何利害關心，即是暗合遮徵向之有也。由此遮徵向之有始顯審美品鑑之妙慧。審美品鑑只是這妙慧之靜觀，妙感之直感。美以及美之愉悅即在此妙慧妙感之靜觀直感中呈現。故審美品鑑之

〔註10〕 請見牟先生譯《判斷力之批判》卷首所附長文〈以合目的性之原則為審美判斷力之超越的原則之疑竇與商榷〉，見該書，頁3～91。

超越原則即由其本身之靜觀無向而透示，此所透示之原則即相應
「審美本身之無向」的那「無相原則」也。〔註11〕

對於牟先生這兩個概念，平心而論，問題是很多的。首先，妙慧的性質，如依
牟先生的解釋，他只說是一品味之直感，如依其上下文看，則這直感似應是
某種形式之感情的欣趣，但感情的欣趣如何而可以有超越之原則以冒之呢？
而無相原則又如何必是此情感之欣趣的超越原則呢？凡此牟先生俱乏清楚的
推證，也因此，乃使牟先生此一說法面臨了很大的不穩定性。

為此，筆者曾在上次文學與美學會中發表了一篇題為〈審美判斷的超越
原則〉的文章，嘗試替牟先生補上妙慧和無相原則的推證。依筆者在該文中
所述，妙慧這概念若要成立，則它便必須是一個「情感主體」的概念，這也就
是說我們必須在知性、理性這些主體概念之外，另外還承認感情這種主體性
的作用。同時依該文的推證，則也有必要將無相原則修正為情感主體的「自
求滿足性」。假如筆者上文的推證尚不離譜的話，則牟先生的說法似乎是可以
透過一些處理而使它穩下來。而若牟先生的系統穩得住，則我們便顯然可以
找到一種詮釋方式，來理解前述以無做為美的原則的意義。這主要是因為牟
先生的無相原則，和王國維談無我之境之無，其意義是十分一致的，是以乃
能讓我們輕易地將王國維所意指的美的原則，轉以妙慧的超越原則方式來理
解，如此一來，則無我之境便可很容易地被想成是「妙慧」這個主體的朗現，
而亦即以這主體的朗現，而完成美這一價值的形上追求。

如上的說法，看來的確是相當美妙的一種理解模式，它頗像是美學中的
孟子精神，這種理解也許並不見得符合王國維的生命情調，但若它真有義理
的必然性，則也是無所謂的。然而這些日子以來，筆者卻越來越覺得「情感
主體」根本是個莫名其妙的概念，情感活動如何而能成為一個主體性的活動
呢？如果姑且不論「主體性」這種想法在哲學上的爭端，知性、理性之能被
想像成主體，這主要是因為它總伴隨著某種概念化、法則化的活動在，由此
使它成為一種穩定的活動，因此遂容易使我們想到這些活動的背後有個存有
者在支配著，但情感活動卻絕不具足此一穩定性，這如何能使我們去想到它
背後也該有個存有者以為根據呢？

因為前述的懷疑，乃使筆者也越來越覺得牟先生前述的說法是穩不下來
的，這理由除了「妙慧」概念穩不住之外，尚包括如下數端：其一，筆者發

〔註11〕《判斷力之批判》，頁71～72。

現，妙慧和無相原則間可能根本就存在著矛盾性。何以言之呢？牟先生在論
及無相原則的「內用」與「外用」時曾謂：

> 分別說的美由人之妙慧之直感那「在認知與道德以外而與認知與道
> 德無關」的氣化之光采而凸起。……此美境之愉悅先由妙慧直感之
> 無向而凸起，即由此凸起而顯一無相之美相，而此美相亦是一相。
> 但既是無向，此一無相即函一無相之原則而越乎其自己，此一越乎
> 其自己之原則雖內含地就無向而顯一美相，此為無相原則之內用，
> 然而同時亦越乎此無向而外離地可化掉此美相並可化掉一切相，此
> 為無相原則之外用。但須注意：此外離地化掉此美相以及一切相之
> 外用，嚴格言之，只是審觀地或籠統地表示此無相之原則應有此一
> 義，其實其內用之顯美相本是由於妙慧之靜觀直感而然。既是靜觀
> 直感美而顯美相矣，則即顯一「住」相而安於此感美之閒適自得中，
> 此是妙慧之本性。它必然地有那順無向而內用久內用，但不必然地
> 有那越乎此無向的外用。〔註12〕

在這段話中，筆者以為牟先生其實已感受到了無相原則有可能越乎妙慧的範
圍而去，他乃以內用和外用來區分兩者。然而這一區分若仔細想來，恐怕不
無疑義。這問題主要是在美的「住相」究竟打那兒來？

　　依牟先生，若分別說之美要能維持得住，便須由妙慧依無相原則之運用
來凸起美相，但妙慧顯然必須另有一能力以約制無相原則之運用，以避免無
相原則越乎妙慧而去，如此乃能使它安住於美相之中，然則美的住相不就必
須另有一超越原則來維持嗎？假如這超越原則找不出來，則我們又如何知道
妙慧必然有無相原則之內用，而不必然有無相原則之外用呢？在筆者看來，
牟先生似乎並未慮及此一問題，而即使慮及，他似亦很難再去找出另一超越
原則來範圍無相原則，甚且即使有此一原則，我們也將很難使此一限制原則
避免掉惡性地無窮後返，除非妙慧本身真能自發一些範疇。因此，筆者以為
若無相原則真是妙慧之超越原則，則此原則將可能反回來否決掉妙慧，如此
亦將無處維繫一個純粹的美的世界，最後一切勢將成無相原則之到處通化而
已。換言之，妙慧和無相原則之間不可避免地存在著一定的緊張和矛盾，這
矛盾並不容易被輕易化解。

　　其二，牟先生除了很難用妙慧和無相原則穩住純美的世界以外，當無相

〔註12〕《判斷力之批判》，頁80～81。

原則越乎妙慧而去，成為「道心之通化」時，無相原則又如何隸屬於此道心，而為道心之另一超越的原則呢？牟先生云：

> 真善美三者雖各有其獨立性，然而導致即真即美即善之合一之境者仍在善方面之道德的心，即實踐理性之心。此即表示說道德實踐的心仍是主導者，是建體立極之綱維者。因為道德實踐的心是生命之奮鬥之原則，主觀地說是精進不已之原則，客觀而絕對地說是於穆不已之原則，因此其極境必是提得起放得下者。〔註13〕

就道德實踐言，這意思很容易明白，但由道心之純然地精進不懈，遂使道心純然成為道德法則的朗現而無抵阻，這是不是就是道心之在無相原則之外用的運化下呢？在筆者看來，牟先生在此處實在不免想得太快了，從聖人的化境上看，他的確有種鳶飛魚躍，洒然自足的美感呈現，但若要把這個美感也用道心和無相原則的關係來詮釋，則恐怕將會發生許多理論上的困難，至少我們就可以懷疑道心是如何發出無相原則的〔註14〕。甚且根本說來，這困難恐怕根本就源自於當初建立無相原則之時，也許這原則一如妙慧，從來就是個無謂的概念亦未可知。

　　如此說來，則嘗試通過牟先生的系統來詮釋王國維美感世界──其實它相當程度地代表了中國美感世界的共識──之美學意義的企圖，可能是很難成功的。不過，牟先生的說法也給了筆者極大的啟示，這一方面是他呈現了將「無」這個具有強烈實踐性的概念予以形上性地法則化之可能，另一方面是他也提供了通過美以指向存有的可能。縱使筆者並不滿意於牟先生的理解進路，也認為運用主體性意識哲學的進路來思考美學問題，其成功的可能性不大，但牟先生的兩點啟示，對我們進一步思考前述問題，仍然具有關鍵性的意義。以下，筆者即擬通過不同的進路，以重新思考王國維美學的可能詮釋。

〔註13〕《判斷力之批判》，頁83。
〔註14〕拙作〈審美判斷的超越原則〉中有一段話即在討論此一問題，茲引述如下：「若分解地說，道德心之理性一面是自發道德法則之能力，而道德法則不能是無相原則，道德心之情感一面，是對道德法則之好樂，而道德心之自求化去其朗現相，嚴格論之，即道德法則之由覺情自然流出，它無因違逆於情感所生之勉強相。但這自然流出實為情感之欣然而動，這欣然而動是會予人輕鬆自在之感，可是欣然而動是不是等於輕鬆自在本身呢？」筆者以為此一分析依然還是有效的，牟先生似乎正是混淆了這兩者的分際。

三

　　如果說如牟先生般，將無歸屬於某一主體所自發之原則，這一辦法有其
礙難處的話，則似乎也意味著我們不再能將無視為某種特殊的邏輯——一如
我們不再視黑格爾的辯證法為形上學中有效的邏輯一般。然則我們是否還有
其它方法將無視為某種原則性的東西呢？於此，筆者所想到的是一種方法論
上的「語言的轉向」。筆者以為，前述牟先生訴之於某種主體的思考之所以碰
到困難，實在就誠如海德格在《存有與時間》中所指出的：

> 人們試圖把握語言的本質，但他們總是依循上述環節（即上文所謂
> 此有現身在世之理解）中的某一個別環節來制訂方向：表達、象徵
> 形式、陳述的傳達、體驗的吐訴、生命的形態化，諸如此類的觀念，
> 都是人們用以理解語言的指導線索。即使人們用調和的方法把這些
> 五花八門的定義堆砌到一塊，恐怕於獲取一個十分充分的語言定義
> 仍無所補益。〔註15〕

海氏以為，人們運用語言，常以為它不過是心中某一意念之表達、象徵，或
者說，它基本上只是某種工具性的符號而已，真正的意念出處則屬於語言背
後的某個心靈、主體，但這真是語言的本性嗎？當我們說有一意念時，這意
念不早已經是一語言了嗎？我們何曾先有意念，然後始以語言表述之呢？以
此而言，我們是否真有理由去想像語言背後存在著某個主體呢？依此路數，
則我們至多僅能將無視為某種特殊的語言模式，而不必訴之於任何主體。然
則，這一轉向是否真能成立呢？如其真能成立，則這種特殊的語言模式究竟
又意味著什麼意義呢？如是，我們乃有了一組新問題。

　　就無之轉從某種語言模式來了解言，如果我們僅將範圍集中在《老子》
和《莊子》的話，則這種轉向似乎並不很困難，因為我們普通說的道家之無
的精神，原本就是結合著一種特殊的「弔詭的語式」來呈現的。這種語式基
本上可簡併為兩種形式：其一可名之曰「恢詭憰怪」之語式，它的基本語言
結構乃是一種矛盾句式，例如《老子》中一切正言若反的詭辭，和《莊子》以
「非指喻指之非指」的形式皆是。其二則可名之曰「道通為一」之語式，它的
基本語言結構則為一種「任一項皆同時即是整全及整全的每一項」的句式，
所謂「天地與我並生，萬物與我為一」是也。後一形式也存在另一變式，即前

〔註15〕詳見陳嘉映、王慶節譯《存有與時間》，頁208。

述句式的反對命題〔註16〕。關於這兩種形式的弔詭語式含有什麼意義，茲先姑置不論。在此，我們首先必須關心的則是如王國維在審美意義上所說的無我之境，亦可以轉從某種特殊的語言模式來了解嗎？

關於此一問題，乍看之下，似乎是無解的，因為就算我們只將無我之境局限在詩文的表現上，它的語言亦是無窮複雜的，以詩句之只著重於意象之勾勒，這種變幻萬端的語言形式，真有可能被簡併到某種特殊的語式上來嗎？然而細思之，卻似乎又不盡然。當然，全面地考察，對本文而言，是力有未逮的，今茲僅以宗白華〈中國詩畫中所表現的空間意識〉一文〔註17〕，供作材料的抽樣和討論的基準。

筆者之所以選擇宗先生此文，主要是基於如下的理由：其一，宗先生的賞鑒極精，這是無庸置疑的，而宗先生所最深契的美感境界，實可用宗炳「澄懷觀道」一語概之，所謂「中國自六朝以來，藝術底理想境界卻是澄懷觀道，在拈花微笑裡領悟色相中微妙至深的禪境」〔註18〕，這意思在品鑒上顯然和王國維的無我之境可以深相契合。其二，宗先生在此文中所論以及其品鑒，的確都緊扣著前述境界而來，因此在事實上無法全面取樣的狀況下，以此文及其所舉的例證作為基點，當亦不算離譜才是。

今依此文來看，宗先生的本懷，原是企圖利用中國詩畫從技法、修辭等等方面所表現的空間意識，以對比出中西文化世界觀的不同處。根據他的看法，中國詩畫中的空間意識是「音樂性的」，而不是「幾何性的」，從其中它顯出了節奏感。他說：

> 節奏化了的自然，可以由中國書法藝術表達出來，就同音樂舞蹈一樣。而中國畫家所畫的自然也就是這音樂境界。他的空間意識和空間表現就是「無往不復的天地之際」。不是由幾何三角所構成的西洋的透視學的空間，而是陰陽明暗高下起伏所構成的節奏化了的空間。〔註19〕

這一特色，依宗先生的看法，也「是中國詩中的通例」。這種通例是什麼呢？

〔註16〕關於這種變式，我們可以《莊子‧應帝王》中壺子的四門示相為例，依成玄英的〈疏〉，對後兩門的詮釋即名之曰「亦有亦無」和「非有非無」，表面上看，它們當然是相反的命題，但兩者卻實為等價的。

〔註17〕詳見《美學的散步》，頁 25～52。

〔註18〕詳見《美學的散步》，頁 10。

〔註19〕詳見《美學的散步》，頁 10。

原來就是一種「網羅山川大地於門戶」的辦法。例如「江山扶繡戶，日月近雕樑」，「棟裡歸雲白，窗外落暉紅」，「天入滄浪一釣舟」，「欲迴天地入扁舟」，「大壑隨階轉，群山入戶登」等等皆是。然而如依這些例子來看，它是不是可以名之曰將空間節奏化了呢？

筆者以為，宗先生對前述境界的詮釋，固然頗能自出機杼，但只以節奏化的空間來理解這種大小宇宙的融合，則似乎又只是將它看成了某種美感層次的修辭問題而已，但問題是像「天入滄浪一釣舟」這種句子只是某種修辭手段而已嗎？如果說這是一種修辭技巧，則它無論是誇飾也好，或是其它的修辭格，它都必須意指著一個固定的意象，可是若照老式的理解，這種句子多半並不表示意象，而是意指某種胸襟。今天我們當然並不滿意於如「胸襟」這種主體式的講法，但至少它總表示了這並不是修辭的問題而已，因此問題只是我們究竟該如何去看待這種句子。當然，在討論這種句子的詮釋問題之前，我們必須注意的是宗先生至少指出了一個事實，亦即作為一種「通例」，中國的詩文書畫中，確有一種特意用大小正反對比，但又不只是為了修辭目的的方式，以烘托某一曠達悠遠的意境（姑且先如此說之），如果我們逕以一種語式視之的話，它不是恰合於前述弔詭語式的第一種形式嗎？

其次，宗先生復云：

> 中國人於有限中見到無限，又於無限中回歸有限，他的意趣不是一往不返，而是回旋往復的。……中國人撫愛萬物，與萬物同其節奏，靜而與陰同德，動而與陽同波，我們宇宙既是一陰一陽一虛一實的生命節奏，所以它根本上是虛靈的時空合一體，是流蕩著的氣韻生動。〔註20〕

這是說節奏化並不是單一向度，而是往復流動的，它可以由大入小，亦可由小返大，甚且循環往復，不知其窮。相應於這一境界的例子，則如「行到水窮處，坐看雲起時」，「水流心不競，雲在意俱遲」，「去雁數行天際沒，孤雲一點淨中生」等等皆是。不過依筆者看，仍用節奏化來詮釋這種境界，顯然還是看得淺了，古人豈只是徒然在修辭上去把玩山水而已呢？這且亦不言，值得注意的是它作為一種通例，又顯示了另一種形式的語言，這種語言以「行到水窮處，坐看雲起時」為例，它所代表的其實是以某種抽樣來意指全體，亦即表面上只說是行到水窮之處，但何嘗不意指行到一切處呢？坐看雲起時，

〔註20〕《美學的散步》，頁 47。

又何嘗不意指鳶飛魚躍之時呢？當然如此說亦須有所簡別，筆者之意並不是說它在修辭格上可以一切處或一切時來取代原意象，而都不至於影響原意象，若是如此，則這個問題便也還是修辭的問題而已。但事實上這所謂的可以用一切處與一切時來取代，乃是說這種句子根本已不在指述任何固定的意象，或者說它根本已和意象無關，因此它可以選擇任何一種抽樣，對它所希望「傳達」的東西都沒有任何影響的原故，這也正是這種語言最特別的地方。依宗先生此一意境所舉之例，似最切近於王國維說無我之境時的例證。今我們試看「采菊東籬下，悠然見南山」，這東籬采菊和見南山豈真有景緻上的必然性呢？抑或只是一切處之某一抽樣而已？甚至我們亦可問說這種抽樣真有絕對的必要性嗎？「寒波澹澹起，白鳥悠悠下」，起者當然絕不只寒波，下者也不必只是白鳥，而且其關鍵根本也不在誰起誰下〔註21〕。以此而言，我們確可將這些語句普遍化為某種語式，而且它不正恰好就是弔詭語式的第二種形式嗎？

因此綜合來看，我們其實有相當的理由，將王國維所意指的無我之境，轉成某種特殊的語言模式，而這種語言模式與道家最常用的弔詭語式，根本是完全一致的。所以，我們在方法論上採取的語言轉向，應該不至於發生什麼困難。於是底下我們乃能依據這一轉向，來重新考量無的境界所連繫到的意義問題。

四

如前所述，當我們以弔詭的語式來考量無的意義時，這種語式究竟應該如何了解呢？就語法的概念來看，前述弔詭語式的兩種形式，原則上均採取著判斷句的形式，然而這個判斷句式卻通常都不表意，或者說是指述著某種「言外之意」，也就是說就恢詭憰怪的句式言，它的謂詞並不說明主詞，這倒並不是由於語義上的歧義所致，而是在語義上它根本就是「一無所說」。而就道通為一的句式言，它的謂詞也並不真正指述主詞概念的內容與外延，否則它不可能導致此一語式兩種相反對的變式，卻具有等價的效果。這也就是說，

〔註21〕關於這幾個例子，我們還可以作一些說明，例如說「細雨魚兒出，微風燕子斜」之類的句子，這景緻固然可說修飾得了無痕跡，但其意象卻是經過精心選擇的，人們也許可以辯說，我們把燕子換成白鷺也無所謂，但這也只是說它的意象效果不變，其意象並未發生任何變化，可是它卻不一定不能說可以取消這一意象。這便是差別所在。

此一語式根本就不可以用普通語言學中語法、語義的概念來掌握，然而它又似乎並非真的一無所說，那麼它究竟說了什麼呢？

其實在宗教語言學中，也有類似的檢討，以為這種語式乃是某種內指式的語言，它不指述任何客觀的對象或概念，而只指向信仰者的內在〔註22〕。這當然也是一類理解方式，但顯而易見的，這種理解仍然預設了信仰者這個主體式的概念，如今我們既已放棄了此一預設，自然也不能滿足於此一理解，但由此種理解所謂的「內指性」，也確乎給了筆者某些啟發。顯然地，這種語言不能是海德格所謂的派生性的「陳述」，因為陳述式的斷言是向外的，撲著於某種客觀性的，但有沒有向內的語言呢？而所謂的向內是向著何處呢？

在此，筆者所想到的乃是海德格對「沉默」的特殊提法，這實在是個怪異、有趣而又費解的概念，但也似乎存在著某種可能性，借助這種可能性，我們或可為弔詭的語式找到新的理解方式。何以言之呢？這就有待對海德格的思路作進一步的說明了。

海德格大約是在兩種脈絡中提到沉默這個概念的。在他前期的主著《存有與時間》中，主要論述了通過對此有在世存在的現象學式的描述，以找尋一條讓存有揭示出來的路數。在這個論述中，此有首先是在情緒中現身，而亦即在這現身中有所理解，以此，此有的理解乃恆與其在世界之中的意蘊整體性是一起展開的。這展開代表此有在被拋擲的可能性中有所投企，而每一個投企都表示了對處於意蘊整體性中而有所理解的此有之某種「解釋」，這解釋乃能夠被發展而為某種斷言式的陳述。依照這個講法，則陳述作為某種語言的現象，這語言早已必須奠基於意蘊整體性之中，海氏即將之名為「言談結構」。這也就是說語言原本乃植基於言談結構之上，我們總是因於言談，然後始能表述為語言，言談亦以此而成為此有之一存在特徵。以此而言，理解、言談俱是存有論上的詞語，而言談之關聯於此有，它恆有兩種展示的可能性，海德格將之稱為「聽與沉默」。因為言談首先是在傾聽這個意蘊的整體性中，始能關聯於此有的理解，然後也才能夠說出，所以聽的可能性才是和言談、理解一般，屬於原始的存有論結構，無論我們是在聽中迷失了自己，還是本真地把握此有，總之我們皆是在聽。至於沉默，海氏則將之描述為一種更深

〔註22〕如杜普瑞（Louis Dupre）即謂「宗教語言並非向外指涉，而是必須轉向內在」，關於他對宗教語言的討論，請詳參氏著，傅沛榮譯《人的宗教向度》第五章，頁189～229。

刻的聽，因為聽作為連繫於從言談發展而為語言的一種可能性，它終歸指向於某種陳述的說出，以此，聽的可能性將因之而可能展示出此有「閒談」式之在此，這遂成此有非本真之展示。此時，唯有真正的緘默，始能消除此有在「雜然共在」中的閒談，於是這種聽乃不得不為一種更深沉的心聲，它顯示為一種沉默的聽，這沉默當然不是如聾似啞，而是某種類乎默契、默會之辭語。海德格云：

> 言談的另一種本質可能性即沉默也有其生存論基礎。比起口若懸河的人來，在交談中沉默的人可能更本真地讓人領會，也就是說，更本真地形成領悟。對某某事情滔滔不絕，這絲毫也不保證領悟就因此更闊達。相反，漫無邊際的清談起著遮蓋作用，把有所領會的東西帶入虛假的澄清境界，也就是說，帶入瑣事的不可領會狀態。沉默卻不叫黯啞。……真正的沉默只能存在於真實的言談中。為了能沉默，此在必須有東西可說，也就是說，此在必須具有它本身的真正而豐富的展開狀態可供使用。所以緘默才公開出閒談並消除閒談。緘默這種言談的模式如此原始地勾連著此在的可領會狀態，可說真實的能聽和透視的相互共在都源起於它。〔註23〕

這即是沉默的第一種用法。

其次，在海德格後期直接面對存有之揭示自己的問題時，他又有另一脈絡提及沉默這個概念。依海德格此期的想法，他大抵放棄了繞經對此有之展示以期揭示存有的進路，而直接探討了一種非主體式的、沉思的思維與存有之揭示的關係。此一沉思的思維乃是通過對形上學、詩歌的詮釋行為，讓這些作品處於一種創造性的虛無邊緣——亦即進入作品未說出的部分，從而使存有在其中開放出來。這種開放依海氏之說當然是在與作品不斷對話中進行的，而對話總是依憑著對一個特定問題的提問，此即「為什麼有是存在的而無反倒不在」。海德格稱此一問題是最原始的，因為是此一提問才使我們始終面向著本真的自己，唯其如此，存有始能在此一提問中揭示出來，而且是在具體的歷史脈絡揭示出來〔註24〕。當然，如果更根本地說，上述的提問甚至可視為存有對詰問者的一種恩賜，以此，海氏云：

〔註23〕詳見陳嘉映、王慶節譯《存在與時間》，頁210。
〔註24〕關於這個問題的討論，請詳參海德格《形而上學導論》中有關形而上學的基本問題的部分，見熊偉、王慶節譯該書，頁3～49。

> 把存有當作真理的賜予來說明命運的特性——這是思維的第一條
> 規律，而非邏輯的規則。……存有是作為思維的命運事件。這個事
> 件自在地是歷史的，它的歷史在思想家的說話行為中已經成為了語
> 言。〔註25〕

依照這種說法，則人的詰問很可以根本只是一種憑藉，由之所顯示的反而只
是存有的言談性，是存有在言談中顯示了自己，而不是人去說出了存有。因
此存有和言談之間乃存在了一種本質的連繫。在這連繫中，言談同樣包含了
兩種可能性——「聽與沉默」，海德格云：

> 語言說，乃由於語言道說：語言所關切的是這樣一回事情，即我們
> 人的說在聆聽從未被說者之際應合於語言之被道說者。所以，就連
> 沉默也已然是一種應合。人們往往把沉默當作說的本源而置之於說
> 下面。沉默應合於那居有著——顯示著道說的無聲的寂靜之音。作
> 為顯示，居於大道之中的道說乃是成道的最本己的方式。大道是道
> 說著的，因此，語言如何說，也就是大道本身如何自行揭示或自行
> 隱匿。〔註26〕

無論如何，這沉默的寂靜之音仍是一種言談，而且對比著聽之「自行隱匿」
的可能，沉默反倒是更深刻地指向本己之存有的聽。如此遂成沉默的第二種
用法。

　　依照如上的講法，沉默無論如何它都是一種言談的可能性，而且它是屬
於存有論的。進一步說，它也是對此有或存有最本己的揭示途徑，此有或存
有因著連繫於沉默的可能，得以被更完整而無遮蔽地開放出來。此處所說的
遮蔽，當然是對顯著「聽」這一言談的可能性而言的，由聆聽所成的遮蔽，本
質上是牽連著由言談發展至語言這一形式化、固定化的過程而生的。於是我
們乃可以有一個問題，即沉默這種言談的可能性既然也是言談，那麼它是否
也牽連於某種特殊的語言形式，還是永遠只是一無所說呢？

　　關於這個問題，海德格似乎並不曾深入地意識到，海氏所指的語言，基
本上皆是以斷言的形式為主，斷言形式的陳述必有形式化、固定化的問題，
因此無論此有或存有通過語言以透露朕兆時，這形式化也立即又會對此有或

〔註25〕引文見於海德格〈關於人道主義的信〉，譯文轉引自帕瑪著，嚴平譯《詮釋
　　　　學》，頁174。
〔註26〕引文見於海德格〈走向語言之途〉，《走向語言之途》，頁230～231。

存有形成遮蔽，於是此有和存有之開顯，遂成歷史中一條永恆無盡而又永無完成可能的「林中之路」，若是如此的話，那麼我們是不是可以質疑說，海氏依然只是提供了一條通達存有的依稀彷彿之路呢？依海氏之論，他所提供的詰問法永遠皆必須指向某種開放性和超越性，他與原典的對話，追求的是這對話的活起來，然而這豈非是妄想嗎？誠如他所說：

> 思與詩的對話只能間接地效力於這首獨一的詩。因此，這種對話始終含著個危險，就是很可能擾亂了這首獨一的詩的道說，而不是讓它在其本己的安寧中歌唱。〔註27〕

由此可以看出海氏的矜慎，他始終將他的詮釋定位在某種對存有的傾聽上，但也總是對此種傾聽保持著存疑的態度，這誠然是他理論的一個必然的歸宿。然而我們也必須注意到海氏理論的另一個指向，他說：

> 語言作為寂靜之音說。寂靜靜默，因為寂靜實現世界和物入於其本質。以靜默方式的世界和物之實現，乃是區分之居有事件。語言即寂靜之音，乃由於區分之自行居有而存有。語言乃作為世界和物的自行居有著的區分而成其本質。〔註28〕

這也就是說所有的傾聽、語言皆指向於寂靜，唯靜默始能入於世界與物的本質，換言之，沉默乃是語言的歸宿。但「寂靜決非只是無聲……寧靜之本質乃在於它靜默，嚴格地看來，作為寂靜之靜默，寧靜總是比一切運動更動盪，比任何活動更活躍。」〔註29〕既然寂靜並不只是無聲，那麼我們該如何理解這種寂靜之音呢？海氏謂「在區分之雙重靜默中才發生有寂靜」，然則寂靜之音實不應是語言之反對，甚至它本身原本就該是一種語言，如此也才能更相應於存有的語言性，那麼這會是一種什麼樣的語言呢？

　　消極地說，它當然不會再是某種斷言式的陳述；如果說它仍不得不訴之於某種區分，這亦是「聽任區分之不可說而召喚區分」，這也就是說此種語言固然仍有待乎某種斷言的形式，卻恆須穿越斷言而進入不可說的層次，然則這不是恰好相應於我們前述弔詭的語式之特性嗎？此種語式就斷言而言，它實一無所說；它不得不借助於斷言的語式，但也不被此形式所範圍。它不表固定的語義，但它也並非真的一無所示，那麼我們能不能說這種語式正是存

〔註27〕引文見於海德格〈詩歌中的語言〉，《走向語言之途》，頁 27。
〔註28〕引文見於海德格〈語言〉，《走向語言之途》，頁 20。
〔註29〕引文見於海德格〈語言〉，《走向語言之途》，頁 19。

有開顯其最本真的自己之可能性呢？弔詭的語式不是派生性的陳述，也不是某種詰問；也許我們對它最好的看待方式，便是將它視為存有論層次的「存有的語言」，它的唯一可能便是無遮蔽地揭示此有或存有，或者說此有或存有和這種語言根本就具有某種同一性。如此，我們也進而為由無所帶出來的美感世界尋找到了其美學意義上的可能詮釋。

五

根據前節所述，則弔詭的語式實可被恰當地理解為存有的自我揭示，今此一語式既連通於一種美感境界的表達，則我們當然可合理地推知，中國的美感境界實指向著某種存有論意義上的「真理」的揭示，甚至即以這真理的揭示為美的唯一任務。美是什麼？美是指向真理的，或者說美即是真理，美即是存有，這一斷言直可視之為中國美學的某種宣言式的陳述，當然也是依前面討論而可有的必然結論。

然而如此說的美，其意義自然仍是極其單薄而孤峭的，它所開顯的只是一條真理自我揭示之門，但若言談仍是存有或此有的結構，這結構即不得不有其它可能性之開顯，於是它乃不得不連通各類的陳述，這陳述或是道德的，或是知識的，當然也或是美感的。今只以美感的陳述而論，陳述當然亦可以是對存有的遮蔽，換言之，美感實亦可以離美而去，此即如「為賦新詞強說愁」，強說愁並非無美感，但為賦新詞而強說之，則強說即成某種「閒談」，如此之美感即成了「但說」的美感而已。這意思也就是說，唯其真能進入本真的方式下來進行陳述，這陳述始有揭示美，揭示存有之可能，以此而言，則我們很可以視王國維所說的「真景物、真感情」之真，為進入本真方式下的美感陳述，只是它不再能假定存在著一個能發此真情的主體而已，如此一來，則真字遂亦成了存有論之詞語。真並非是某一主體之在其自己的狀態，而是言談之去除閒談之遮蔽的狀態。在此一狀態下所說的美感，始是指向於美的美感，這亦即是王國維引尼采所說的「吾愛以血書之者」，而亦可名之曰「有境界」。然境界也可是某種在本真狀態下的美感陳述，而凡陳述俱不免為斷言形式所限，此美感陳述遂不得不像是從某一主體而發者，如此乃成「有我之境」之形式。由此而更進一步，言談之入於某種弔詭的語式，它遂成對存有或此有之直接傾聽，此即成美之直接展示、存有的完全開顯，如是便成為「無我之境」，而此境也因此而成為人向存有探問的最終依歸。如此一來，我們便

完成了對中國美感境界完整的存有論表述，而美也因此取得了真理和人生價值實踐上的終極意義。也許這一詮釋，會讓王國維嘗試美學討論的形上意圖，得更本質的澄清吧！

　　走筆至此，筆者已針對本文的論題，作了一個簡略的表達，大凡識者大約都可以了解筆者的意圖，但一則是因為篇幅所限，一則也是由於筆者學力未逮，以至處處皆有語焉不詳，隱而未發之意，也相信必有不少錯謬，這是筆者難辭其咎者。但以稿約在即，倉促之間，也只好暫且以此塞責，這是要請諸方家見諒和指正的。不過，在本文結束之前，筆者亦願附帶指出，若依照前文所述，則筆者便須對牟宗三先生的真理觀提出一個原則性的反對意見，指向最終真理的，恐怕並不純然只有道德這一條路，純粹的美並不只局限在分別說的層次，而只有某種人生「氣化之光采」的價值，它亦可以是真理的某種揭示途徑。當然此一途徑可能確實無法開物成務，有什麼道德的、社會的實踐性，以此而言，光是指出此一進路的真理自然是不夠的。然而若暫且擱置此意不論，而只專注於美的真理性，則牟先生的真善美合一說，將也可以因為另一種解讀方式，而顯得更具有說服力，此即道德的陳述若欲指向真理，則它確實必須進入與美相結合的層次，亦即道德的陳述也須轉以一種弔詭的語式來表達，它始能成為真理的自我揭示。於是，我們將可看到一種包容力更廣泛的真理觀，並為中國哲學的詮釋，開啟了一條更具開放性的道路。當然，這個路向所牽涉的問題是至為龐大的，今暫提於此，不過是作為本文結論之一種可能的推衍，並以此為本文作下一個開放性的結尾，以期待各位先進的雅教。